Korean Listening for University Life

초급 II

대학 생활을 위한 한국어 듣기

English/Japanese/Chinese

Beginning Level II

연세대학교 한국어학당 편

연세대학교 출판문화원

머리말

국내 최고의 명성으로 한국어 교육의 50년 전통을 이어 온 연세대학교 언어연구교육원 한국어학당에서는 한국어 교육의 질을 높이기 위해 그동안 많은 교재를 편찬해 왔다. 최근 한국 내 대학, 대학원에서 수학하고 있거나 진학하고자 하는 외국인이 증가함에 따라 학문을 목적으로 하는 한국어 교재에 대한 학습자들의 요구가 높아지고 있다. 이에 따라 연세대학교 언어연구교육원 한국어학당에서는 대학 수학을 목적으로 하는 외국인 유학생들을 대상으로 한국어와 한국 문화를 교육할 수 있는 새로운 교재를 출간하게 되었다.

연세대학교 언어연구교육원 한국어학당에서 출간하는 이 교재는 대학 생활에 필요한 의사소통 기능을 집중적으로 향상시킬 수 있는『대학 생활을 위한 한국어』시리즈와 대학에서의 수학 능력을 집중적으로 향상시킬 수 있는『대학 강의 수강을 위한 한국어』시리즈로 되어 있다.『대학 생활을 위한 한국어』시리즈는 초급 학습자를 위한『대학 생활을 위한 한국어 초급Ⅰ』,『대학 생활을 위한 한국어 초급Ⅱ』, 중급 학습자를 위한『대학 생활을 위한 한국어 중급Ⅰ』,『대학 생활을 위한 한국어 중급Ⅱ』로 되어 있으며,『대학 강의 수강을 위한 한국어』시리즈는 중급 학습자를 위한『대학 강의 수강을 위한 한국어 중급Ⅰ』,『대학 강의 수강을 위한 한국어 중급Ⅱ』, 그리고 고급 학습자를 위한『대학 강의 수강을 위한 한국어 고급』으로 되어 있다.

『대학 생활을 위한 한국어』시리즈는 한국어 학습 단계별로 요구되는 내용을 주제로 말하기, 듣기, 쓰기 능력을 향상할 수 있도록 다양한 과제와 활동으로 구성된 분리형 교재이다. 그리고『대학 강의 수강을 위한 한국어』시리즈는 대학 수학에서 요구되는 기능과 장르를 중심으로 말하기, 듣기, 쓰기, 읽기 능력을 향상할 수 있도록 실용적인 과제와 활동으로 구성된 분리형 교재이다. 이들 교재에서는 학습자들이 흥미를 가질 수 있는 주제와 상황을 기초로 여러 가지 의사소통 기능 및 전략을 배울 수 있도록 배려하였다.

『대학 생활을 위한 한국어』와『대학 강의 수강을 위한 한국어』가 연세대학교 언어연구교육원 한국어학당에서 공부하는 학생들뿐만 아니라 한국 내에서 대학, 대학원 수학을 목적으로 하고 있는 모든 한국어 학습자들에게 도움이 되기를 바란다.

연세대학교 언어연구교육원
한국어학당 교재편찬위원회

Preface

With more than 50 years of tradition in the Korean Language Education field, Korean Language Institute of the Yonsei University Institute of Language Research and Education has published numerous textbooks to promote the quality of Korean Language Education. In the recent years, the need for Korean Language textbooks for academic purpose has been increasing along with the growth of the foreign students who are studying in undergraduate or graduate programs at universities in Korea. To this end, Korean Language Institute of the Yonsei University Institute of Language Research and Education came to publish new textbooks to teach Korean language and culture to foreign students, who are studying in Korea for academic purpose.

These textbooks, which are published by Korean Language Institute of the Yonsei University Institute of Language Research and Education, are comprised of two textbook series: 『Korean for University Life』 series for strengthening the conversational ability needed for university life; and 『Academic Korean』 series for strengthening the capacity to take classes in Korean. 『Korean for University Life』 series is comprised of: 『Korean for University Life Beginner's Level 1 & 2』 for beginner students, 『Korean for University Life Intermediate Level 1 & 2』 for intermediate level students. 『Academic Korean』 series is consisted of 『Academic Korean Intermediate 1 & 2』 for intermediate level students and 『Academic Korean Advanced』 for advanced level students.

While 『Korean for University Life』 is a textbook series composed of various kinds of tasks and activities under themes by different learning levels to promote students' ability to speak, listen and write, 『Academic Korean』 is a textbook series to promote speaking, listening, writing and reading abilities that are essential while studying in the undergraduate programs at universities. These textbooks draw interests of the learners by allowing them to acquire communicative functions and strategies based on themes and situations that are closely relevant to college students.

We also hope that 『Korean for University Life』 and 『Academic Korean』 series will not only help the Yonsei Korean Language Institute students but also any students who wish to continue to pursue their undergraduate or graduate studies in Korea.

Yonsei University Institute of Language Research and Education
Korean Language Institute Textbook Compilation Committee

はじめに

国内最高の名声で韓国語教育の50年の伝統を続けてきた延世大学言語研究教育院韓国語学堂では韓国語教育の質を高めるためにこれまで多くの教材を編纂してきた。

国内最高の名声を誇り、韓国語教育のでも多くの教材を編纂して来た。最近、韓国内の大学や大学院で修学していたり進学しようとする外国人が増加するに従って、学問を目的とする韓国語教材に対する学習者たちの要求が高まっている。そこで、延世大学校言語研究教育院韓国語学堂では大学修学を目的とする外国人留学生たちを対象に韓国語と韓国文化を教育することができる新しい教材を出刊することになった。

延世大学校言語研究教育院韓国語学堂が出刊するこの教材は、大学生活に必要なコミュニケーション機能を集中的に向上させることができる《大学生活のための韓国語》シリーズと、大学での修学能力を集中的に高めることができる《大学講義受講のための韓国語》シリーズの２つからなっている。《大学生活のための韓国語》シリーズは初級学習者のための《大学生活のための韓国語初級Ⅰ》,《大学生活のための韓国語初級Ⅱ》中級学習者のための《大学生活のための韓国語中級Ⅰ》,《大学生活のための韓国語中級Ⅱ》があり、《大学講義受講のための韓国語》シリーズは中級学習者のための《大学講義受講のための韓国語中級Ⅰ》,《大学講義受講のための韓国語中級Ⅱ》, そして高級学習者のための《大学講義受講のための韓国語高級》がある。

《大学生活のための韓国語》シリーズは韓国語学習の段階別に求められる内容を主題に、会話, 聞き取り,作文能力が向上するように多様な課題と活動で構成された分離型教材だ。そして《大学講義受講のための韓国語》シリーズは大学修学の際に求められる機能とジャンルを中心に会話, 聞き取り, 作文, 読解能力が向上するように実用的な課題と活動で構成された分離型教材だ。これらの教材は学習者たちが興味を持つことができる主題と状況をパターンとしてさまざまなコミュニケーション機能及び戦略を学べるよう配慮した。

《大学生活のための韓国語》と《大学講義受講のための韓国語》が延世大学校言語研究教育院韓国語学堂で勉強する学生たちだけではなく、韓国内で大学や大学院修学を目的とするすべての韓国語学習者たちの役に立つ事を願う。

延世大学校言語研究教育院

韓国語学堂 教材編纂委員会

绪言

国内最富盛名、传承了韩国语教育的50年优良传统的延世大学语言研究教育院韩国语学堂, 以提高韩国语教育的质量己任, 编辑了大量优质教材。

最近, 随着在韩国国内的大学及大学院中学习及即将入学的外国人的增加, 对以学术为目的的韩国语教材的需求与日俱增。因此, 面向以在大学学习为目的的外国留学生, 延世大学语言研究教育院韩国语学堂出版了能教授韩国语及韩国文化的新教材。

延世大学语言研究教育院韩国语学堂出版的这本教材, 由能集中提高大学生活需要的基本沟通能力的《大学生活韩国语》系列, 及集中提高大学听课能力的《大学听课韩国语》系列组成。

《大学生活韩国语》系列由面向初级学者的《大学生活初级韩国语Ⅰ》,《大学生活初级韩国语Ⅱ》面向中级学者的《大学生活中级韩国语Ⅰ》, 及《大学生活中级韩国语Ⅱ》组成。

《大学听课韩国语》系列由面向中级学者的《大学听课中级韩国语Ⅰ》,《大学听课中级韩国语Ⅱ》, 以及面向高级学者的《大学听课高级韩国语》组成。

《大学生活韩国语》系列是一套分类型教材, 本教材以韩国语学习各等级要求的内容为主题, 由以能提高学习者的口语, 听力, 写作能力的丰富多样的作业及活动构成。

另外,《大学听课韩国语》系列是一套分类型教材, 本教材以大学听课中所需的能力及体裁为中心, 由以能提高学习者的口语, 听力, 写作, 阅读能力的实用型的作业及活动构成。这些教材以激发学习者兴趣的主题和情景为基础, 并考虑到了教授学生各种沟通能力及技巧。

希望《大学生活韩国语》及《大学听课韩国语》系列教材, 对在延世大学语言研究教育院韩国语学堂中学习的学生, 以及在韩国国内大学及大学院上学的所有韩国语学习者们有所帮助。

延世大学语言研究教育院
韩国语学堂 教材编辑委员会

일러두기

- '대학 생활을 위한 한국어 듣기 초급 II'는 총 10개의 단원으로 이루어져 있고 뒤에 듣기 지문과 답안이 학습자를 위한 자료로 붙어 있다.
- 각 단원은 세 개의 항으로 구성되며, 각 항에서는 제목과 함께 담화 형식 및 기능이 드러나도록 학습목표가 제시된다.
- 각 항은 모두 세 단계로 이는 **[준비해 봅시다]**, **[들어 봅시다]**, **[정리해 봅시다]**로 구성된다.
- **[준비해 봅시다]**는 도입 단계로서 각 항의 상황이나 주제를 도입하는 삽화를 이용한 말하기 활동으로 구성된다.

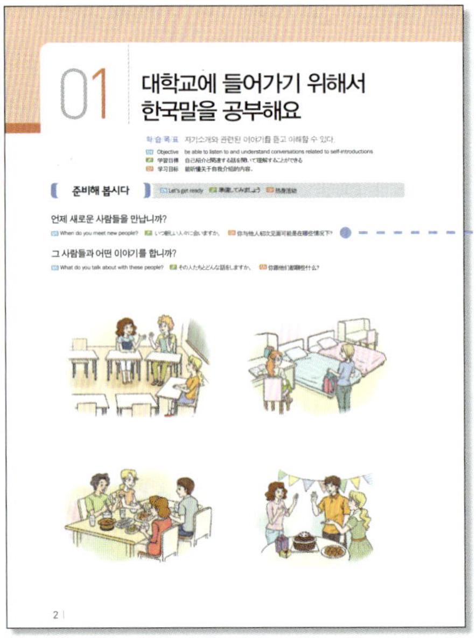
01 대학교에 들어가기 위해서 한국말을 공부해요

학습목표 자기소개와 관련된 이야기를 듣고 이해할 수 있다.

Objective be able to listen to and understand conversations related to self-introductions

준비해 봅시다 Let's get ready 準備してみましょう 热身活动

언제 새로운 사람들을 만납니까?

When do you meet new people?

그 사람들과 어떤 이야기를 합니까?

What do you talk about with these people?

2

듣기 활동을 준비할 수 있는 삽화와 질문이 제시된다.

- **[들어 봅시다]**는 각 단원마다 4단계로 구성된다.

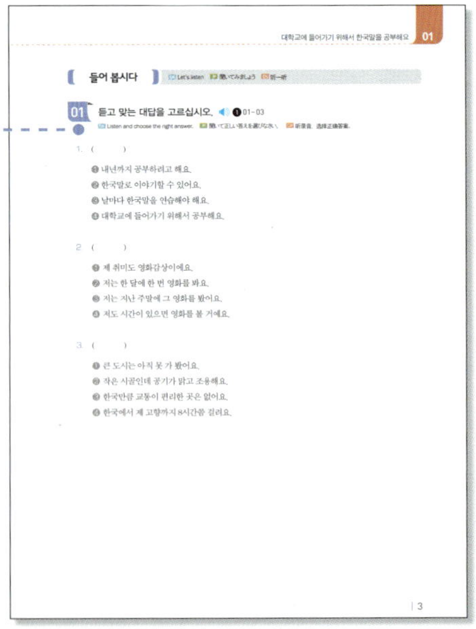
대학교에 들어가기 위해서 한국말을 공부해요 01

들어 봅시다 Let's listen 聞いてみましょう 听一听

01 듣고 맞는 대답을 고르십시오. 01-03

Listen and choose the right answer.

1. ( )

① 내년까지 공부하려고 해요.
② 한국말로 이야기할 수 있어요.
③ 날마다 한국말을 연습해야 해요.
④ 대학교에 들어가기 위해서 공부해요.

2. ( )

① 제 취미도 영화감상이에요.
② 저는 한 달에 한 번 영화를 봐요.
③ 저는 지난 주말에 그 영화를 봤어요.
④ 저도 시간이 있으면 영화를 볼 거예요.

3. ( )

① 큰 도시는 아직 못 가 봤어요.
② 작은 시골인데 공기가 맑고 조용해요.
③ 한국만큼 교통이 편리한 곳은 없어요.
④ 한국에서 제 고향까지 8시간쯤 걸려요.

3

[들어 봅시다] [01]단계에서는 담화의 내용을 이해하고 그에 대응하는 적절한 표현을 찾는 활동이 제시된다.

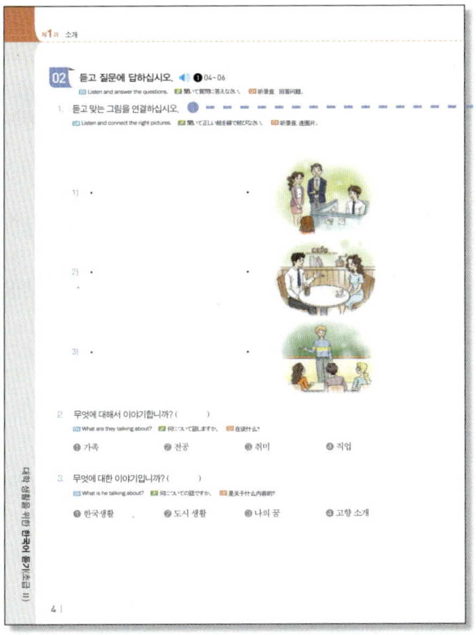

제1과 소개

02 듣고 질문에 답하십시오. 04~06

Listen and answer the questions.

1. 듣고 맞는 그림을 연결하십시오.

Listen and connect the right pictures.

1) •

2) •

3) •

2. 무엇에 대해서 이야기합니까? ( )

What are they talking about?

❶ 가족 ❷ 전공 ❸ 취미 ❹ 직업

3. 무엇에 대한 이야기입니까? ( )

What is he talking about?

❶ 한국 생활 ❷ 도시 생활 ❸ 나의 꿈 ❹ 고향 소개

4

[들어 봅시다] [02]단계에서는 전체 내용 이해를 위한 다양한 활동이 제시된다.

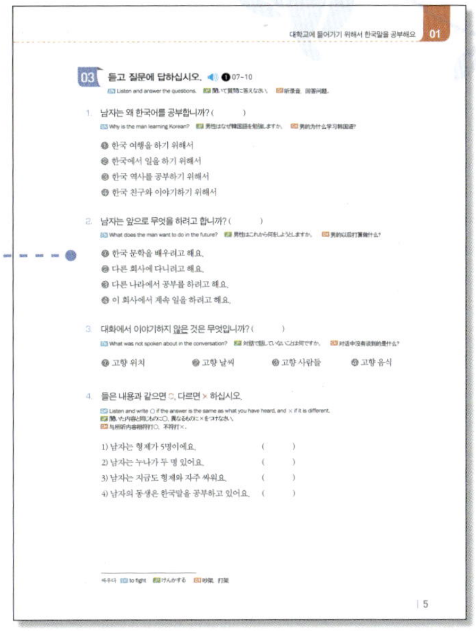

대학교에 들어가기 위해서 한국말을 공부해요 01

03 듣고 질문에 답하십시오. 07~10

Listen and answer the questions.

1. 남자는 왜 한국어를 공부합니까? ( )

Why is the man learning Korean?

❶ 한국 여행을 하기 위해서

❷ 한국에서 일을 하기 위해서

❸ 한국 역사를 공부하기 위해서

❹ 한국 친구와 이야기하기 위해서

2. 남자는 앞으로 무엇을 하려고 합니까? ( )

What does the man want to do in the future?

❶ 한국 문학을 배우려고 해요.

❷ 다른 회사에 다니려고 해요.

❸ 다른 나라에서 공부를 하려고 해요.

❹ 이 회사에서 계속 일을 하려고 해요.

3. 대화에서 이야기하지 않은 것은 무엇입니까? ( )

What was not spoken about in the conversation?

❶ 고향 위치 ❷ 고향 날씨 ❸ 고향 사람들 ❹ 고향 음식

4. 들은 내용과 같으면 ○, 다르면 × 하십시오.

1) 남자는 형제가 5명이에요. ( )

2) 남자는 누나가 두 명 있어요. ( )

3) 남자는 지금도 형제와 자주 싸워요. ( )

4) 남자의 동생은 한국말을 공부하고 있어요. ( )

싸우다 to fight

5

[들어 봅시다] [03]단계에서는 담화를 듣고 세부 내용을 이해하는 활동이 제시된다.

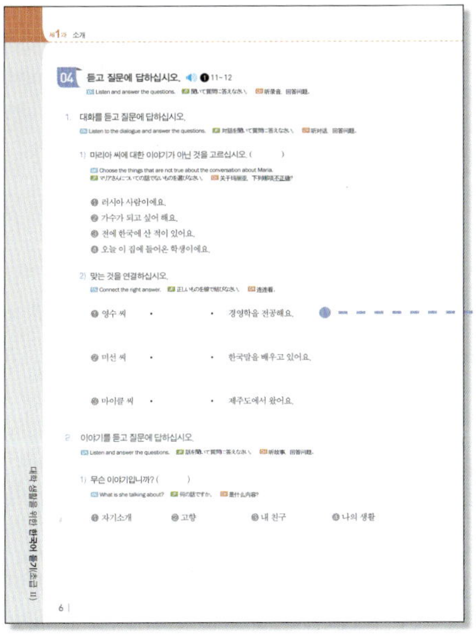

제1과 소개

04 듣고 질문에 답하십시오. 11~12

Listen and answer the questions.

1. 대화를 듣고 질문에 답하십시오.

1) 마리아 씨에 대한 이야기가 아닌 것을 고르십시오. ( )

❶ 러시아 사람이에요.

❷ 가수가 되고 싶어 해요.

❸ 전에 한국에 산 적이 있어요.

❹ 오늘 이 집에 들어온 학생이에요.

2) 맞는 것을 연결하십시오.

❶ 영수 씨 • • 경영학을 전공해요.

❷ 미선 씨 • • 한국말을 배우고 있어요.

❸ 마리클 씨 • • 제주도에서 왔어요.

2. 이야기를 듣고 질문에 답하십시오.

1) 무슨 이야기입니까? ( )

❶ 자기소개 ❷ 고향 ❸ 내 친구 ❹ 나의 생활

6

[들어 봅시다] [04]단계에서는 주제와 관련한 다양한 담화를 듣고 전체 내용과 세부 내용을 파악하는 심화 듣기 활동이 제시된다.

• [정리해 봅시다]는 듣기 활동과 관련된 자신의 경험이나 생각 말하기를 통해 듣기 활동을 정리하고 마무리한다.

How To Use This Book

- The 'Korean Listening for the University Life Level 2' consists of 10 chapters and includes the scripts and the answer sheets for learners at the end of the book.
- Each chapter of this textbook includes 3 lessons. Each lesson includes a title and learning objective that presents the dialogue format and functions of each lesson.
- Each lesson of the chapter is composed of 3 steps, [Let's get ready], [Let's listen], and [Let's review]
- [Let's get ready], as the presentation stage, includes a speaking activity using pictures presenting the situation or the theme of the lesson.

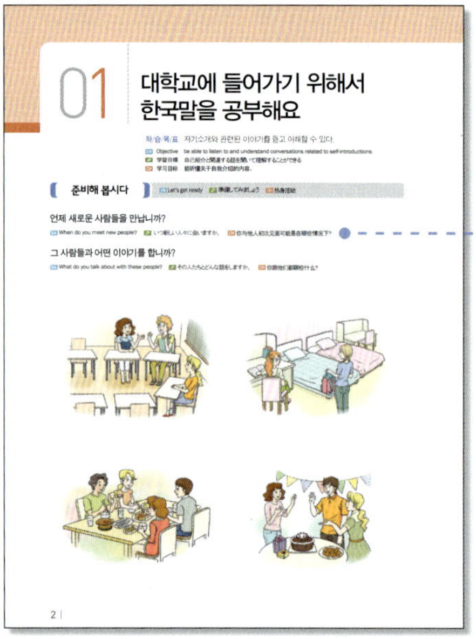
01 대학교에 들어가기 위해서 한국말을 공부해요

준비해 봅시다

언제 새로운 사람들을 만납니까?

그 사람들과 어떤 이야기를 합니까?

2

It presents pictures and questions to get ready for a listening activity.

- 【Let's listen】 is composed of 4 steps.

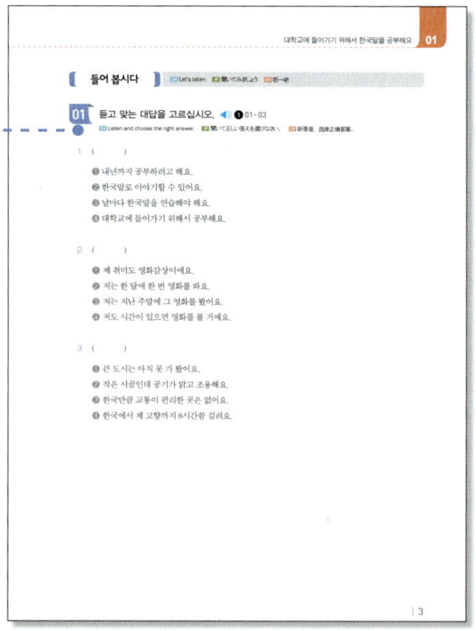
대학교에 들어가기 위해서 한국말을 공부해요 01

들어 봅시다

01 듣고 맞는 대답을 고르십시오.

3

Step 1 presents the activity to enhance listening skills through understanding the contents of the conversation or the text and finding the expressions relevant to it.

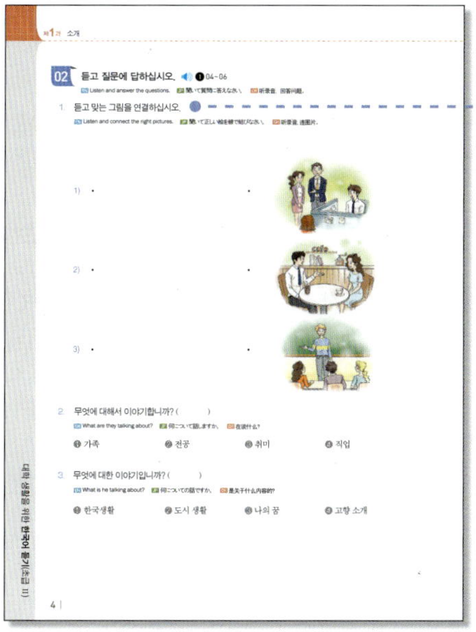

제1과 소개

02 듣고 질문에 답하십시오. 04~06

Listen and answer the questions.

1. 듣고 맞는 그림을 연결하십시오.

Listen and connect the right pictures.

1) •　　　•

2) •　　　•

3) •　　　•

2. 무엇에 대해서 이야기합니까? (　　)

What are they talking about?

① 가족　② 전공　③ 취미　④ 직업

3. 무엇에 대한 이야기입니까? (　　)

What is he talking about?

① 한국생활　② 도시 생활　③ 나의 꿈　④ 고향 소개

대학 생활을 위한 한국어 듣기(초급 II)

4

Step 2 presents various activities for the comprehension of the overall contents.

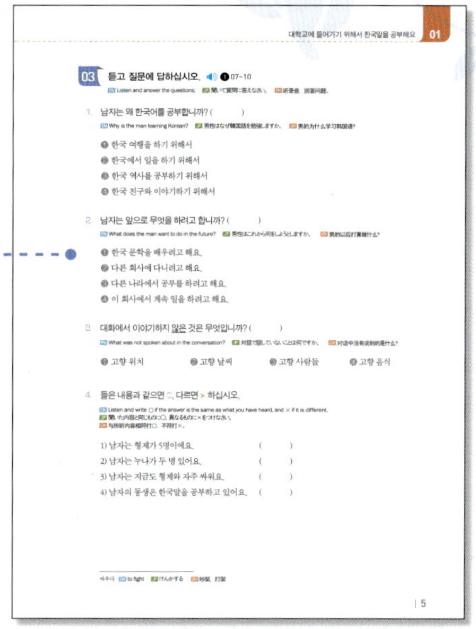

대학교에 들어가기 위해서 한국말을 공부해요 01

03 듣고 질문에 답하십시오. 07~10

Listen and answer the questions.

1. 남자는 왜 한국어를 공부합니까? (　　)

Why is the man learning Korean?

① 한국 여행을 하기 위해서
② 한국에서 일을 하기 위해서
③ 한국 역사를 공부하기 위해서
④ 한국 친구와 이야기하기 위해서

2. 남자는 앞으로 무엇을 하려고 합니까? (　　)

What does the man want to do in the future?

① 한국 문학을 배우려고 해요.
② 다른 회사에 다니려고 해요.
③ 다른 나라에서 공부를 하려고 해요.
④ 이 회사에서 계속 일을 하려고 해요.

3. 대화에서 이야기하지 않은 것은 무엇입니까? (　　)

What was not spoken about in the conversation?

① 고향 위치　② 고향 날씨　③ 고향 사람들　④ 고향 음식

4. 들은 내용과 같으면 ○, 다르면 × 하십시오.

Listen and write ○ if the answer is the same as what you have heard, and × if it is different.

1) 남자는 형제가 5명이에요. (　　)
2) 남자는 누나가 두 명 있어요. (　　)
3) 남자는 지금도 형제와 자주 싸워요. (　　)
4) 남자의 동생은 한국말을 공부하고 있어요. (　　)

싸우다 to fight

5

Step 3 presents an activity to listen to a conversation or the text and understand the details.

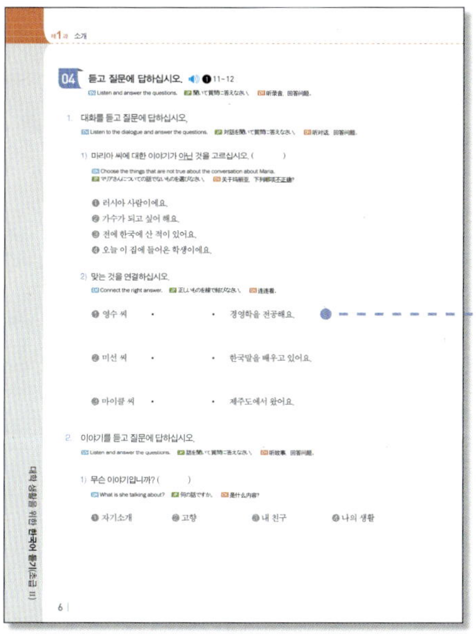

제1과 소개

04 듣고 질문에 답하십시오. 11~12

Listen and answer the questions.

1. 대화를 듣고 질문에 답하십시오.

Listen to the dialogue and answer the questions.

1) 마리아 씨에 대한 이야기가 아닌 것을 고르십시오. (　　)

Choose the things that are not true about the conversation about Maria.

① 러시아 사람이에요.
② 가수가 되고 싶어 해요.
③ 전에 한국에 산 적이 있어요.
④ 오늘 이 집에 들어온 학생이에요.

2) 맞는 것을 연결하십시오.

Connect the right answer.

① 영수 씨 •　• 경영학을 전공해요.
② 미선 씨 •　• 한국말을 배우고 있어요.
③ 마이클 씨 •　• 제주도에서 왔어요.

2. 이야기를 듣고 질문에 답하십시오.

Listen and answer the questions.

1) 무슨 이야기입니까? (　　)

What is she talking about?

① 자기소개　② 고향　③ 내 친구　④ 나의 생활

대학 생활을 위한 한국어 듣기(초급 II)

6

Step 4 presents an intensive listening activity so that learners can figure out the whole content and details by listening to various conversations and texts related to the topic of the chapter.

- 【Let's review】 reviews the listening activities in the previous steps and finishes it up through talking about the learners' experiences and opinions relevant to listening activities.

凡例

- 「大学生活のための韓国語聞き取り初級Ⅱ」は全10課の単元で成り立っており、巻末に聞き取りのスクリプトと解答が学習者のための資料として付いている。
- 各単元は3つの項で構成され、各項ではタイトルとともに談話の形式及び機能があらわれるように学習目標が提示される。
- 各項はすべて3段階で構成され、これは[準備してみましょう], [聞いてみましょう], [まとめてみましょう]で構成される。
- [準備してみましょう]は導入段階として項の状況やテーマを導入するイラストを利用したスピーキング活動で構成される。

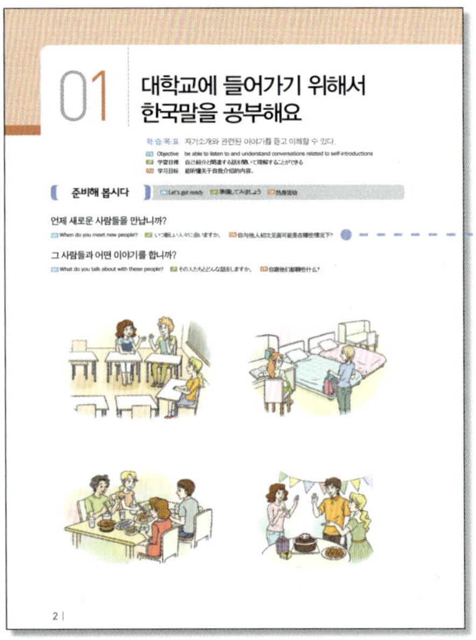
01 대학교에 들어가기 위해서 한국말을 공부해요

학습목표 자기소개와 관련된 이야기를 듣고 이해할 수 있다.

Objective be able to listen to and understand conversations related to self-introductions

준비해 봅시다

언제 새로운 사람들을 만납니까?

When do you meet new people?

그 사람들과 어떤 이야기를 합니까?

What do you talk about with these people?

2

聞き取りの活動を準備することができるイラストと質問が提示される。

- 【聞いてみましょう】は単元にしたがって4段階で構成される。

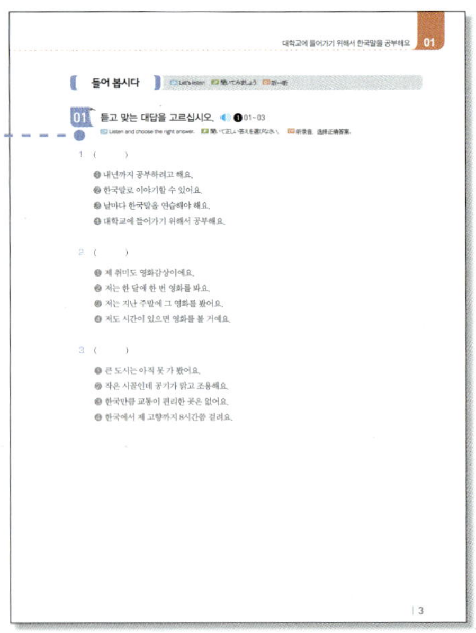
대학교에 들어가기 위해서 한국말을 공부해요 01

들어 봅시다

01 듣고 맞는 대답을 고르십시오. 01~03

Listen and choose the right answer.

1. (　　)

① 내년까지 공부하려고 해요.
② 한국말로 이야기할 수 있어요.
③ 날마다 한국말을 연습해야 해요.
④ 대학교에 들어가기 위해서 공부해요.

2. (　　)

① 제 취미도 영화감상이에요.
② 저는 한 달에 한 번 영화를 봐요.
③ 저는 지난 주말에 그 영화를 봤어요.
④ 저도 시간이 있으면 영화를 볼 거예요.

3. (　　)

① 큰 도시는 아직 못 가 봤어요.
② 작은 시골인데 공기가 맑고 조용해요.
③ 한국만큼 교통이 편리한 곳은 없어요.
④ 한국에서 제 고향까지 8시간쯤 걸려요.

3

【聞いてみましょう】【01】段階では談話の内容を理解して、それに対応する適切な表現を探すことによって聞き取り能力を向上する活動が提示される。

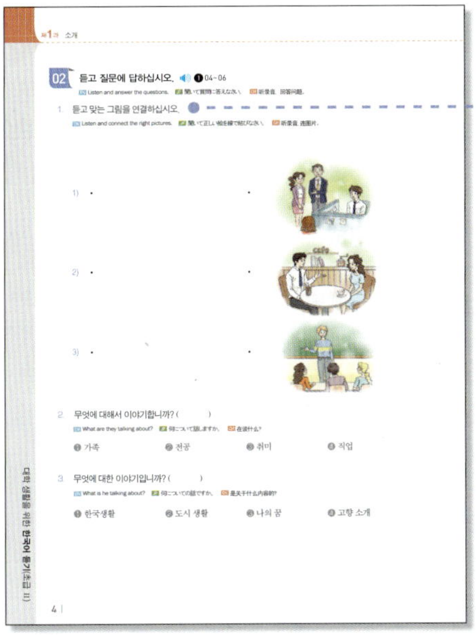
제1과 소개

02 듣고 질문에 답하십시오. 04~06

Listen and answer the questions.

1. 듣고 맞는 그림을 연결하십시오.

Listen and connect the right pictures.

1) ・　　　・

2) ・　　　・

3) ・　　　・

2. 무엇에 대해서 이야기합니까? (　　　)

What are they talking about?

❶ 가족　❷ 전공　❸ 취미　❹ 직업

3. 무엇에 대한 이야기입니까? (　　　)

What is he talking about?

❶ 한국생활　❷ 도시 생활　❸ 나의 꿈　❹ 고향 소개

대학 생활을 위한 한국어 듣기(초급 II)

4

【聞いてみましょう】【02】段階では全体の内容理解のための多様な活動が提示される。

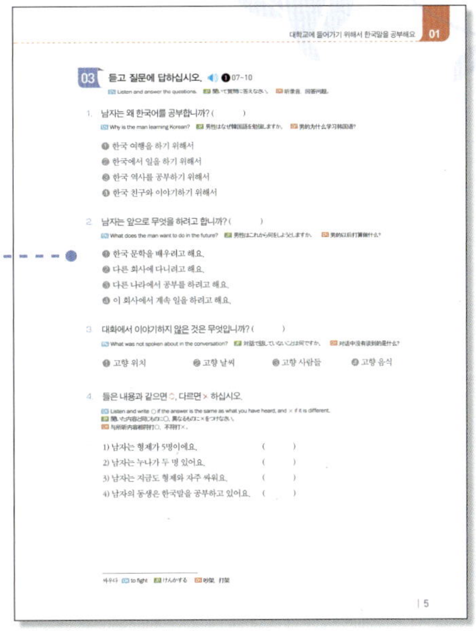
대학교에 들어가기 위해서 한국말을 공부해요 01

03 듣고 질문에 답하십시오. 07~10

Listen and answer the questions.

1. 남자는 왜 한국어를 공부합니까? (　　　)

Why is the man learning Korean?

❶ 한국 여행을 하기 위해서
❷ 한국에서 일을 하기 위해서
❸ 한국 역사를 공부하기 위해서
❹ 한국 친구와 이야기하기 위해서

2. 남자는 앞으로 무엇을 하려고 합니까? (　　　)

What does the man want to do in the future?

❶ 한국 문학을 배우려고 해요.
❷ 다른 회사에 다니려고 해요.
❸ 다른 나라에서 공부를 하려고 해요.
❹ 이 회사에서 계속 일을 하려고 해요.

3. 대화에서 이야기하지 않은 것은 무엇입니까? (　　　)

What was not spoken about in the conversation?

❶ 고향 위치　❷ 고향 날씨　❸ 고향 사람들　❹ 고향 음식

4. 들은 내용과 같으면 ○, 다르면 × 하십시오.

Listen and write ○ if the answer is the same as what you have heard, and × if it is different.

1) 남자는 형제가 5명이에요. (　　)
2) 남자는 누나가 두 명 있어요. (　　)
3) 남자는 지금도 형제와 자주 싸워요. (　　)
4) 남자의 동생은 한국말을 공부하고 있어요. (　　)

싸우다 to fight けんかする 吵架, 打架

5

【聞いてみましょう】【03】段階では談話を聞いて細部の内容を理解する活動が提示される。

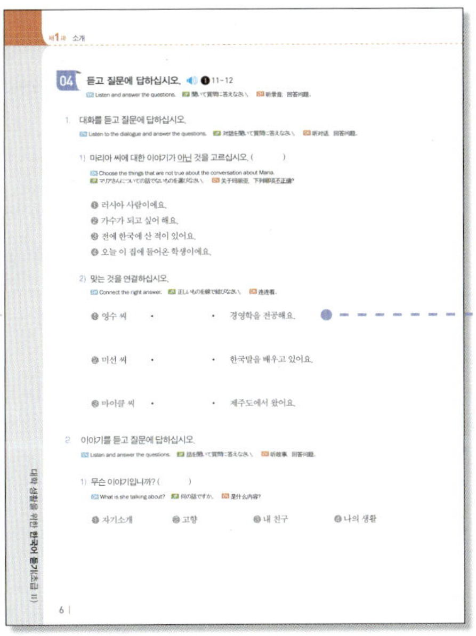
제1과 소개

04 듣고 질문에 답하십시오. 11~12

Listen and answer the questions.

1. 대화를 듣고 질문에 답하십시오.

Listen to the dialogue and answer the questions.

1) 마리아 씨에 대한 이야기가 아닌 것을 고르십시오. (　　　)

Choose the things that are not true about the conversation about Maria.

❶ 러시아 사람이에요.
❷ 가수가 되고 싶어 해요.
❸ 전에 한국에 산 적이 있어요.
❹ 오늘 이 집에 들어온 학생이에요.

2) 맞는 것을 연결하십시오.

Connect the right answer.

❶ 영수 씨 ・　・ 경영학을 전공해요.
❷ 미선 씨 ・　・ 한국말을 배우고 있어요.
❸ 마이클 씨 ・　・ 제주도에서 왔어요.

2. 이야기를 듣고 질문에 답하십시오.

Listen and answer the questions.

1) 무슨 이야기입니까? (　　　)

What is she talking about?

❶ 자기소개　❷ 고향　❸ 내 친구　❹ 나의 생활

대학 생활을 위한 한국어 듣기(초급 II)

6

【04】段階では学習者がテーマと関連した多様な談話を聞いて全体の内容と細部の内容を把握する深化聞き取り活動が提示される。

- 【まとめてみましょう】は聞き取りの活動と関連した自身の経験や考えを話すことを通して聞き取りの活動をまとめて仕上げる。

编写说明

- “大学生活韩国语听力初级Ⅱ”共由10个单元组成。为方便学习者查阅和复习，书后附有听力文本和答案。
- 各单元由 3 个板块组成。每个板块均给出题目和学习目标，并且通过学习目标可以了解到该板块的会话形式与功能。
- 每个板块均由“热身活动”，“听一听”，“整理整理”三部分组成。
- “热身活动”作为导入部分，给出导入各板块情景与主题的插画，并利用插画进行会话练习。

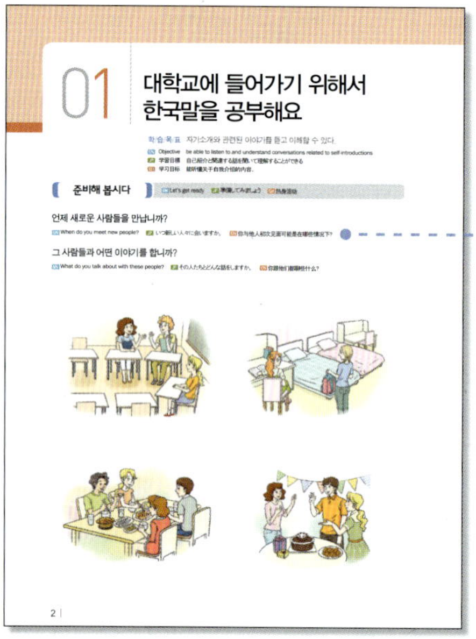

给出一些插画和问题，用来准备听力活动。

- 【听一听】部分由 4 个阶段组成。

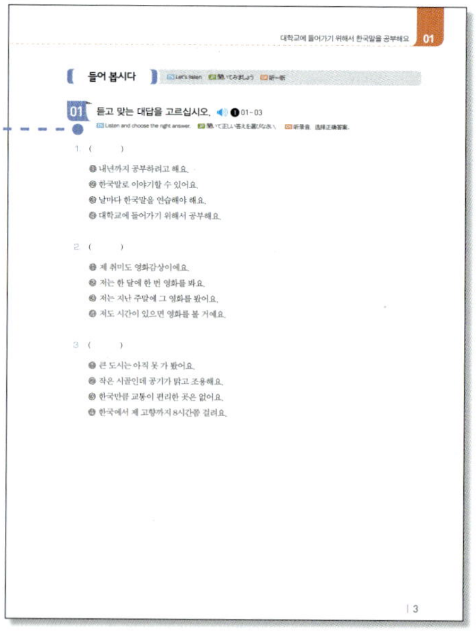

【听一听】部分的第1阶段，了解谈话内容、找出适当的表达用语，从而提高听力能力。

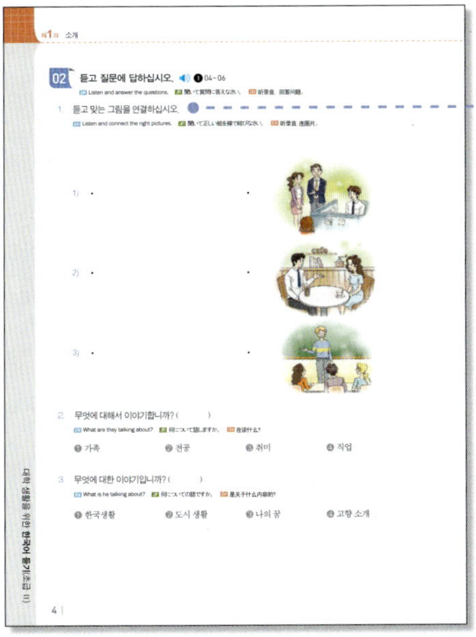
제1과 소개

02 듣고 질문에 답하십시오. 04~06

1. 듣고 맞는 그림을 연결하십시오.

1) ·

2) ·

3) ·

2. 무엇에 대해서 이야기합니까? ( )

❶ 가족 ❷ 전공 ❸ 취미 ❹ 직업

3. 무엇에 대한 이야기입니까? ( )

❶ 한국 생활 ❷ 도시 생활 ❸ 나의 꿈 ❹ 고향 소개

4

【听一听】部分的第2阶段，为便于对整体内容的理解，展开各种丰富的活动。

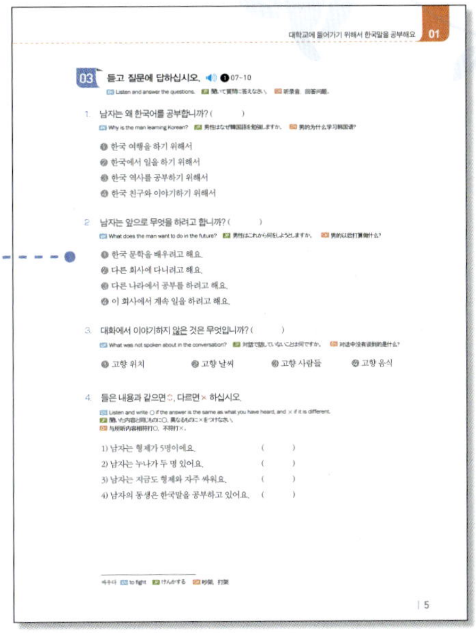
대학교에 들어가기 위해서 한국말을 공부해요 01

03 듣고 질문에 답하십시오. 07~10

1. 남자는 왜 한국어를 공부합니까? ( )

❶ 한국 여행을 하기 위해서
❷ 한국에서 일을 하기 위해서
❸ 한국 역사를 공부하기 위해서
❹ 한국 친구와 이야기하기 위해서

2. 남자는 앞으로 무엇을 하려고 합니까? ( )

❶ 한국 문학을 배우려고 해요.
❷ 다른 회사에 다니려고 해요.
❸ 다른 나라에서 공부를 하려고 해요.
❹ 이 회사에서 계속 일을 하려고 해요.

3. 대화에서 이야기하지 않은 것은 무엇입니까? ( )

❶ 고향 위치 ❷ 고향 날씨 ❸ 고향 사람들 ❹ 고향 음식

4. 들은 내용과 같으면 ○, 다르면 × 하십시오.

1) 남자는 형제가 5명이에요. ( )
2) 남자는 누나가 두 명 있어요. ( )
3) 남자는 지금도 형제와 자주 싸워요. ( )
4) 남자의 동생은 한국말을 공부하고 있어요. ( )

5

【听一听】部分的第3阶段，听会话内容，理解其详细内容。

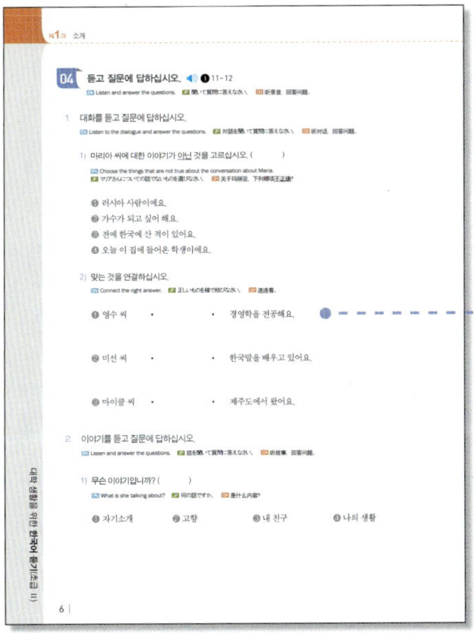
제1과 소개

04 듣고 질문에 답하십시오. 11~12

1. 대화를 듣고 질문에 답하십시오.

1) 마리아 씨에 대한 이야기가 아닌 것을 고르십시오. ( )

❶ 러시아 사람이에요.
❷ 가수가 되고 싶어 해요.
❸ 전에 한국에 산 적이 있어요.
❹ 오늘 이 집에 들어온 학생이에요.

2) 맞는 것을 연결하십시오.

❶ 영수 씨 · · 경영학을 전공해요.

❷ 미선 씨 · · 한국말을 배우고 있어요.

❸ 마리클 씨 · · 제주도에서 왔어요.

2. 이야기를 듣고 질문에 답하십시오.

1) 무슨 이야기입니까? ( )

❶ 자기소개 ❷ 고향 ❸ 내 친구 ❹ 나의 생활

6

【听一听】部分的第4阶段，学习者通过听与主题相关的各种会话，理解整体内容和详细内容，从而强化听力训练。

- 【整理整理】部分，说一说跟听力内容相关的自身的经验及想法，总结并结束本次听力活动。

차례

내용 구성

과	주제	제목	어휘	과제
1	소개	대학교에 들어가기 위해서 한국말을 공부해요	자기소개와 관련된 이야기를 듣고 이해할 수 있다.	전공과 학습 목적 듣기 고향과 형제 관계 듣기
		취미가 같아서 빨리 친해졌어요	친구 소개와 관련된 이야기를 듣고 이해할 수 있다.	친구 성격에 대한 이야기 듣기 친구 취미에 대한 이야기 듣기
		다음에는 더 높은 산에 갔으면 좋겠어요	동아리와 관련된 이야기를 듣고 이해할 수 있다.	동아리 활동 듣기 동아리 가입 방법 듣기
2	학교 생활	이번 학기에는 역사 수업을 들으려고 해요	학교 수업과 관련된 이야기를 듣고 이해할 수 있다.	수업 관련 내용 듣기 과제와 시험에 대한 설명 듣기
		친구에게서 도움을 많이 받았어요	학생 활동과 관련된 이야기를 듣고 이해할 수 있다.	버디 프로그램 활동에 대한 듣기 다양한 학교 프로그램에 대한 듣기
		아르바이트를 찾는 중이에요	대학 생활정보와 관련된 이야기를 듣고 이해할 수 있다.	하숙집에 대한 정보 듣기 아르바이트에 대한 정보 듣기
3	학교 시설	수업이 끝나고 같이 도서관에 갈래요?	도서관 이용과 관련된 이야기를 듣고 이해할 수 있다.	도서관 시설에 대한 설명 듣기 도서관 시설 이용 방법 듣기
		학교 버스는 20분마다 운행해요	교내 시설 이용과 관련된 이야기를 듣고 이해할 수 있다.	교내 편의시설에 대한 설명 듣기 교내 편의시설 이용 방법 듣기
		새로 지은 건물에 수영장이 있어요?	학교 체육시설 이용과 관련된 이야기를 듣고 이해할 수 있다.	학교 체육시설에 대한 설명 듣기 학교 체육시설 이용 방법 듣기
4	모임	개강 모임은 지난번에 갔던 커피숍에서 해	수업과 관련된 모임 이야기를 듣고 이해할 수 있다.	개강과 종강 모임 이야기 듣기 조별 과제 모임 이야기 듣기
		내일 모임에 너는 김밥을 사 가지고 와라	친구 모임과 관련된 이야기를 듣고 이해할 수 있다.	선후배와의 모임 이야기 듣기 친구와의 모임 이야기 듣기
		사람들과 친해질 수 있으니까 뒤풀이에 꼭 가자	뒤풀이와 관련된 이야기를 듣고 이해할 수 있다.	뒤풀이 계획 이야기 듣기 뒤풀이 활동 이야기 듣기
5	쇼핑	백화점이 비싸기는 하지만 쇼핑하기가 편해요	다양한 쇼핑 장소와 관련된 이야기를 듣고 이해할 수 있다.	다양한 쇼핑 장소 소개 듣기 쇼핑 장소의 장단점 듣기
		지갑이 한 개밖에 없어요	물건 사기와 관련된 이야기를 듣고 이해할 수 있다.	쇼핑과 관련된 이야기 듣기 물건 주문과 교환 이야기 듣기
		노트북처럼 비싼 물건을 싸게 살 수 있어	중고품 시장과 관련된 이야기를 듣고 이해할 수 있다.	중고품 시장 쇼핑 이야기 듣기 중고 사이트 쇼핑 이야기 듣기

과	주제	제목	어휘	과제
6	건강	기침이 날 때 생강차를 마시면 좋다고 해요	건강과 관련된 음식 이야기를 듣고 이해할 수 있다.	건강에 좋은 음식 듣기 증상에 따른 음식 소개 듣기
		태권도를 할 줄 아세요?	운동과 관련된 이야기를 듣고 이해할 수 있다.	다양한 운동 소개 듣기 운동 효과에 대한 이야기 듣기
		건강을 위해서 아침을 먹어야겠어요	건강과 관련된 생활 습관 이야기를 듣고 이해할 수 있다.	건강에 좋은 생활 습관 듣기 고쳐야 할 생활 습관 듣기
7	인터넷	인터넷 강의를 한다고 하니까 들어 보세요	학습과 관련된 인터넷 활용 이야기를 듣고 이해할 수 있다.	인터넷을 활용한 학습 방법 듣기 인터넷을 활용한 과제 활동 듣기
		컴퓨터 때문에 서비스센터에 갔다가 왔어요	일상생활에서 인터넷 사용과 관련된 이야기를 듣고 이해할 수 있다.	생활에서의 인터넷 사용 듣기 인터넷 고장 관련 문제 듣기
		인터넷 덕분에 쇼핑하기 편해졌어요	인터넷과 생활의 변화와 관련된 이야기를 듣고 이해할 수 있다.	인터넷의 장단점 듣기 인터넷과 생활의 변화 듣기
8	대학 문화	이번 동아리 여행이 얼마나 재미있었는지 몰라요	대학 생활과 관련된 이야기를 듣고 이해할 수 있다.	대학생의 소비문화 이야기 듣기 대학생의 친교 활동 이야기 듣기
		저기에서 하는 공연이 재미있나 봐요	대학 축제와 관련된 이야기를 듣고 이해할 수 있다.	대학 축제 이야기 듣기 대학 공연 문화에 대한 이야기 듣기
		영어 신문을 읽는 스터디를 할까 해요	자기 계발과 관련된 이야기를 듣고 이해할 수 있다.	스터디 활동 이야기 듣기 교환학생 경험 이야기 듣기
9	부탁과 상담	기말 시험을 잘 볼 수 있을지 모르겠어요	고민과 관련된 이야기를 듣고 이해할 수 있다.	대학 생활과 관련된 고민 듣기 유학 생활에 대한 고민 듣기
		시험을 잘 보기 위해서는 무엇을 준비해야 해요?	상담과 관련된 이야기를 듣고 이해할 수 있다.	상담실 이용 방법 듣기 대학 진학 상담 관련 이야기 듣기
		죄송합니다만 자리 좀 바꿔 주실 수 있으세요?	부탁과 관련된 이야기를 듣고 이해할 수 있다.	일상생활과 관련된 부탁 듣기 학교생활과 관련된 부탁 듣기
10	여가 생활	맛집 투어는 하면 할수록 재미있어요	시간 활용과 관련된 이야기를 듣고 이해할 수 있다.	시간 활용법 듣기 취미 생활 이야기 듣기
		시티투어버스를 타니까 참 좋더군요	여행과 관련된 이야기를 듣고 이해할 수 있다.	여행 경험 이야기 듣기 여행 계획 이야기 듣기
		유명한 요리사가 되는 게 제 꿈이에요	텔레비전과 생활에 관련된 이야기를 듣고 이해할 수 있다.	다양한 프로그램 소개 듣기 텔레비전과 여가생활 듣기

Table of Contents

Chapter	Theme	Title	Objective	Task
6	Health	They say that drinking ginger tea is good for you when you have a cough	be able to listen to and understand conversations about food related to good health	good food for health introduction about food according to symptoms
		Do you know how to do taekwondo?	be able to listen to and understand conversations related to exercise	introduction about various forms of exercise, conversations about the effects of exercise
		I need to eat breakfast for my health	be able to listen to and understand conversations about lifestyle habits related to health	lifestyle habits for good health, lifestyle habits that need to be fixed
7	Internet	They say that they will do an internet lecture, so please try to listen	be able to listen to and understand conversations about using the internet related to your studies	study methods that utilize the internet, assignments that use the internet
		I went to the service center because of my computer and returned	be able to listen to and understand conversations related to using the internet for everyday living	using the internet for daily living, problems related to the internet not working properly
		Thanks to the internet, shopping has become easier	be able to listen to and understand conversations related to changes in lifestyle and the internet	pros and cons of the internet, the internet and changes in life
8	College Culture	You don't know how much fun I had on the last club trip	be able to listen to and understand conversations related to college life.	consumption culture of college students, conversations about college students' friendships
		The performance over there looks fun	be able to listen to and understand conversations related to college festivals	conversations about college festivals conversations about college performance cultures
		I'm thinking about joining a study group that reads English newspaper	be able to listen to and understand conversations related to self-improvement	conversations about study activities, conversations about experiences as an exchange student
9	Counseling	I'm not sure I will do well on the final exam	be able to listen to and understand conversations related to worries.	worries about college life worries about international studies
		What should I prepare in order to do well on the exam?	be able to listen to and understand conversations related to counseling	how to use the counseling center conversations about counseling for further studies
		I'm sorry but do you mind changing seats with me?	be able to listen to and understand conversations related to requests	requests related to everyday living, requests related to school life
10	Leisure Life	The more you tour famous restaurants, the more fun it is	be able to listen to and understand conversations related to using your time	ways to use your time, conversations about hobbies
		It was very nice riding the city tour bus!	be able to listen to and understand conversations related to traveling	conversations about travel experience, conversations about travel plans
		My dream is to be a famous chef	be able to listen to and understand conversations related to television and life	introduction to different programs television and leisure life

内容構成

課	テーマ	タイトル	学習目標	課題
1課	紹介	大学に入学するために韓国語を勉強します	自己紹介と関連する話を聞いて理解することができる。	専攻と学習目的の聞き取り 故郷と兄弟関係の聞き取り
		趣味が同じですぐに親しくなりました	友達紹介と関連する話を聞いて理解することができる。	友達の性格に関する話の聞き取り 友達の趣味に関する話の聞き取り
		次はもっと高い山に行けたらいいです	サークルと関連する話を聞いて理解することができる。	サークル活動の聞き取り サークル加入方法の聞き取り
2課	学校生活	今学期は歴史の授業を受けようと思います	学校の授業と関連する話を聞いて理解することができる。	授業に関連する内容の聞き取り 課題と試験に関する説明の聞き取り
		友達からたくさん助けてもらいました	学生活動と関連する話を聞いて理解することができる。	バディプログラム活動についての聞き取り 多様な学校のプログラムについての聞き取り
		アルバイトを探し中です	大学の生活情報と関連する話を聞いて理解することができる。	下宿に関する情報の聞き取り アルバイトに関する情報の聞き取り
3課	学校の施設	授業が終わってから一緒に図書館に行きませんか	図書館の利用と関連する話を聞いて理解することができる。	図書館の施設に関する説明の聞き取り 図書館の施設の利用方法の聞き取り
		スクールバスは20分ごとに運行します	校内の施設の利用と関連する話を聞いて理解することができる。	校内の便益施設に関する説明の聞き取り 校内の便益施設の利用方法の聞き取り
		新しく建てた建物にプールがありますか	学校の体育施設の利用と関連する話を聞いて理解することができる。	学校の体育施設に関する説明の聞き取り 学校の体育施設の利用方法の聞き取り
4課	集まり	開講の集まりは前回行ったコーヒーショップでしよう	授業と関連する集まりの話を聞いて理解することができる。	開講と終講の集まりの話の聞き取り グループ別課題の集まりの話の聞き取り
		明日の集まりにお前はキムパプを買って来い	友達の集まりと関連する話を聞いて理解することができる。	先輩後輩との集まりの話の聞き取り 友達との集まりの話の聞き取り
		人々と親しくなれるので打ち上げにぜひ行こう	打ち上げと関連する話を聞いて理解することができる。	打ち上げ計画の話の聞き取り 打ち上げ活動の話の聞き取り
5課	ショッピング	デパートが値段が高いことは高いけどショッピングをするのが便利です	多様な買い物場所と関連する話を聞いて理解することができる。	多様な買い物場所の紹介の聞き取り 買い物場所の長所·短所の聞き取り
		財布が1個しかありません	ショッピングと関連する話を聞いて理解することができる。	ショッピングと関連する話の聞き取り 品物の注文と交換の話の聞き取り
		ノートパソコンのように高い品物を安く買うことができる	中古品市場と関連する話を聞いて理解することができる。	中古品市場での買い物の話の聞き取り 中古サイトでの買い物の話の聞き取り

課	テーマ	タイトル	学習目標	課題
6課	健康	咳が出るとき生姜茶を飲んだらよいといいます	健康と関連する食べ物の話を聞いて理解することができる。	健康によい食べ物の聞き取り 症状に応じた食べ物の紹介の聞き取り
		テコンドーをすることができますか	運動と関連する話を聞いて理解することができる。	多様な運動の紹介の聞き取り 運動効果についての話の聞き取り
		健康のために朝ごはんを食べなければなりません	健康と関連する生活習慣の話を聞いて理解することができる。	健康によい生活習慣の聞き取り 直さなければならない生活習慣の聞き取り
7課	インターネット	インターネット講義をするというので聞いてみてください	学習と関連するインターネット活用の話を聞いて理解することができる。	インターネットを活用した学習方法の聞き取り インターネットを活用した課題活動の聞き取り
		パソコンのせいでサービスセンターに行って来ました	日常生活でのインターネットの使用と関連する話を聞いて理解することができる。	生活でのインターネットの使用の聞き取り インターネットの故障に関連する問題の聞き取り
		インターネットのおかげでショッピングをするのが楽になりました	インターネットと生活の変化と関連する話を聞いて理解することができる。	インターネットの長所·短所の聞き取り インターネットと生活の変化の聞き取り
8課	大学文化	今回のサークル旅行がどんなに面白かったことかわかりません	大学生活と関連する話を聞いて理解することができる。	大学生の消費文化の話の聞き取り 大学生の親交活動の話の聞き取り
		あそこで行う公演が面白いようだ	大学祭と関連する話を聞いて理解することができる。	大学祭の話の聞き取り 大学の公演文化についての話の聞き取り
		英語新聞を読む勉強会をしようかと思います	自己啓発と関連する話を聞いて理解することができる。	勉強会の活動の話の聞き取り 交換学生の経験談の聞き取り
9課	相談	期末試験で良い点数をとれるかわかりません	悩みと関連する話を聞いて理解することができる。	大学生活と関連する悩みの聞き取り 留学生活に関する悩みの聞き取り
		試験で良い点数をとるためには何を準備しなければなりませんか	相談と関連する話を聞いて理解することができる。	相談室の利用方法の聞き取り 大学進学の相談関連の話の聞き取り
		申し訳ありませんが席を替えて下さることができますか	頼みごとと関連する話を聞いて理解することができる。	日常生活と関連する頼みごとの聞き取り 学校生活と関連する頼みごとの聞き取り
10課	余暇生活	おいしいお店めぐりはすればするほど楽しいです	時間活用と関連する話を聞いて理解することができる。	時間活用法の聞き取り 趣味生活の話の聞き取り
		シティーツアーバスに乗ったらとてもよかったんですよ	旅行と関連する話を聞いて理解することができる。	旅行経験談の聞き取り 旅行計画の話の聞き取り
		有名な料理人になるのが私の夢です	テレビと生活に関連する話を聞いて理解することができる	多様な番組紹介の聞き取り テレビと余暇生活の聞き取り

内容结构

课别	主题	题目	词汇	学习目标
第一课	介绍	为进入大学而学习韩国语。	能听懂关于自我介绍的内容。	听关于专业与学习目标的内容 听关于老家与兄弟姐妹的内容
		因为爱好相同、所以很快就熟悉了。	能听懂关于介绍朋友的内容。	听关于朋有性格的内容 听关于朋友爱好的内容
		下次要是去爬更高的山就好了。	能听懂与社团有关的内容。	听关于社团活动的内容 听关于加入社团的方法的内容
第二课	学校生活	这个学期打算听历史课。	能听懂关于学校课程的内容。	听关于上课的内容 听关于作业和考试相关说明的内容
		从朋友那里得到了很多帮助。	能听懂关于学生活动的内容。	听关于伙伴计划活动的内容 听关于各种学校活动的内容
		正在找兼职工作。	能听懂关于大学生活信息的内容。	听关于寄宿家庭信息的内容 听关于兼职信息的内容
第三课	学校设施	下课以后一起去图书馆、怎么样?	能听懂关于使用图书馆的内容。	听关于图书馆设施相关说明的内容 听关于图书馆设施的使用方法的内容
		校车每隔20分钟运行一次。	能听懂关于使用校内设施的内容。	听关于校内服务设施相关说明的内容 听关于校内服务设施的使用方法的内容
		新建的建筑里面有游泳馆吗?	能听懂关于使用学校体育设施的内容。	听关于学校体育设施相关说明的内容 听关于学校体育设施的使用方法的内容
第四课	聚会	开课聚会在上次去过的咖啡厅举行。	能听懂关于课程聚会的内容。	听关于开课、结课聚会的内容 听关于分组课业沙龙的内容
		明天聚会你带紫菜包饭来吧。	能听懂关于朋友聚会的内容。	听关于跟前辈、后辈聚会的内容 听关于跟朋友聚会的内容
		你可以很快地与朋友们熟悉起来、 所以一定要去聚餐。	能听懂关于聚餐的内容。	听关于聚餐计划的内容 听关于聚餐活动的内容
第五课	购物	百货商店贵是贵、 但购物很方便。	能听懂关于各种购物场所的内容。	听关于介绍各种购物场所的内容 听关于购物场所的优缺点的内容
		钱包只剩下一个。	能听懂关于买东西的内容。	听关于购物的内容 听关于买东西和交换的内容
		可以很便宜地买到像笔记本电脑 那样贵的东西。	能听懂关于二手市场的内容。	听关于在二手市场购物的内容 听关于在二手网站购物的内容

课别	主题	题目	词汇	学习目标
第六课	健康	听说咳嗽的时候喝姜茶比较好。	能听懂关于健康饮食的内容。	听关于健康饮食的内容 听关于介绍不同症状的食物选择方面的内容
		你会打跆拳道吗?	能听懂关于运动的内容。	听关于介绍各种运动的内容 听关于运动效果的内容
		为了健康要吃早饭。	能听懂关于健康生活习惯的内容。	听关于健康的生活习惯方面的内容 听关于需要改变的生活习惯方面的内容
第七课	互联网	听说开设网络课程、你去听听吧。	能听懂关于利用网络学习的内容。	听与利用网络学习的方法有关的内容 听与利用网络的任务活动有关的内容
		因为电脑问题、去了一趟售后服务中心。	能听懂关于在日常生活中使用网络的内容。	听与生活中的网络使用有关的内容 听关于网络故障问题的内容
		因为网络的普及、购物变得很方便。	能听懂关于网络与生活变化的内容。	听关于网络优缺点的内容 听关于网络和生活变化的内容
第八课	大学文化	这次社团旅行不知道有多开心呢。	能听懂关于大学生活的内容。	听关于大学生消费文化的内容 听关于大学生交友活动的内容
		那里的表演好像很有意思。	能听懂关于大学庆典的内容。	听关于大学庆典的内容 听关于大学表演文化的内容
		想要加入阅读英文报纸的学习小组。	能听懂关于自我启发的内容。	听关于学习小组活动的内容 听关于交换学生经验的内容
第九课	咨询	不知道能不能考好期末考试。	能听懂关于烦恼的内容。	听与大学生活中的烦恼有关的内容 听与留学生活中的烦恼有关的内容
		为了考好试、应该准备什么?	能听懂关于咨询的内容。	听与咨询中心的利用方法有关的内容 听关于升学信息咨询的内容
		麻烦您能给我换个座吗?	能听懂关于请求的内容。	听与日常生活相关的请求 听与学校生活相关的请求
第十课	业余生活	美食之旅越弄越有意思。	能听懂关于利用时间的内容。	听关于时间利用方法的内容 听关于业余爱好的内容
		坐环城旅游巴士真的挺不错的。	能听懂关于旅行的内容。	听关于旅行经验的内容 听关于旅行计划的内容
		我的梦想是成为一个很有名的厨师。	能听懂关于电视与生活的内容。	听关于介绍各种活动的内容 听关于电视和业余生活的内容

제 1 과

소개

01 대학교에 들어가기 위해서 한국말을 공부해요

02 취미가 같아서 빨리 친해졌어요

03 다음에는 더 높은 산에 갔으면 좋겠어요

01 대학교에 들어가기 위해서 한국말을 공부해요

학/습/목/표 자기소개와 관련된 이야기를 듣고 이해할 수 있다.

EN Objective be able to listen to and understand conversations related to self-introductions
JP 学習目標 自己紹介と関連する話を聞いて理解することができる
CH 学习目标 能听懂关于自我介绍的内容。

준비해 봅시다

EN Let's get ready JP 準備してみましょう CH 热身活动

언제 새로운 사람들을 만납니까?

EN When do you meet new people? JP いつ新しい人々に会いますか。 CH 你与他人初次见面可能是在哪些情况下?

그 사람들과 어떤 이야기를 합니까?

EN What do you talk about with these people? JP その人たちとどんな話をしますか。 CH 你跟他们都聊些什么?

들어 봅시다

EN Let's listen JP 聞いてみましょう CH 听一听

01 듣고 맞는 대답을 고르십시오. ❶ 01~03

EN Listen and choose the right answer. JP 聞いて正しい答えを選びなさい。 CH 听录音,选择正确答案。

MP3 01~06

1. (　　　　)

① 내년까지 공부하려고 해요.
② 한국말로 이야기할 수 있어요.
③ 날마다 한국말을 연습해야 해요.
④ 대학교에 들어가기 위해서 공부해요.

2. (　　　　)

① 제 취미도 영화감상이에요.
② 저는 한 달에 한 번 영화를 봐요.
③ 저는 지난 주말에 그 영화를 봤어요.
④ 저도 시간이 있으면 영화를 볼 거예요.

3. (　　　　)

① 큰 도시는 아직 못 가 봤어요.
② 작은 시골인데 공기가 맑고 조용해요.
③ 한국만큼 교통이 편리한 곳은 없어요.
④ 한국에서 제 고향까지 8시간쯤 걸려요.

02 듣고 질문에 답하십시오. ❶ 04~06

EN Listen and answer the questions. JP 聞いて質問に答えなさい。 CH 听录音,回答问题。

1. 듣고 맞는 그림을 연결하십시오.

EN Listen and connect the right pictures. JP 聞いて正しい絵を線で結びなさい。 CH 听录音,连图片。

1) • •

2) • •

3) • •

2. 무엇에 대해서 이야기합니까? (   )

EN What are they talking about? JP 何について話しますか。 CH 在谈什么?

① 가족 ② 전공 ③ 취미 ④ 직업

3. 무엇에 대한 이야기입니까? (   )

EN What is he talking about? JP 何についての話ですか。 CH 是关于什么内容的?

① 한국생활 ② 도시 생활 ③ 나의 꿈 ④ 고향 소개

03 듣고 질문에 답하십시오. ❶ 07~10

EN Listen and answer the questions. JP 聞いて質問に答えなさい。 CH 听录音，回答问题。

MP3 07~12

1. 남자는 왜 한국어를 공부합니까? (　　　　)

EN Why is the man learning Korean? JP 男性はなぜ韓国語を勉強しますか。 CH 男的为什么学习韩国语?

① 한국 여행을 하기 위해서
② 한국에서 일을 하기 위해서
③ 한국 역사를 공부하기 위해서
④ 한국 친구와 이야기하기 위해서

2. 남자는 앞으로 무엇을 하려고 합니까? (　　　　)

EN What does the man want to do in the future? JP 男性はこれから何をしようとしますか。 CH 男的以后打算做什么?

① 한국 문학을 배우려고 해요.
② 다른 회사에 다니려고 해요.
③ 다른 나라에서 공부를 하려고 해요.
④ 이 회사에서 계속 일을 하려고 해요.

3. 대화에서 이야기하지 않은 것은 무엇입니까? (　　　　)

EN What was not spoken about in the conversation? JP 対話で話していないことは何ですか。 CH 对话中没有谈到的是什么?

① 고향 위치　② 고향 날씨　③ 고향 사람들　④ 고향 음식

4. 들은 내용과 같으면 ○, 다르면 × 하십시오.

EN Listen and write ○ if the answer is the same as what you have heard, and × if it is different.
JP 聞いた内容と同じものに○、異なるものに×をつけなさい。
CH 与所听内容相符打○，不符打×。

1) 남자는 형제가 5명이에요. (　　　)
2) 남자는 누나가 두 명 있어요. (　　　)
3) 남자는 지금도 형제와 자주 싸워요. (　　　)
4) 남자의 동생은 한국말을 공부하고 있어요. (　　　)

싸우다 EN to fight JP けんかする CH 吵架，打架

04 듣고 질문에 답하십시오. ❶ 11~12

EN Listen and answer the questions. JP 聞いて質問に答えなさい。 CH 听录音,回答问题。

1. 대화를 듣고 질문에 답하십시오.

EN Listen to the dialogue and answer the questions. JP 対話を聞いて質問に答えなさい。 CH 听对话,回答问题。

1) 마리아 씨에 대한 이야기가 <u>아닌</u> 것을 고르십시오. (   )

EN Choose the things that are not true about the conversation about Maria.
JP マリアさんについての話でないものを選びなさい。 CH 关于玛丽亚,下列哪项<u>不正确</u>?

① 러시아 사람이에요.
② 가수가 되고 싶어 해요.
③ 전에 한국에 산 적이 있어요.
④ 오늘 이 집에 들어온 학생이에요.

2) 맞는 것을 연결하십시오.

EN Connect the right answer. JP 正しいものを線で結びなさい。 CH 连连看。

① 영수 씨	•	•	경영학을 전공해요.
② 미선 씨	•	•	한국말을 배우고 있어요.
③ 마이클 씨	•	•	제주도에서 왔어요.

2. 이야기를 듣고 질문에 답하십시오.

EN Listen and answer the questions. JP 話を聞いて質問に答えなさい。 CH 听故事,回答问题。

1) 무슨 이야기입니까? (   )

EN What is she talking about? JP 何の話ですか。 CH 是什么内容?

① 자기소개 ② 고향 ③ 내 친구 ④ 나의 생활

2) 지나 씨에 대해서 써 봅시다.

EN Write about Jina. JP ジナについて書いてみましょう。 CH 请写出关于智娜的内容。

고향이 어디예요?	왜 한국어를 배워요?	취미가 뭐예요?	꿈이 뭐예요?
미국 뉴욕			

정리해 봅시다

EN Let's review JP まとめてみましょう CH 整理整理

자기소개를 할 때 무엇을 이야기합니까? 여러분만의 특별한 자기소개 방법이 있습니까?

EN What do you talk about when you introduce yourself? Do you have your own special way of introducing yourself?
JP 自己紹介をするとき何を話しますか。みなさんだけの特別な自己紹介の方法がありますか。
CH 做自我介绍的时候,你一般说什么?你有没有特别的做自我介绍的方法?

02 취미가 같아서 빨리 친해졌어요

학/습/목/표 친구 소개와 관련된 이야기를 듣고 이해할 수 있다.

EN Objective　To be able to listen and understand about objects that friends have
JP 学習目標　友達の紹介と関連する話を聞いて理解することができる
CH 学习目标　能听懂关于介绍朋友的内容。

준비해 봅시다

EN Let's get ready　JP 準備してみましょう　CH 热身活动

다른 사람에게 친구를 소개해 본 적이 있습니까?

EN Have you ever introduced your friend to another person?　JP 他の人に友達を紹介したことがありますか。　CH 你是否向别人介绍过你的朋友？

친구를 소개할 때 무엇에 대해서 이야기합니까?

EN When introducing your friend, what do you talk about?　JP 友達を紹介するとき何について話しますか。　CH 你在介绍朋友的时候一般说什么？

들어 봅시다

EN Let's listen　JP 聞いてみましょう　CH 听一听

01 듣고 맞는 대답을 고르십시오. ❷ 01~03

EN Listen and choose the right answer.　JP 聞いて正しい答えを選びなさい。　CH 听录音，选择正确答案。

MP3 01~06

1. (　　　)

① 그 친구만큼 크고 날씬해요.
② 마음이 따뜻하고 친절한 사람이에요.
③ 마리아 씨 친구는 키가 큰 사람이에요.
④ 마리아 씨는 마음이 따뜻해서 친구가 많아요.

2. (　　　　)

① 우리는 호주에서 만나고 싶었어요.
② 우리는 호주에서 만났을 때 좋아했어요.
③ 우리는 호주에서 만나기 위해서 돌아갔어요.
④ 우리는 호주에서 한국어를 공부할 때 만났어요.

3. (　　　　)

① 제 친구는 자주 등산을 해요.
② 제 친구는 국제학을 전공해요.
③ 제 친구는 독서를 좋아하지 않아요.
④ 제 친구는 좋아하는 사람이 있어요.

02 듣고 질문에 답하십시오. ❷ 04~06

EN Listen and answer the questions. JP 聞いて質問に答えなさい。 CH 听录音,回答问题。

1. 무엇에 대한 이야기입니까? (　　　　)

EN What is the conversation about? JP 何についての話ですか。 CH 是关于什么内容的?

① 친구의 취미　　② 친구의 성격
③ 친구의 생활　　④ 친구의 외모

2. 두 사람은 무엇에 대해서 이야기하고 있습니까? (　　　　)

EN What are the two people talking about? JP 二人は何について話していますか。 CH 他们两个人在谈什么？

① 여자의 남자 친구　　② 반 친구의 남자 친구
③ 우리 반 남학생의 성격　　④ 만나고 싶은 친구의 성격

3. 무엇에 대한 이야기입니까? (　　　　)

EN What is the conversation about? JP 何についての話ですか。 CH 是关于什么内容的？

① 제임스 씨의 하루 생활과 책
② 제임스 씨의 취미 생활과 책
③ 제임스 씨의 직업과 텔레비전
④ 제임스 씨의 성격과 텔레비전

03 듣고 질문에 답하십시오. 2 07~10

EN Listen and answer the questions. JP 聞いて質問に答えなさい。 CH 听录音,回答问题。

MP3 07~12

1. 조엔에 대한 이야기가 아닌 것을 고르십시오. (　　　　)

EN Choose the things that are not true about what was said about Joan.
JP ジョエンについての話でないものを選びなさい。 CH 关于乔尼,下列哪项不正确?

① 성격이 좋고 재미있는 사람이에요.
② 대학에서 언론정보영상학을 공부해요.
③ 제가 찍어 준 사진을 많이 가지고 있어요.
④ 저하고 자주 만나서 맛있는 음식을 먹어요.

2. 들은 내용과 같은 것을 고르십시오. (　　　　)

EN Choose the answer that is the same as what you have heard. JP 聞いた内容と同じものを選びなさい。 CH 选择与所听内容相符的选项。

① 미나 씨는 오늘 리에 씨하고 싸웠어요.
② 미나 씨는 오늘 약속 시간에 늦었어요.
③ 미나 씨는 리에 씨 때문에 기분이 안 좋을 때가 많아요.
④ 미나 씨는 약속을 지키지 않은 친구 때문에 화가 났어요.

3. 리에 씨 친구는 왜 한국에 왔습니까? (　　　　)

EN Why did Rie come to Korea? JP りえさんの友達はなぜ韓国に来ましたか。 CH 利惠的朋友为什么来到韩国?

① 한국 노래를 배우기 위해서
② 한국 친구를 만나기 위해서
③ 한국 음악을 배우기 위해서
④ 한국 가수를 만나기 위해서

4. 들은 내용과 같으면 ○, 다르면 × 하십시오.

EN Listen and write ○ if the answer is the same as what you have heard, and × if it is different.
JP 聞いた内容と同じものに○、異なるものに×をつけなさい。
CH 与所听内容相符打○,不符打×。

1) 피터 씨는 방학에 더 바빠져요. (　　　　)
2) 피터 씨는 저와 같은 집에 살아요. (　　　　)
3) 피터 씨는 가끔 저와 같이 밥을 먹어요. (　　　　)
4) 피터 씨는 대학교에서 학생들을 가르쳐요. (　　　　)

기분 EN feelings JP 気分 CH 心情　　학원 EN academy JP 塾 CH 补习班

04 듣고 질문에 답하십시오. ❷ 11~12

EN Listen and answer the questions. JP 聞いて質問に答えなさい。 CH 听录音,回答问题。

1. 대화를 듣고 질문에 답하십시오.

EN Listen to the dialogue and answer the questions. JP 対話を聞いて質問に答えなさい。 CH 听对话,回答问题。

1) 두 사람은 지금 무엇을 하고 있습니까? (　　　　)

EN What are the two people doing? JP 二人は今何をしていますか。 CH 他们两个人在做什么？

① 반 친구들과 생일 파티를 하고 있어요.
② 사진을 보고 친구 이야기를 하고 있어요.
③ 마리아 씨에게 친구 이야기를 하고 있어요.
④ 생일 파티에 초대한 사람과 인사하고 있어요.

2) 안드레이 씨에 대한 이야기가 아닌 것을 고르십시오. (　　　　)

EN Choose what is not true about what was said about Andre.
JP アンドレイさんについての話でないものを選びなさい。 CH 关于安德烈, 下列哪项不正确？

① 마리아 씨 친구예요.
② 파티에서 노래를 했어요.
③ 마리아 씨 고향에서 왔어요.
④ 마리아 씨 생일파티에 왔어요.

2. 이야기를 듣고 질문에 답하십시오.

EN Listen to the introduction and answer the questions. JP 話を聞いて質問に答えなさい。 CH 听故事,回答问题。

1) 이튼 씨에 대한 이야기로 맞는 것을 고르십시오. (　　　　)

EN Choose what is true about what was said about Ethan.
JP イトゥンさんについての話として正しいものを選びなさい。 CH 关于伊顿, 下列哪项正确？

① 이튼 씨는 한국 가수를 아주 좋아해요.
② 이튼 씨는 지금 한국어를 배우고 있어요.
③ 이튼 씨는 한국에서 노래를 배우고 있어요.
④ 이튼 씨는 한국 노래를 좋아하지만 잘 부르지 못해요.

2) 이튼 씨는 언제 저에게 전화를 합니까? 쓰십시오.

EN When does Ethan call me? Write it. JP イトゥンさんはいつ私に電話をしますか。書きなさい。 CH 请写出伊顿什么时候给我打电话？

____

정리해 봅시다

EN Let's review JP まとめてみましょう CH 整理整理

제일 친한 친구는 누구입니까? 친한 친구의 성격과 취미에 대해서 이야기해 봅시다.

EN Who is your best friend? Let's talk about your best friend's personality and hobbies.
JP 一番親しい友達は誰ですか。親友の性格と趣味について話してみましょう。
CH 你最好的朋友是谁？谈一谈好朋友的性格和爱好。

03 다음에는 더 높은 산에 갔으면 좋겠어요

학/습/목/표 동아리와 관련된 이야기를 듣고 이해할 수 있다.

EN Objective be able to listen to and understand conversations about clubs
JP 学習目標 サークルと関連する話を聞いて理解することができる
CH 学习目标 能听懂与社团有关的内容。

준비해 봅시다

EN Let's get ready JP 準備してみましょう CH 热身活动

우리 학교에 무슨 동아리가 있습니까?

EN What kinds of clubs are at our school? JP 私たちの学校に何のサークルがありますか。 CH 我们学校都有什么社团？

무슨 동아리에 들고 싶습니까?

EN Which club do you want to join? JP 何のサークルに加入したいですか。 CH 想加入哪一社团？

들어 봅시다

EN Let's listen JP 聞いてみましょう CH 听一听

01 듣고 맞는 대답을 고르십시오. ③ 01~03

EN Listen and choose the right answer. JP 聞いて正しい答えを選びなさい。 CH 听录音,选择正确答案。

MP3 01~06

1. (　　　　)

① 일주일에 두 번 운동을 해요.
② 운동을 좋아해서 듣고 싶어요.
③ 태권도 동아리에서 친구를 만났어요.
④ 학교에 태권도 동아리가 있을 거예요.

2. (　　　　)

① 사진을 찍으러 산에 갈 거예요.
② 바닷가에 가서 사진을 찍었어요.
③ 날씨가 안 좋으면 사진을 못 찍어요.
④ 공원에서 친구들과 사진을 찍고 있어요.

3. (　　　　)

① 자주 모였으면 좋겠어요.
② 동아리 친구들과 많이 친해졌어요.
③ 국악을 배우면 재미있을 것 같아요.
④ 친구들과 같이 전통 음악을 배워요.

02 듣고 질문에 답하십시오. ③ 04~06

EN Listen and answer the questions. JP 聞いて質問に答えなさい。 CH 听录音,回答问题。

1. 여자는 무엇에 대해서 이야기합니까? (　　　　)

EN What is the woman talking about? JP 女性は何について話しますか。 CH 女的在谈什么？

① 동아리 모임 장소　　② 동아리 모임 시간
③ 여러 가지 학교 동아리　　④ 여러 가지 동아리 활동

등 EN etc. JP -など CH 等

2. 무엇에 대해서 이야기합니까? (　　　　)

EN What is the conversation about? JP 何について話しますか。 CH 在谈什么？

❶ 동아리 활동 시간
❷ 동아리 활동 장소
❸ 동아리 활동의 좋은 점
❹ 동아리 활동의 어려운 점

3. 남자는 무엇을 하고 싶어 합니까? (　　　　)

EN What does the man want to do? JP 男性は何をしたがっていますか。 CH 男的想要做什么？

❶ 동아리 소개를 하고 싶어 해요.
❷ 동아리 사람들을 만나고 싶어 해요.
❸ 여자가 하는 동아리에 들고 싶어 해요.
❹ 친구들이 하는 동아리를 알고 싶어 해요.

03 듣고 질문에 답하십시오. ❸ 07~10

EN Listen and answer the questions. JP 聞いて質問に答えなさい。 CH 听录音,回答问题。

MP3 07~12

1. 남자에 대한 이야기로 맞는 것을 고르십시오. (　　　　)

EN Choose what is true about what was said about the man.
JP 男性についての話として正しいものを選びなさい。 CH 关于男的,下列哪项正确？

❶ 다음 주 금요일 모임에 갈 거예요.
❷ 음악 동아리를 해 본 적이 없어요.
❸ 동아리에서 부를 노래를 준비할 거예요.
❹ 오늘 동아리 사람들 앞에서 노래를 불렀어요.

2. 이 동아리에서 하는 활동이 아닌 것은 무엇입니까? (　　　　)

EN What are activities not done at this club?
JP このサークルでする活動でないものは何ですか。 CH 下列哪项不属于这个社团的活动内容？

❶ 만화책을 만들어요.
❷ 만화 영화를 보러 가요.
❸ 사람들과 같이 만화를 그려요.
❹ 만화책을 읽고 영화를 만들어요.

3. 들은 내용과 같으면 ○, 다르면 × 하십시오.

EN Listen and write O if the answer is the same as what you have heard, and X if it is different.
JP 聞いた内容と同じものに○、異なるものに×をつけなさい。
CH 与所听内容相符打○,不符打×。

1) 남자는 여자보다 스키를 잘 못 타요. ( )
2) 남자는 동아리에서 스키를 배웠어요. ( )
3) 남자는 작년부터 스키를 타기 시작했어요. ( )
4) 남자는 여자에게 스키를 가르쳐 줄 거예요. ( )

4. 들은 내용과 같은 것을 고르십시오. ( )

EN Choose the answer that is the same as what you have heard.
JP 聞いた内容と同じものを選びなさい。 CH 选择与所听内容相符的选项。

① 연극은 저녁 여섯 시에 시작해요.
② 연극은 학생회관 옆 건물에서 해요.
③ 연극은 다음 주 금요일에 볼 수 있어요.
④ 연극 준비는 시간이 없어서 많이 못 했어요.

04 듣고 질문에 답하십시오. ③ 11~12

EN Listen and answer the questions. JP 聞いて質問に答えなさい。 CH 听录音,回答问题。

1. 대화를 듣고 질문에 답하십시오.

EN Listen to the dialogue and answer the question. JP 対話を聞いて質問に答えなさい。 CH 听对话,回答问题。

1) 동아리 모임에서 할 이야기는 무엇입니까? ( )

EN What are we going to talk about at the club meeting? JP サークルの集まりでする話は何ですか。 CH 社团活动中要谈什么内容？

① 등산을 가는 요일
② 등산하고 싶은 산
③ 등산을 한 후에 갈 곳
④ 등산할 때 가지고 갈 물건

2) 들은 내용과 다른 것을 고르십시오. (　　　　)

EN Choose the answer that is different from what you have heard.
JP 聞いた内容と異なるものを選びなさい。 CH 选择与所听内容不符的选项。

① 이번 주에 동아리 모임이 있어요.
② 동아리에서 친구들과 산에 갔어요.
③ 동아리 사람들과 가끔 등산을 해요.
④ 등산을 하고 동아리 사람들과 밥을 먹을 거예요.

2. 대화를 듣고 질문에 답하십시오.

EN Listen to the dialogue and answer the question. JP 対話を聞いて質問に答えなさい。 CH 听对话,回答问题。

1) 들은 내용과 같은 것을 고르십시오. (　　　　)

EN Choose the answer that is the same as what you have heard.
JP 聞いた内容と同じものを選びなさい。 CH 选择与所听内容相符的选项。

① 남자는 방학 동안 바쁘지 않았어요.
② 남자는 재미있는 영화를 보고 싶어 해요.
③ 남자는 동아리에서 영화를 처음 만들어요.
④ 남자는 주말에 한 일을 이야기하고 있어요.

2) 영화 동아리의 활동 일정을 써 봅시다.

EN Write the schedule of the activities of the movie club.
JP 映画サークルの活動日程を書いてみましょう。 CH 请写出电影社团的活动日程。

영화를 언제까지 만들어요?	그 영화를 언제 볼 수 있어요?

정리해 봅시다

EN Let's review JP まとめてみましょう CH 整理整理

재미있는 동아리를 알고 있습니까? 그 동아리를 소개해 봅시다.

EN Do you know of any fun clubs? introduction about that club.
JP 面白いサークルを知っていますか。そのサークルを紹介してみましょう。
CH 你所知道的社团中,有没有有趣的社团？请介绍一下那个社团。

제2과

학교 생활

01 이번 학기에는 역사 수업을 들으려고 해요

02 친구에게서 도움을 많이 받았어요

03 아르바이트를 찾는 중이에요

01 이번 학기에는 역사 수업을 들으려고 해요

학/습/목/표 학교 수업과 관련된 이야기를 듣고 이해할 수 있다.

EN Objective be able to listen to and understand conversations related to school classes (courses)
JP 学習目標 学校の授業と関連する話を聞いて理解することができる
CH 学习目标 能听懂关于学校课程的内容。

준비해 봅시다

EN Let's get ready JP 準備してみましょう CH 热身活动

수업을 들을 때 무엇이 어렵습니까?

EN What is difficult when taking a class? JP 授業を受けるとき何が難しいですか。 CH 听课的时候,你有什么困难？

수업 정보를 어디에서 듣습니까?

EN Where do you hear information about classes? JP 授業の情報をどこで聞きますか。 CH 你从哪里打听课程相关信息？

들어 봅시다

EN Let's listen JP 聞いてみましょう CH 听一听

01 듣고 맞는 대답을 고르십시오. 1 01~03

EN Listen and choose the right answer. JP 聞いて正しい答えを選びなさい。 CH 听录音,选择正确答案。

MP3 01~06

1. ( )

① 역사 수업을 들었어요.
② 그 수업이 정말 재미있었어요.
③ 한국 역사 수업을 들으려고 해요.
④ 그 수업은 일학년이 듣기 어려워요.

2. ( )

① 열심히 준비를 해서 잘 봤어요.
② 친구와 같이 시험공부를 했어요.
③ 시험을 더 늦게 봤으면 좋겠어요.
④ 나중에 하지 말고 지금부터 준비하세요.

3. ( )

① 글쎄요, 저도 잘 모르겠는데요.
② 지금까지 공부한 것을 내면 돼요.
③ 해 보니까 생각보다 어렵지 않았어요.
④ 저는 잘 모르면 선배님에게 질문해요.

02 듣고 질문에 답하십시오. 1 04~06

EN Listen and answer the questions. JP 聞いて質問に答えなさい。 CH 听录音,回答问题。

1. 무엇에 대한 이야기입니까? ( )

EN What is the conversation about? JP 何についての話ですか。 CH 是关于什么内容的?

① 수업 신청
② 발표 준비
③ 컴퓨터 사용
④ 안내책 소개

2. 남자는 왜 교수님을 찾아갔습니까? ( )

EN Why did the man go to see the professor? JP 男性はなぜ教授を訪ねていきましたか。 CH 男的为什么去找教授?

① 수업이 어려워서
② 수업을 듣고 싶어서
③ 열심히 공부하지 않아서
④ 시험 점수를 알고 싶어서

안내 EN Information/guide JP 案内 CH 指南

3. 여자는 왜 조교를 만났습니까? (   )

EN Why did the woman meet the teaching assistant? JP 女性はなぜ助手に会いましたか。 CH 女的为什么跟助教见面？

① 과제를 몰라서
② 공부하는 방법을 몰라서
③ 출석 시간을 알고 싶어서
④ 보고서 쓰는 방법을 몰라서

03 듣고 질문에 답하십시오. ❶ 07~10

EN Listen and answer the questions. JP 聞いて質問に答えなさい。 CH 听录音,回答问题。

MP3 07~12

1. 이 수업에 대한 이야기가 아닌 것은 무엇입니까? (   )

EN What is not true about what was said about this class?
JP この授業についての話でないものは何ですか。 CH 下列哪项不属于本课程的内容？

① 발표를 해야 해요.
② 책을 많이 읽어야 해요.
③ 과제가 많고 시험이 어려워요.
④ 한 학기에 두 번 보고서를 내요.

2. 남자는 전화를 끊고 무엇을 할 것 같습니까? (   )

EN What do you think the man will do after he hangs up the phone?
JP 男性は電話を切ってから何をするようですか。 CH 挂电话以后男的可能会做什么？

① 교수님께 전화를 걸어요.
② 교수님께 출석 시간을 물어봐요.
③ 친구가 병원에 간 시간을 물어봐요.
④ 친구가 지각하는 이유를 말씀드려요.

3. 여자의 이야기와 같은 것을 고르십시오. (   )

EN Choose the answer that is the same as what the woman said.
JP 女性の話と同じものを選びなさい。 CH 选择与女的所说的内容相符的选项。

① 남자의 도움을 받을 거예요.
② 공책에 배운 것을 잘 썼어요.
③ 시험을 볼 때 아르바이트를 쉬어요.
④ 오래 전부터 시험 준비를 하고 있었어요.

4. 들은 내용과 같으면 ○, 다르면 × 하십시오.

EN Listen and write ○ if the answer is the same as what you have heard, and × if it is different.
JP 聞いた内容と同じものに○、異なるものに×をつけなさい。
CH 与所听内容相符打○,不符打×。

1) 시험보다 과제가 더 중요해요. (   )
2) 시험은 다음 금요일에 볼 거예요. (   )
3) 교수님 강의는 오늘이 마지막이에요. (   )
4) 과제는 시험이 끝난 후에 내도 돼요. (   )

방법 EN method/how to do JP 方法 CH 方法
마지막 EN last, final JP 最後 CH 最后

04 듣고 질문에 답하십시오. ❶ 11~12

EN Listen and answer the questions. JP 聞いて質問に答えなさい。 CH 听录音,回答问题。

1. 대화를 듣고 질문에 답하십시오.

EN Listen to the dialogue and answer the question. JP 話を聞いて質問に答えてください。 CH 听对话,回答问题。

1) 여자는 무엇이 어렵습니까? (　　　　)

EN What is difficult for the woman? JP 女性は何が難しいですか。 CH 女的认为什么比较难？

① 발표하기가 어려워요.　② 전공 공부가 어려워요.
③ 과제 준비가 어려워요.　④ 보고서 쓰기가 어려워요.

2) 남자가 말한 방법 중 무엇이 제일 중요합니까? (　　　　)

EN What is the most important method mentioned by the man?
JP 男性が言った方法の中で一番重要なことは何ですか。 CH 男的所说的方法中,最重要的是什么？

① 발표할 이야기를 써야 해요.　② 이야기를 여러 번 읽어야 해요.
③ 이야기를 보지 않고 써야 해요.　④ 보지 않고 말하는 연습을 해야 해요.

2. 이야기를 듣고 질문에 답하십시오.

EN Listen to the annoncement and answer the questions. JP 話を聞いて質問に答えなさい。 CH 听故事,回答问题。

1) 무엇에 대한 이야기입니까? (　　　　)

EN What is he talking about? JP 何についての話ですか。 CH 是关于什么内容的？

① 시험을 준비하는 방법　② 수업을 신청하는 방법
③ 정보를 교환하는 방법　④ 학교생활을 잘하는 방법

2) 남자가 이야기한 내용을 써 봅시다.

EN Write about what the man spoke. JP 男性が話した内容を書いてみましょう。 CH 请写出男的所说的内容。

방법 1	방법 2	방법 3
학교 홈페이지에 자주 들어가 보세요.		

정리해 봅시다

EN Let's review JP まとめてみましょう CH 整理整理

학교생활을 잘하기 위해서 어떻게 해야 합니까? 수업이 어려울 때 어떻게 합니까?

EN What do you need to do to have a good school life? What do you do when your classes get difficult?
JP 学校生活をきちんと送るためにどうしなければなりませんか。授業が難しいときどうしますか。
CH 为了很好的适应学校生活,应该怎么做？当上课的内容比较难的时候,你怎么办？

02 친구에게서 도움을 많이 받았어요

학/습/목/표 학생 활동과 관련된 이야기를 듣고 이해할 수 있다.

EN Objective be able to listen to and understand conversations about student activities
JP 学習目標 学生活動と関連する話を聞いて理解することができる
CH 学习目标 能听懂关于学生活动的内容。

준비해 봅시다

EN Let's get ready JP 準備してみましょう CH 热身活动

학교에서 하는 학생 활동을 해 본 적이 있습니까?

EN Have you ever tried the student activities at school? JP 学校で行う学生活動をしたことがありますか。 CH 是否参加过学校组织的学生活动？

어디에서 학생 활동에 대한 정보를 찾습니까?

EN Where can you get information about student activities?
JP どこで学生活動についての情報を探しますか。 CH 从哪里获取学生活动的相关信息？

들어 봅시다

EN Let's listen JP 聞いてみましょう CH 听一听

01 듣고 맞는 대답을 고르십시오. ❷ 01~03

EN Listen and choose the right answer. JP 聞いて正しい答えを選びなさい。 CH 听录音,选择正确答案。

MP3 01~06

1. (   )

① 저는 그 프로그램을 하겠어요.
② 지난 학기부터 계속 하고 있어요.
③ 친구에게서 도움을 많이 받으세요.
④ 우리 학교에는 프로그램이 있어요.

2. (   )

① 지금 신청할 수 있어요.
② 정보를 찾으면 할 수 있어요.
③ 사무실 게시판에는 정보가 없어요.
④ 홈페이지에 들어가서 신청해야 돼요.

3. (   )

① 몇 시간 쯤 걸릴까요?
② 이야기가 재미있을까요?
③ 4시간이나 이야기했어요?
④ 말하기 연습을 자주 할까요?

02 듣고 질문에 답하십시오. 2 04~06

EN Listen and answer the questions. JP 聞いて質問に答えなさい。 CH 听录音,回答问题。

1. 무엇에 대한 이야기입니까? (　　　　)

EN What is the conversation about? JP 何についての話ですか。 CH 是关于什么内容的？

① 프로그램 시간 안내　　② 프로그램 신청 안내
③ 프로그램 장소 안내　　④ 프로그램 모임 안내

2. 무엇에 대한 이야기입니까? (　　　　)

EN What is the conversation about? JP 何についての話ですか。 CH 是关于什么内容的？

① 버디 프로그램 신청　　② 버디 프로그램 장소
③ 버디 프로그램 활동　　④ 버디 프로그램 시간

3. 두 사람은 무엇에 대해서 이야기하고 있습니까? (　　　　)

EN What are the two people talking about? JP 二人は何について話していますか。 CH 他们两个人在谈什么？

① 학교 영화 프로그램　　② 극장 정보 프로그램
③ 학교 정보 프로그램　　④ 극장 영화 프로그램

이유 EN reason JP 理由 CH 理由
자막 EN subtitles JP 字幕 CH 字幕

03 듣고 질문에 답하십시오. 2 07~10

EN Listen and answer the questions. JP 聞いて質問に答えなさい。 CH 听录音,回答问题。

MP3 07~12

1. 들은 내용과 같은 것을 고르십시오. (   )

EN Choose the answer that is the same as what you have heard.
JP 聞いた内容と同じものを選びなさい。 CH 选择与所听内容相符的选项。

① 한 학기 2회 봉사 활동을 해요.
② 봉사 활동을 1년 이상 해야 해요.
③ 다른 사람에게서 도움을 받을 수 있어요.
④ 우리 학교 학생은 누구든지 신청할 수 있어요.

2. 들은 내용과 다른 것을 고르십시오. (   )

EN Choose the answer that is different from what you have heard.
JP 聞いた内容と異なるものを選びなさい。 CH 选择与所听内容不符的选项。

① 선착순으로 신청을 받아요.
② 날짜를 보고 신청해야 돼요.
③ 여자는 이 프로그램을 신청했어요.
④ 남자는 한국 역사를 공부할 거예요.

3. 들은 내용과 같으면 ○, 다르면 × 하십시오.

EN Listen and write ○ if the answer is the same as what you have heard, and × if it is different.
JP 聞いた内容と同じものに○、異なるものに×をつけなさい。
CH 与所听内容相符打○,不符打×。

1) 박물관에 가서 직원과 인터뷰를 합니다. (   )
2) 한국어를 모르는 학생도 신청할 수 있습니다. (   )
3) 한국대학교 외국인 학생 중에서 기자를 찾습니다. (   )
4) 역사박물관 홈페이지에서 6월 25일까지 신청을 받습니다. (   )

봉사 활동 EN volunteer work JP ボランティア CH 志愿活动
날짜 EN date JP 日にち CH 日期
인터뷰 EN interview JP インタビュー(面接) CH 采访

4. 여자의 이야기로 맞는 것을 찾으십시오. (   )

EN Find the answers that match what the woman said. JP 女性の話として正しいものを探しなさい。 CH 关于女的,下列哪项正确?

① 아주머니들과 같이 박물관을 구경했어요.
② 사무실 게시판을 보고 정보를 교환했어요.
③ 봉사 활동하는 분들과 김치 만들기를 했어요.
④ 김치 만들기가 조금 어려웠지만 재미있었어요.

04 듣고 질문에 답하십시오. ② 11~12

EN Listen and answer the questions. JP 聞いて質問に答えなさい。 CH 听录音,回答问题。

1. 대화를 듣고 질문에 답하십시오.

EN Listen to the dialogue and answer the question. JP 対話を聞いて質問に答えなさい。 CH 听对话,回答问题。

1) 리에 씨는 왜 언어 교환을 하려고 합니까? (   )

EN Why does Rie want to do a language exchange? JP りえさんはなぜ言語交換をしようとしますか。 CH 利惠为什么要语言交换?

① 한국 친구를 사귀고 싶어서
② 한국 문화를 배우고 싶어서
③ 한국어 말하기 연습을 하고 싶어서
④ 학교에 있는 한국 친구를 도와주고 싶어서

2) 들은 내용과 같은 것을 고르십시오. (   )

EN Choose the answer that is the same as what you have heard.
JP 聞いた内容と同じものを選びなさい。 CH 选择与所听内容相符的选项。

① 남자는 언어 교환 신청 방법을 알아요.
② 여자는 언어 교환을 해 본 적이 있어요.
③ 언어 교환은 내가 만나고 싶은 사람과 할 수 있어요.
④ 언어 교환은 홈페이지에서 언제든지 신청할 수 있어요.

2. 이야기를 듣고 질문에 답하십시오.

EN Listen to the story and answer the questions. JP 話を聞いて質問に答えなさい。 CH 听故事,回答问题。

1) 들은 내용과 같은 것을 고르십시오. (   )

EN Choose the answer that is the same as what you have heard.
JP 聞いた内容と同じものを選びなさい。 CH 选择与所听内容相符的选项。

① 이 사람은 주말에 계속 걸어 다녔어요.
② 이 사람은 점심을 먹고 친구를 만났어요.
③ 이 사람은 전에 갈비탕을 먹어 본 적이 없어요.
④ 이 사람은 경복궁에서 하는 프로그램이 재미있었어요.

2) 내용을 정리해 봅시다.

EN Let's organize the content. JP 内容をまとめてみましょう。 CH 整理一下内容。

누구하고	언제	어디에서	무엇을 했어요?
		경복궁 동대문 시장	

정리해 봅시다

EN Let's review JP まとめてみましょう CH 整理整理

여러분은 한국에서 어떤 프로그램을 경험해 봤습니까? 제일 좋아하는 학생 활동 프로그램에 대해서 이야기해 봅시다.

EN What kind of programs have you experienced in Korea? Talk about a student activity program that you liked the most.
JP みなさんは韓国でどんなプログラムを経験してみましたか。一番好きな学生活動プログラムについて話してみましょう。
CH 大家在韩国都体验过哪些活动？谈一谈你最喜欢的学生活动。

03 아르바이트를 찾는 중이에요

학/습/목/표 대학 생활정보와 관련된 이야기를 듣고 이해할 수 있다.

EN Objective be able to listen to and understand conversations related to information on college life
JP 学習目標 大学の生活情報と関連する話を聞いて理解することができる
CH 学习目标 能听懂关于大学生活信息的内容。

준비해 봅시다

EN Let's get ready JP 準備してみましょう CH 热身活动

대학 생활에 필요한 정보는 무엇입니까?

EN What information do you need for college life? JP 大学生活に必要な情報は何ですか。 CH 大学生活中,都需要哪些信息？

필요한 정보를 어디에서 찾아봅니까?

EN Where can you get the information that you need? JP 必要な情報をどこで探してみますか。 CH 所需信息一般在哪里找？

들어 봅시다

EN Let's listen JP 聞いてみましょう CH 听一听

01 듣고 맞는 대답을 고르십시오. ③ 01~03

EN Listen and choose the right answer. JP 聞いて正しい答えを選びなさい。 CH 听录音,选择正确答案。

MP3 01~06

1. (   )

① 저도 하숙집에 살아요.
② 하숙집에서 사는 줄 몰랐어요.
③ 좋은 하숙집을 찾고 있는 중이에요.
④ 하숙집 아주머니 덕분에 살기 편해요.

2. (   )

① 친구에게 이야기해 주세요.
② 없어진 지갑을 찾아 주세요.
③ 미안하지만 돈 좀 빌려주세요.
④ 과 사무실 앞에 있는 게시판을 한번 보세요.

3. (   )

① 어제 6시간이나 일했어요?
② 서점에서 아르바이트를 하세요?
③ 극장에서 하는 아르바이트는 어때요?
④ 지금 하고 있는 아르바이트가 재미있어요?

02 듣고 질문에 답하십시오. 3 04~06

EN Listen and answer the questions. JP 聞いて質問に答えなさい。 CH 听录音,回答问题。

1. 무엇에 대해서 이야기합니까? (   )

EN What is the conversation about? JP 何について話しますか。 CH 在谈什么?

① 과 사무실 게시판
② 학교 홈페이지 이용
③ 홈페이지에 있는 아르바이트
④ 학교에서 할 수 있는 아르바이트

2. 여자는 무엇을 하고 있습니까? (   )

EN What is the woman doing? JP 女性は何をしていますか。 CH 女的在做什么?

① 잃어버린 물건을 찾고 있어요.
② 강의실을 몰라서 찾고 있어요.
③ 1층 사무실을 몰라서 찾고 있어요.
④ 강의실에서 잃어버린 책을 찾고 있어요.

3. 무엇에 대한 이야기입니까? (   )

EN What is the conversation about? JP 何についての話ですか。 CH 是关于什么内容的?

① 하숙집에 사는 친구들
② 하숙집 근처에 있는 PC방의 위치
③ 하숙집 근처에 있는 커피숍의 위치
④ 하숙집 컴퓨터를 사용할 수 있는 시간

잃어버리다 EN to lose JP 失くす CH 丢失
PC방 EN internet cafe JP pc部屋 CH 房间

03 듣고 질문에 답하십시오. ③ 07~10

EN Listen and answer the questions. JP 聞いて質問に答えなさい。 CH 听录音,回答问题。

MP3 07~12

1. 하숙집에 대한 내용으로 맞는 것을 고르십시오. ( )

EN Choose the right answer that matches what was said about the boardinghouse.
JP 下宿についての内容として正しいものを選びなさい。 CH 关于寄宿家庭,下列哪项正确?

① 학교에서 버스로 15분쯤 걸려요.
② 이 하숙집 근처에 은행이 없어요.
③ 하숙비가 50만원이고 방이 넓어요.
④ 이번 주부터 이 집에서 살 수 있어요.

2. 남자는 물건을 누구에게 주겠습니까? ( )

EN To whom did the man give the items? JP 男性は品物を誰にあげますか。 CH 男的要把东西交给谁?

① 여자에게 물건을 줄 거예요.
② 고향 친구에게 물건을 줄 거예요.
③ 동아리 친구에게 물건을 줄 거예요.
④ 혼자 사는 동생에게 물건을 줄 거예요.

3. 들은 내용과 같으면 ○, 다르면 × 하십시오.

EN Listen and write ○ if the answer is the same as what you have heard, and × if it is different.
JP 聞いた内容と同じものに○、異なるものに×をつけなさい。
CH 与所听内容相符打○,不符打×。

1) 여자는 기숙사에 혼자 살아요. ( )
2) 여자는 재미있고 편하게 생활하고 있어요. ( )
3) 여자는 남자와 음식 재료를 같이 살 거예요. ( )
4) 여자는 음식 재료를 사는 데 돈을 많이 써요. ( )

덜 EN less JP 少なく CH 省

4. 들은 내용과 다른 것을 고르십시오. (   )

EN Choose the answer that is different from what you have heard.
JP 聞いた内容と異なるものを選びなさい。 CH 选择与所听内容不符的选项。

① 기숙사에서 안내 방송을 하고 있어요.
② 다음 달 11일까지 물건을 찾아가야 해요.
③ 학생들이 잃어버린 물건에는 지갑도 있어요.
④ 기숙사 사무실에 찾아가지 않는 물건이 많아요.

04 듣고 질문에 답하십시오. ③ 11~12

EN Listen and answer the questions. JP 聞いて質問に答えなさい。 CH 听录音,回答问题。

1. 대화를 듣고 질문에 답하십시오.

EN Listen to the dialogue and answer the questions. JP 対話を聞いて質問に答えなさい。 CH 听对话,回答问题。

1) 들은 내용에서 알 수 없는 것은 무엇입니까? (   )

EN What can you not know from what you have heard?
JP 聞いた内容でわからないことは何ですか。 CH 从所听到的内容中,无法确认的内容是什么?

① 아르바이트를 하는 장소 ② 아르바이트를 하는 이유
③ 아르바이트를 하는 시간 ④ 아르바이트를 하고 받는 돈

2) 들은 내용과 같은 것을 고르십시오. (   )

EN Choose the answer that is the same as what you have heard.
JP 聞いた内容と同じものを選びなさい。 CH 选择与所听内容相符的选项。

① 남자는 오후에 일을 할 거예요.
② 남자는 편의점에서 일한 적이 없어요.
③ 남자는 내일부터 편의점에서 일할 거예요.
④ 남자는 편의점에서 5시간 동안 일할 거예요.

학생증 EN student ID card JP 学生証 CH 学生证

2. 대화를 듣고 질문에 답하십시오.

EN Listen to the dialogue and answer the questions. JP 対話を聞いて質問に答えなさい。 CH 听对话,回答问题。

1) 들은 내용과 다른 것을 고르십시오. (　　　　)

EN Choose the answer that is different from what you have heard.
JP 聞いた内容と異なるものを選びなさい。 CH 选择与所听内容不符的选项。

① 여자는 혼자 살고 있어요.
② 여자는 하숙집을 찾고 있어요.
③ 여자는 요리하는 것을 좋아해요.
④ 여자는 날마다 음식을 만들어요.

2) 하숙집의 편한 점과 불편한 점을 써 봅시다.

EN Write about conveniences and inconveniences of a boardinghouse.
JP 下宿の便利な点と不便な点を書いてみましょう。 CH 请写出寄宿家庭的方便之处和不便之处。

편한 점	① 아주머니께서 음식을 만들어 주세요. ②
불편한 점	

정리해 봅시다

EN Let's review JP まとめてみましょう CH 整理整理

잘 알고 있는 생활 정보가 있습니까? 좋은 생활 정보를 친구에게 소개해 봅시다.

EN Is there any daily life information that you are very familiar with? Introduce some good information to a friend.
JP よく知っている生活情報がありますか。よい生活情報を友達に紹介してみましょう。
CH 有没有你所熟悉的生活信息? 请向朋友介绍一下有用的生活信息。

제3과

학교 시설

01 수업이 끝나고 같이 도서관에 갈래요?

02 학교 버스는 20분마다 운행해요

03 새로 지은 건물에 수영장이 있어요?

01 수업이 끝나고 같이 도서관에 갈래요?

학/습/목/표 도서관 이용과 관련된 이야기를 듣고 이해할 수 있다.

EN Objective be able to listen to and understand conversations related to using the library

JP 学習目標 図書館の利用と関連する話を聞いて理解することができる

CH 学习目标 能听懂关于使用图书馆的内容。

준비해 봅시다

EN Let's get ready JP 準備してみましょう CH 热身活动

학교 도서관에 가 본 적이 있습니까?

EN Have you ever visited the school library? JP 学校の図書館に行ったことがありますか。 CH 你去过学校的图书馆吗?

도서관에서 무엇을 할 수 있습니까?

EN What can you do at the library? JP 図書館で何をすることができますか。 CH 你认为在图书馆里能做什么?

들어 봅시다

EN Let's listen JP 聞いてみましょう CH 听一听

01 듣고 맞는 대답을 고르십시오. 1 01~03

EN Listen and choose the right answer. JP 聞いて正しい答えを選びなさい。 CH 听录音,选择正确答案。

MP3 01~06

1. (   )

① 먼저 학생증부터 만드세요.
② 시험이 있어서 학생이 많아요.
③ 도서관은 학생회관 옆에 있어요.
④ 도서관에서 영화를 볼 수 있어요.

2. (   )

① 이 책은 복사할 수 없어요.
② 여기에다가 책을 놓으세요.
③ 우선 필요한 책을 찾아보세요.
④ 저쪽에서 카드를 충전할 수 있어요.

3. (   )

① 도서관에서 자주 공부를 해요.
② 도서관이 크고 아주 깨끗해요.
③ 미안하지만 오늘은 약속이 있는데요.
④ 내일 도서관에서 친구를 만날 거예요.

02 듣고 질문에 답하십시오. 1 04~06

EN Listen and answer the questions. JP 聞いて質問に答えなさい。 CH 听录音,回答问题。

1. 무엇에 대한 이야기입니까? (　　　　)

EN What are they talking about? JP 何についての話ですか。 CH 是关于什么内容的?

① 도서관 열람실　　② 도서관 휴게실
③ 도서관 복사 시설　　④ 도서관 이용 시간

2. 여자가 알고 싶어 하는 것은 무엇입니까? (　　　　)

EN What does the woman want to know? JP 女性が知りたがっていることは何ですか。 CH 女的想知道什么?

① 열람실 이용 방법
② 자료를 찾는 방법
③ 자리를 바꾸는 방법
④ 카드를 충전하는 방법

3. 남자는 왜 여자에게 물었습니까? (　　　　)

EN Why did the man ask the woman the question? JP 男性はなぜ女性に尋ねましたか。 CH 男的为什么问女的?

① 책 번호를 몰라서
② 책을 찾을 수 없어서
③ 4층에 올라가고 싶어서
④ 4층에 있는 책을 알고 싶어서

열람실 EN reading room JP 閲覧室 CH 阅览室
자료실 EN materials room JP 資料室(アーカイブ) CH 资料室
화면 EN screen JP 画面 CH 画面

03 듣고 질문에 답하십시오. 1 07~10

EN Listen and answer the questions. JP 聞いて質問に答えなさい。 CH 听录音,回答问题。

MP3 07~12

1. 멀티미디어센터에 대한 이야기가 아닌 것은 무엇입니까? (　　　　)

EN What is not true about the multimedia center?
JP マルチメディアセンターについての話でないものは何ですか。 CH 关于多媒体中心,下列哪项不正确?

① 깨끗하고 시설이 좋아요.
② 학교 도서관 안에 있어요.
③ 필요한 책을 빌려갈 수 있어요.
④ 음악 감상과 외국어 공부를 할 수 있어요.

2. 남자는 대화가 끝난 후에 무엇을 하겠습니까? (　　　　)

EN What will the man do after the conversation? JP 男性は対話が終わった後に何をしますか。 CH 对话结束后,男的可能要做什么?

① 역사 수업 과제를 해요.
② 서점에 가서 책을 사요.
③ 컴퓨터로 책을 예약해요.
④ 다른 사람에게 책을 빌려요.

3. 들은 내용과 같은 것을 고르십시오. (　　　　)

EN Choose the answer that is the same as what you have heard.
JP 聞いた内容と同じものを選びなさい。 CH 选择与所听内容相符的选项。

① 자료실에서는 책을 읽을 수 없어요.
② 읽은 책은 책상 위에 놓고 가면 돼요.
③ 자료실에 지금 찾고 있는 책이 없어요.
④ 책을 본 후에 다시 책장에 꽂아야 해요.

급하다 EN to be urgent JP 急ぐ CH 急
책장 EN book shelf, to put in JP 本棚 CH 书架
꽂다 EN stick into JP (本を本棚に)差し込む CH 插

4. 들은 내용과 같으면 ○, 다르면 × 하십시오.

EN Listen and write ○ if the answer is the same as what you have heard, and × if it is different.
JP 聞いた内容と同じものに○、異なるものに×をつけなさい。
CH 与所听内容相符打○,不符打×。

1) 미선 씨는 도서관에 가 봤어요. ( )
2) 자료실은 2층부터 4층까지예요. ( )
3) 자료실 책은 모두 빌려갈 수 있어요. ( )
4) 도서관에서 노트북을 사용할 수 없어요. ( )

04 듣고 질문에 답하십시오. ❶ 11~12

EN Listen and answer the questions. JP 聞いて質問に答えなさい。 CH 听录音,回答问题。

1. 대화를 듣고 질문에 답하십시오.

EN Listen to the dialogue and answer the questions. JP 対話を聞いて質問に答えなさい。 CH 听对话,回答问题。

1) 여자는 무엇을 하고 있습니까? ( )

EN What is the woman doing? JP 女性は何をしていますか。 CH 女的在做什么?

❶ 책값을 물어보고 있어요.
❷ 책을 빌리려고 기다리고 있어요.
❸ 자료실에서 책을 빌리고 있어요.
❹ 빌린 책이 없어져서 찾고 있어요.

2) 들은 내용과 다른 것을 고르십시오. ( )

EN Choose the answer that is different from what you have heard.
JP 聞いた内容と異なるものを選びなさい。 CH 选择与所听内容不符的选项。

❶ 책을 기다리는 사람이 있어요.
❷ 책을 15일 동안 빌릴 수 있어요.
❸ 책을 빌릴 때 학생증이 필요해요.
❹ 책을 늦게 가지고 오면 돈을 내요.

노트북 EN laptop JP ノートパソコン CH 笔记本电脑

2. 이야기를 듣고 질문에 답하십시오.

EN Listen to the annoncement and answer the questions. JP 話を聞いて質問に答えなさい。 CH 听故事,回答问题。

1) 무엇에 대한 이야기입니까? (   )

EN What is the talking about? JP 何についての話ですか。 CH 是关于什么内容的?

① 영화 감상
② 학술정보관 소개
③ 영화 프로그램 안내
④ 멀티미디어센터 소개

2) 이야기의 내용을 써 봅시다.

EN Write the content of the announcement. JP 話の内容を書いてみましょう。 CH 请写出故事的内容。

무슨 이야기입니까?	어디에서 합니까?	언제 합니까?
사랑 이야기		

정리해 봅시다

EN Let's review JP まとめてみましょう CH 整理整理

학교 도서관 안에 어떤 시설이 있습니까? 더 필요한 시설은 무엇입니까?

EN What kinds of facilities are in the library? What are more facilities that are needed?
JP 学校の図書館の中にどんな施設がありますか。もっと必要な施設は何ですか。
CH 学校的图书馆中都有什么设施? 你认为还需要什么设施?

주제 EN theme/topic JP テーマ CH 主题

02 학교 버스는 20분마다 운행해요

학/습/목/표 교내 시설 이용과 관련된 이야기를 듣고 이해할 수 있다.

EN Objective be able to listen to and understand conversations about school facilities and usage
JP 学習目標 校内の施設の利用と関連する話を聞いて理解することができる
CH 学习目标 能听懂关于使用校内设施的内容。

준비해 봅시다

EN Let's get ready JP 準備してみましょう CH 热身活动

학교 안에 어떤 편의 시설이 있습니까?

EN What are some convenient facilities in the school?
JP 学校の中にどんな便益施設がありますか。 CH 学校里面都有哪些服务设施?

학교에서 어떤 편의 시설을 자주 이용합니까?

EN What convenient school facilities do you use often?
JP 学校でどんな便益施設をよく利用しますか。 CH 你在学校里经常使用哪些服务设施?

들어 봅시다

EN Let's listen JP 聞いてみましょう CH 听一听

01 듣고 맞는 대답을 고르십시오. ❷ 01~03

EN Listen and choose the right answer. JP 聞いて正しい答えを選びなさい。 CH 听录音,选择正确答案。

MP3 01~06

1. (　　　)

❶ 방학에도 이용해야 돼요.
❷ 문을 열지만 갈 수 없어요.
❸ 방학에는 이용할 시간이 없어요.
❹ 문은 열지만 시간이 좀 달라져요.

2. (　　　)

❶ 네, 신청했으니까 쓸게요.
❷ 네, 다음에 예약하겠어요.
❸ 네, 언제든지 이용하시면 돼요.
❹ 네, 내일 20분쯤 이용하겠어요.

3. (　　　)

❶ 그럼요. 걸어서 오니까 정말 힘들었어요.
❷ 3분 후에 학교 버스가 오니까 기다리세요.
❸ 우리 과 친구들이 다 탔으니까 출발하세요.
❹ 그럼요. 20분마다 운행하는 학교 버스를 타세요.

02 듣고 질문에 답하십시오. ② 04~06

EN Listen and answer the questions. JP 聞いて質問に答えなさい。 CH 听录音,回答问题。

1. 무엇에 대한 이야기입니까? (　　　)

EN What are they talking about? JP 何についての話ですか。 CH 是关于什么内容的?

① 학교 버스 시간 안내　② 학교 버스 예약 안내
③ 학교 버스 이용 안내　④ 학교 버스 정류장 안내

2. 여자는 무엇에 대해서 이야기합니까? (　　　)

EN What is the woman talking about? JP 女性は何について話しますか。 CH 女的在谈什么?

① 병원 휴게실　② 여학생 휴게실
③ 도서관 휴게실　④ 헬스클럽 휴게실

3. 무엇에 대한 이야기입니까? (　　　)

EN What is the conversation about? JP 何についての話ですか。 CH 是关于什么内容的?

① 학교 서점 안내　② 학교 도서관 안내
③ 학교 여행사 안내　④ 학교 우체국 안내

03 듣고 질문에 답하십시오. ② 07~10

MP3 07~12

EN Listen and answer the questions. JP 聞いて質問に答えなさい。 CH 听录音,回答问题。

1. 들은 내용과 같은 것을 고르십시오. (　　　)

EN Choose the answer that is the same as what you have heard.
JP 聞いた内容と同じものを選びなさい。 CH 选择与所听内容相符的选项。

① 사무실에서 선착순으로 신청을 받아요.
② 학교 시설을 이용할 때 돈을 내야 해요.
③ 학교 홈페이지에서 예약을 할 수 있어요.
④ 매주 월요일에 강의실을 이용할 수 있어요.

데리고 가다 EN to call for a person / to go for a person / to take someone to JP 連れて行く CH 带走
표 EN ticket JP チケット CH 票
결과 EN result JP 結果 CH 结果

2. 들은 내용과 같은 것을 고르십시오. (   )

EN Choose the answer that is the same as what you have heard.
JP 聞いた内容と同じものを選びなさい。 CH 选择与所听内容相符的选项。

❶ 방학을 하면 1층에 있는 식당은 문을 닫아요.
❷ 방학을 하면 은행과 우체국은 이용 시간이 짧아져요.
❸ 방학을 하면 안경점은 미용실보다 일찍 문을 열어요.
❹ 방학을 하면 학생회관 편의 시설은 모두 시간이 바뀌어요.

3. 들은 내용과 같으면 ○, 다르면 × 하십시오.

EN Listen and write ○ if the answer is the same as what you have heard, and × if it is different.
JP 聞いた内容と同じものに○、異なるものに×をつけなさい。
CH 与所听内容相符打○，不符打×。

1) 세탁실은 밤 11시까지만 이용해야 돼요. (   )
2) 지난주부터 세탁실 이용 시간이 바뀌었어요. (   )
3) 이번 주에도 계속 안내 방송을 하고 있어요. (   )
4) 기숙사 생활이 처음이어서 세탁실 이용 방법을 몰랐어요. (   )

4. 남자에 대한 이야기로 맞는 것을 고르십시오. (   )

EN Choose what is true about the man.
JP 男性についての話として正しいものを選びなさい。 CH 选择与男的所说的内容相符的选项。

❶ 남자는 기숙사에 살고 있어요.
❷ 남자는 이 학교 학생이 아니에요.
❸ 남자는 날마다 걸어서 기숙사까지 가요.
❹ 남자는 산책로 이야기를 처음 들었어요.

산책로 EN hiking road JP 散歩道 CH 散步路

04 듣고 질문에 답하십시오. ❷ 11~12

EN Listen and answer the questions. JP 聞いて質問に答えなさい。 CH 听录音,回答问题。

1. 대화를 듣고 질문에 답하십시오.

EN Listen to the dialogue and answer the questions. JP 対話を聞いて質問に答えなさい。 CH 听对话,回答问题。

1) 남자는 왜 서울 캠퍼스에 가려고 합니까? (   )

EN Why does the man want to go to the Seoul campus?
JP 男性はなぜソウルキャンパスに行こうとしますか。 CH 男的为什么要去首尔校区?

① 약속이 있어서
② 급한 일이 생겨서
③ 학교 수업이 있어서
④ 학교 버스를 타고 싶어서

2) 들은 내용과 <u>다른</u> 것을 고르십시오. (   )

EN Choose the answer that is different from what you have heard.
JP 聞いた内容と異なるものを選びなさい。 CH 选择与所听内容<u>不符</u>的选项。

① 남자는 학교 버스 이용 방법을 몰라요.
② 남자는 학교 버스를 타 본 적이 없어요.
③ 남자는 지금 학교 버스를 예약할 거예요.
④ 남자는 여자와 같이 학교 버스를 탈 거예요.

2. 대화를 듣고 질문에 답하십시오.

EN Listen to the dialogue and answer the questions. JP 対話を聞いて質問に答えなさい。 CH 听对话,回答问题。

1) 들은 내용과 같은 것을 고르십시오. (   )

EN Choose the answer that is the same as what you have heard.
JP 聞いた内容と同じものを選びなさい。 CH 选择与所听内容相符的选项。

① 시설이 없어서 기숙사 생활이 불편해요.
② 식당은 아침 7시부터 이용할 수 있어요.
③ 헬스클럽은 언제든지 이용할 수 있어요.
④ 이 사람들은 기숙사에 처음 들어 왔어요.

2) 이 기숙사에 있는 편의 시설의 이름을 써 봅시다.

EN Write the names of convenient facilities in the dormitory.
JP この寄宿舎にある便益施設の名前を書いてみましょう。 CH 请写出这个宿舍里面的服务设施的名称。

지하 2층	지하 1층	1층
헬스클럽, ______	식당, ______	컴퓨터실, ______

정리해 봅시다

EN Let's review JP まとめてみましょう CH 整理整理

고향에 있는 학교에는 어떤 편의 시설이 있습니까? 소개해 봅시다.

EN What kind of convenient facilities do they have in a school in you home country? Introduce them
JP 故郷にある学校にはどんな便益施設がありますか。紹介してみましょう。
CH 请你介绍一下,在你的老家,学校里面都有哪些体育设施.

03 새로 지은 건물에 수영장이 있어요?

학/습/목/표 학교 체육 시설 이용과 관련된 이야기를 듣고 이해할 수 있다.

EN Objective be able to listen to and understand conversations related to school athletic facilities and their usage

JP 学習目標 学校の体育施設の利用と関連する話を聞いて理解することができる

CH 学习目标 能听懂关于使用学校体育设施的内容。

준비해 봅시다

EN Let's get ready JP 準備してみましょう CH 热身活动

학교 체육 시설을 이용해 본 적이 있습니까?

EN Have you ever used the school's athletic facilities?

JP 学校の体育施設を利用したことがありますか。 CH 你是否使用过学校里面的体育设施?

학교에서 무슨 운동을 하고 싶습니까?

EN What kind of sports would you like to play at school? JP 学校で何の運動をしたいですか。 CH 你想在学校里面做什么运动?

들어 봅시다

EN Let's listen JP 聞いてみましょう CH 听一听

01 듣고 맞는 대답을 고르십시오. ❸ 01~03

EN Listen and choose the right answer. JP 聞いて正しい答えを選びなさい。 CH 听录音,选择正确答案。

MP3 01~06

1. (　　　)

① 네, 1시간마다 와요.
② 네, 내일은 갈 거예요.
③ 네, 준비 운동부터 하세요.
④ 네, 넓고 깨끗해서 좋아요.

2. (　　　)

① 그래요. 이따가 같이 가요.
② 내일은 오후에 수업이 없는데요.
③ 일이 많아서 주말에 너무 바빠요.
④ 친구와 같이 재미있게 탁구를 쳐요.

3. (　　　)

① 그 건물에는 수영장이 없어요.
② 수영을 즐겁게 배울 수 있어요.
③ 수영장은 여기에서 너무 멀어요.
④ 홈페이지에서 수영장을 찾았어요.

02 듣고 질문에 답하십시오. ❸ 04~06

EN Listen and answer the questions. JP 聞いて質問に答えなさい。 CH 听录音,回答问题。

1. 무엇에 대한 이야기입니까? (　　　　)

EN What is the conversation about? JP 何についての話ですか。 CH 是关于什么内容的?

① 학교 헬스클럽 이용 방법
② 학교 헬스클럽 이용 시간
③ 학교 헬스클럽의 좋은 점
④ 학교 헬스클럽의 회원 수

2. 남자는 무엇을 하고 싶어 합니까? (　　　　)

EN What does the man want to do? JP 男性は何をしたがっていますか。 CH 男的想要做什么?

① 직원과 이야기하고 싶어 해요.
② 테니스장을 이용하고 싶어 해요.
③ 신청서를 내는 곳을 알고 싶어 해요.
④ 테니스장 예약 날짜를 바꾸고 싶어 해요.

3. 무엇에 대한 이야기입니까? (　　　　)

EN What is the conversation about? JP 何についての話ですか。 CH 是关于什么内容的?

① 야구장 이용 시간
② 야구장 시설의 좋은 점
③ 야구장을 이용하는 사람들
④ 야구장을 이용할 때 지켜야 할 점

03 듣고 질문에 답하십시오. ❸ 07~10

EN Listen and answer the questions. JP 聞いて質問に答えなさい。 CH 听录音,回答问题。

MP3 07~12

1. 들은 내용과 같은 것을 고르십시오. (　　　　)

EN Choose the answer that is the same as what you have heard.
JP 聞いた内容と同じものを選びなさい。 CH 选择与所听内容相符的选项。

① 탁구장은 기숙사 1층에 있어요.
② 기숙사 탁구장은 좁지만 깨끗해요.
③ 학교 탁구장에서 탁구공을 빌려줘요.
④ 학교 탁구장을 이용하는 사람이 많아요.

2. 헬스클럽에 대한 설명으로 다른 것을 고르십시오. (　　　　)

EN Choose the answer that is different from the description of the gym.
JP ジムについての説明で異なるものを選びなさい。
CH 关于健身房的说明，下列哪项不正确。

① 운동화를 준비해야 해요.
② 밤에는 문을 열지 않아요.
③ 세 달 등록하면 값이 더 싸요.
④ 이번 달은 회원 등록이 끝났어요.

3. 들은 내용과 같으면 ○, 다르면 × 하십시오.

EN Listen and write ○ if the answer is the same as what you have heard, and × if it is different.
JP 聞いた内容と同じものに○、異なるものに×をつけなさい。
CH 与所听内容相符打○,不符打×。

1) 학교에서 축구장을 무료로 빌려줘요. (　　　　)
2) 학교 홈페이지에서 예약할 수 있어요. (　　　　)
3) 축구장을 쓰고 싶으면 예약해야 돼요. (　　　　)
4) 남자는 축구장을 이용하는 방법을 잘 알아요. (　　　　)

4. 들은 내용과 다른 것을 고르십시오. (　　　　)

EN Choose the answer that is different from what you have heard.
JP 聞いた内容と異なるものを選びなさい。 CH 选择与所听内容不符的选项。

① 화요일 저녁에 체육관을 쓸 수 있어요.
② 화요일부터 목요일까지 수업이 있어요.
③ 사물함은 사무실에서 신청할 수 있어요.
④ 체육관 이용 방법을 사무실에서 안내하고 있어요.

운동화 EN sneakers JP 運動靴 CH 运动鞋　　따로 EN separately JP 別々に CH 另

04 듣고 질문에 답하십시오. ❸ 11~12

EN Listen and answer the questions. JP 聞いて質問に答えなさい。 CH 听录音,回答问题。

1. 대화를 듣고 질문에 답하십시오.

EN Listen to the dialogue and answer the questions. JP 対話を聞いて質問に答えなさい。 CH 听对话,回答问题。

1) 마이클 씨의 이야기로 맞는 것은 무엇입니까? (　　　　)

EN What is correct about Michael? JP マイケルさんについての話として正しいものは何ですか。 CH 关于迈克,下列哪项正确?

① 체육관에 가 본 적이 없어요.
② 주말마다 친구들과 농구를 해요.
③ 전부터 체육관 샤워실을 자주 이용했어요.
④ 체육관 샤워실보다 기숙사 샤워실을 더 좋아해요.

2) 들은 내용과 다른 것을 고르십시오. (　　　　)

EN Choose the answer that is different from what you have heard.
JP 聞いた内容と異なるものを選びなさい。 CH 选择与所听内容不符的选项。

① 체육관 샤워실은 깨끗해요.
② 샤워실은 얼마 전에 지었어요.
③ 탈의실 사물함이 작아서 불편해요.
④ 체육관에 샤워실과 탈의실이 있어요.

2. 대화를 듣고 질문에 답하십시오.

EN Listen to the dialogue and answer the questions. JP 対話を聞いて質問に答えなさい。 CH 听对话,回答问题。

1) 들은 내용과 같은 것을 고르십시오. (　　　　)

EN Choose the answer that is the same as what you have heard.
JP 聞いた内容と同じものを選びなさい。 CH 选择与所听内容相符的选项。

① 여자는 이 프로그램을 알고 있어요.
② 우리 학교 학생만 이용할 수 있어요.
③ 남자의 동생은 학교에서 수영을 배웠어요.
④ 체육을 전공하는 학생을 위한 프로그램이에요.

2) 프로그램 내용을 써 봅시다.

EN Write the content of the program. JP プログラムの内容を書いてみましょう。 CH 请写出项目内容。

몇 시에 해요?	누가 가르쳐요?	얼마예요?

정리해 봅시다

EN Let's review JP まとめてみましょう CH 整理整理

학교에 어떤 체육 시설이 더 있으면 좋겠습니까? 이야기해 봅시다.

EN What kinds of athletic facilities would you like to see more of in the school? Let's talk abont it.
JP 学校にどんな体育施設がもっとあったらいいですか。話してみましょう。
CH 请谈一谈,你认为学校里面还需要哪些体育设施？

제4과

모임

01 개강 모임은 지난번에 갔던 커피숍에서 해

02 내일 모임에 너는 김밥을 사 가지고 와라

03 사람들과 친해질 수 있으니까 뒤풀이에 꼭 가자

01 개강 모임은 지난번에 갔던 커피숍에서 해

학/습/목/표 수업과 관련된 모임 이야기를 듣고 이해할 수 있다.

EN Objective be able to listen to and understand conversations related to classes and meetings
JP 学習目標 授業と関連する集まりの話を聞いて理解することができる
CH 学习目标 能听懂关于课程聚会的内容。

준비해 봅시다

EN Let's get ready JP 準備してみましょう CH 热身活动

수업과 관련된 모임은 어떤 것이 있습니까?

EN What kind of meetings are there related to class? JP 授業と関連する集まりはどんなものがありますか。 CH 与课程相关的聚会都有哪些?

수업 모임에서 무슨 이야기를 합니까?

EN What do you talk about at the class meetings? JP 授業の集まりで何の話をしますか。 CH 在课程聚会中都谈什么?

들어 봅시다

EN Let's listen JP 聞いてみましょう CH 听一听

01 듣고 맞는 대답을 고르십시오. 1 01~03

EN Listen and choose the right answer. JP 聞いて正しい答えを選びなさい。 CH 听录音,选择正确答案。

MP3 01~06

1. (   )

① 개강하면 많이 바빠질 거야.
② 개강 모임은 다음 주에 할 거야.
③ 지난번에 갔던 커피숍에서 할 거야.
④ 만나지 못했던 선배들도 많이 올 거야.

2. (   )

① 지난번에 썼던 발표 자료야.
② 과 동기들이 모두 모여서 준비했어.
③ 일을 나누어서 하는 게 좋을 것 같아.
④ 지난 학기에 같이 조 모임을 했던 친구야.

3. (   )

① 교수님까지 모두 15명쯤 돼.
② 학기가 끝나면 하는 파티야.
③ 내가 케이크를 사 가지고 갈게.
④ 이번에는 일이 있어서 못 갈 것 같아.

02 듣고 질문에 답하십시오. 1 04~06

EN Listen and answer the questions. JP 聞いて質問に答えなさい。 CH 听录音,回答问题。

1. 무엇에 대한 이야기입니까? (   )

EN What is the conversation about? JP 何について話しますか。 CH 在谈什么?

① 개강 모임 초대 ② 개강 모임 장소
③ 개강 모임 안내 ④ 개강 모임 날짜

2. 여자는 왜 남자에게 물었습니까? (　　　　)

EN Why did the woman ask the man the question? JP 女性はなぜ男性に尋ねましたか。 CH 女的为什么问男的?

① 남자의 과제 조를 알고 싶어서
② 남자와 같은 조를 하고 싶어서
③ 남자에게 문화를 소개하고 싶어서
④ 남자가 과제 방법을 잘 알고 있어서

3. 남자는 왜 여자에게 전화를 했습니까? (　　　　)

EN Why did the man call the woman? JP 男性はなぜ女性に電話をしましたか。 CH 男的为什么给女的打电话?

① 커피숍 분위기를 알고 싶어서
② 좋은 모임 장소를 물어보려고
③ 종강 모임 준비 방법을 몰라서
④ 지난번 모임 장소를 물어보려고

03 듣고 질문에 답하십시오. ① 07~10

EN Listen and answer the questions. JP 聞いて質問に答えなさい。 CH 听录音,回答问题。

MP3 07~12

1. 개강 모임에 대한 내용과 맞지 않는 것은 무엇입니까? (　　　　)

EN What is not true about what was said about the back-to-school meeting?
JP 開講の集まりについての内容と合わないものは何ですか。 CH 关于开课聚会的内容, 下列哪项不正确?

① 이번 주 금요일에 해요.
② 학교 앞 중국집에서 해요.
③ 1학년은 모임에 꼭 참석해야 해요.
④ 선후배가 인사할 수 있는 자리예요.

2. 들은 내용과 같은 것을 고르십시오. (　　　　)

EN Choose the answer that is the same as what you have heard.
JP 聞いた内容と同じものを選びなさい。 CH 选择与所听内容相符的选项。

① 남자는 발표 준비를 다 했어요.
② 남자는 오늘 다른 약속이 없어요.
③ 남자는 일을 끝내고 모임에 갈 거예요.
④ 남자는 일이 있어서 6시에 나가야 해요.

3. 들은 내용과 같으면 ○, 다르면 × 하십시오.

EN Listen and write ○ if the answer is the same as what you have heard, and × if it is different.
JP 聞いた内容と同じものに○、異なるものに×をつけなさい。
CH 与所听内容相符打○,不符打×。

1) 여자는 중국의 음식 자료를 찾을 거예요. ( )
2) 여자는 음식 문화를 발표하고 싶어 해요. ( )
3) 여자는 모임 후에 도서관에 가려고 해요. ( )
4) 여자는 필요한 자료를 많이 가지고 있어요. ( )

4. 여자는 이후에 무엇을 하겠습니까? ( )

EN What will the woman do afterwards? JP 女性は以後、何をしますか。 CH 女的接下来可能要做什么?

① 발표 연습을 할 거예요.
② 발표 자료를 찾을 거예요.
③ 발표 내용을 정리할 거예요.
④ 선배 발표 준비를 도와줄 거예요.

04 듣고 질문에 답하십시오. 1 11~12

EN Listen and answer the questions. JP 聞いて質問に答えなさい。 CH 听录音,回答问题。

1. 대화를 듣고 질문에 답하십시오.

EN Listen to the dialogue and answer the questions JP 対話を聞いて質問に答えなさい。 CH 听对话,回答问题。

1) 지금 무엇을 하고 있습니까? ( )

EN What are they doing now? JP 今何をしていますか。 CH 现在做什么呢?

① 개강 모임 ② 동기 모임
③ 종강 모임 ④ 과제 모임

2) 들은 내용과 같은 것을 고르십시오. ( )

EN Choose the answer that is the same as what you have heard.
JP 聞いた内容と同じものを選びなさい。 CH 选择与所听内容相符的选项。

① 남자는 전에 조 발표를 해 봤어요.
② 남자는 조원들에게서 많이 배웠어요.
③ 남자는 이번 학기가 아주 힘들었어요.
④ 남자는 선배여서 후배들을 가르쳤어요.

2. 이야기를 듣고 질문에 답하십시오.

EN Listen to the conversation and answer the questions. JP 話を聞いて質問に答えなさい。 CH 听故事,回答问题。

1) 여자는 왜 기분이 좋지 않습니까? (　　　　)

EN Why is the woman not in a good mood? JP 女性はなぜ気分がよくないですか。 CH 女的为什么心情不好?

① 과제 점수가 나빠서 ② 과제가 너무 많아서
③ 과제 준비가 힘들어서 ④ 조 모임 과제를 해야 해서

2) 남자와 여자는 조 모임 과제를 어떻게 생각하고 있습니까?

EN What do the man and woman think about the group meeting assignment?
JP 男性と女性はグループ課題をどのように考えていますか。
CH 对小组课业，男的和女的怎么想?

	여자	남자
좋다/싫다		
이유		

정리해 봅시다

EN Let's review JP まとめてみましょう CH 整理整理

조 모임 과제가 좋습니까? 싫습니까? 자신의 생각을 이야기해 봅시다.

EN Do you like the group meeting assignment? Do you dislike it? Let's talk about what you think.
JP グループ課題がよいですか。嫌ですか。自身の考えを話してみましょう。
CH 你喜不喜欢小组课业?谈谈自己的想法。

02 내일 모임에 너는 김밥을 사 가지고 와라

학/습/목/표 친구 모임과 관련된 이야기를 듣고 이해할 수 있다.

EN Objective be able to listen to and understand conversations related to meetings with friends
JP 学習目標 友達の集まりと関連する話を聞いて理解することができる
CH 学习目标 能听懂关于朋友聚会的内容。

준비해 봅시다

EN Let's get ready JP 準備してみましょう CH 热身活动

어떤 일이 있을 때 친구들과 모입니까?

EN When do you get together with your friends? JP どんなとき友達と集まりますか。 CH 当发生什么事情的时候,你会跟朋友们聚会?

지금 하고 있는 특별한 모임이 있습니까?

EN Do you have any special meetings right now? JP 今している特別な集まりがありますか。 CH 你现在有没有参加特别的聚会?

들어 봅시다

EN Let's listen JP 聞いてみましょう CH 听一听

01 듣고 맞는 대답을 고르십시오. ② 01~03

EN Listen and choose the right answer. JP 聞いて正しい答えを選びなさい。 CH 听录音,选择正确答案。

MP3 01~06

1. (   )

① 2시까지 가고말고요.
② 2시에는 올 수 없어요.
③ 2시까지는 오셔야 해요.
④ 2시에 시작인 줄 몰랐어요.

2. (   )

① 그래, 나도 오늘이 더 좋아.
② 그래, 저녁에는 모임이 있지.
③ 그래, 그렇게 하는 게 좋겠다.
④ 그래, 나도 내일은 시간이 없어.

3. (   )

① 그럼 김밥을 시킬게.
② 그럼 김밥은 주문하지 않을게.
③ 그럼 김밥을 사 가지고 올 거야.
④ 그럼 너는 김밥을 사 가지고 와라.

02 듣고 질문에 답하십시오. ② 04~06

EN Listen and answer the questions. JP 聞いて質問に答えなさい。 CH 听录音,回答问题。

1. 무엇에 대한 이야기입니까? (   )

EN What is the conversation about? JP 何についての話ですか。 CH 是关于什么内容的?

① 생일 파티 시간 ② 생일 파티 준비
③ 생일 파티 노래 ④ 생일 파티 장소

2. 이 모임은 어떤 모임입니까? (　　　　)

EN What kind of meeting is it? JP この集まりはどんな集まりですか。 CH 这是什么聚会?

❶ 고향 선배들의 모임　　❷ 고향 선후배와의 모임
❸ 고향 후배들의 모임　　❹ 고향 친구들과의 모임

3. 무엇에 대한 이야기입니까? (　　　　)

EN What is the conversation about? JP 何についての話ですか。 CH 是关于什么内容的?

❶ 모임 장소　　❷ 모임 시간
❸ 모임 날짜　　❹ 모임 분위기

03 듣고 질문에 답하십시오. ❷ 07~10

EN Listen and answer the questions. JP 聞いて質問に答えなさい。 CH 听录音,回答问题。

MP3 07~12

1. 들은 내용과 다른 것을 고르십시오. (　　　　)

EN Choose the answer that is different from what you have heard.
JP 聞いた内容と異なるものを選びなさい。 CH 选择与所听内容不符的选项。

❶ 누엔 씨는 한국에 가족이 없어요.
❷ 여자와 남자는 요즘 자주 만났어요.
❸ 오늘은 과 친구가 결혼하는 날이에요.
❹ 오랜만에 과 사람들이 많이 모였어요.

2. 들은 내용과 같은 것을 고르십시오. (　　　　)

EN Choose the answer that is the same as what you have heard.
JP 聞いた内容と同じものを選びなさい。 CH 选择与所听内容相符的选项

❶ 마리아는 한국에 도착하면 연락할 거예요.
❷ 마리아는 지금 친구들이 많이 보고 싶어요.
❸ 마리아는 아직 고향에 돌아갈 생각이 없어요.
❹ 마리아는 내일 오전에 고향으로 돌아갈 거예요.

행복 EN happiness JP 幸せ CH 幸福

3. 들은 내용과 같으면 ○, 다르면 × 하십시오.

EN Listen and write ○ if the answer is the same as what you have heard, and × if it is different.
JP 聞いた内容と同じものに○、異なるものに×をつけなさい。
CH 与所听内容相符打○,不符打×。

1) 다음 금요일에 모임을 하려고 해요. (　　)
2) 다음 주에 선배들과 모임을 할 거예요. (　　)
3) 만나서 밥을 먹은 후에 극장에 가려고 해요. (　　)
4) 친구가 전화를 안 받아서 문자 메시지를 보냈어요. (　　)

4. 모임에 대한 이야기가 아닌 것을 고르십시오. (　　)

EN Choose the answer that is not true about what was said about the meeting.
JP 集まりについての話でないものを選びなさい。 CH 选择不是关于聚会的内容。

① 어제 친구들과 함께 모였어요.
② 다음 주에도 다시 모일 거예요.
③ 한국어 연습을 할 수 있어서 좋아요.
④ 언어 교환을 하는 사람들의 모임이에요.

04 듣고 질문에 답하십시오. ❷ 11~12

EN Listen and answer the questions. JP 聞いて質問に答えなさい。 CH 听录音,回答问题。

1. 대화를 듣고 질문에 답하십시오.

EN Listen to the dialogue and answer the questions. JP 対話を聞いて質問に答えなさい。 CH 听对话,回答问题。

1) 오늘 저녁 파티는 어떤 파티입니까? (　　)

EN What kind of party is the one going on tonight? JP 今日の夕方のパーティーはどんなパーティーですか。 CH 今天晚上是什么派对?

① 교환 학생으로 가기 전에 하는 파티예요.
② 교환 학생이 된 후배를 축하하는 파티예요.
③ 교환 학생 친구의 생일을 축하하는 파티예요.
④ 교환 학생으로 가는 영수를 축하하는 파티예요.

2) 들은 내용과 다른 것을 고르십시오. (   )

EN Choose the answer that is different from what you have heard.
JP 聞いた内容と異なるものを選びなさい。 CH 选择与所听内容不符的选项。

❶ 영수는 케이크를 가지고 갈 거예요.
❷ 영수는 오늘 저녁에 하는 파티에 갈 거예요.
❸ 영수는 선배와 같이 봉사 활동을 해 봤어요.
❹ 영수는 리키하고 언어 교환을 한 적이 있어요.

2. 이야기를 듣고 질문에 답하십시오.

EN Listen to the annoncement and answer the questions. JP 話を聞いて質問に答えなさい。 CH 听故事，回答问题。

1) 들은 내용과 같은 것을 고르십시오. (   )

EN Choose the answer that is the same as what you have heard.
JP 聞いた内容と同じものを選びなさい。 CH 选择与所听内容相符的选项。

❶ 우리는 모두 동아리 친구들이에요.
❷ 우리는 오늘 한국 음식을 처음 먹었어요.
❸ 우리는 다음에 삼계탕을 먹으러 갈 거예요.
❹ 우리는 선배들이 새로 만든 모임에 가 봤어요.

2) 이 모임의 이름 '한사모'는 어떤 의미입니까? 쓰십시오.

EN What does the name of this meeting "Hansamo" mean?
JP この集まりの名前'한사모'(ハンサモ)はどんな意味ですか。書きなさい。
CH 请写出这个聚会的名字'한사모'的意思。

____

정리해 봅시다

EN Let's review JP まとめてみましょう CH 整理整理

가장 기억에 남는 친구들과의 모임에 대해서 이야기해 봅시다.

EN Talk about a gathering of friends that is most memorable for you.
JP 最も記憶に残る友達との集まりについて話してみましょう。
CH 请谈一谈,你印象最深刻的朋友间的聚会。

03 사람들과 친해질 수 있으니까 뒤풀이에 꼭 가자

학/습/목/표 뒤풀이와 관련된 이야기를 듣고 이해할 수 있다.

EN Objective be able to listen to and understand conversations related to after-parties
JP 学習目標 打ち上げと関連する話を聞いて理解することができる
CH 学习目标 能听懂关于聚餐的内容。

준비해 봅시다

EN Let's get ready JP 準備してみましょう CH 热身活动

모임이 끝난 후에 보통 무엇을 합니까?

EN What do you usually do after meetings? JP 集まりが終わった後にふつう何をしますか。 CH 聚会结束后一般做什么?

한국에서 뒤풀이에 가 본 적이 있습니까?

EN Have you ever been to an after-party in Korea? JP 韓国で打ち上げに行ったことがありますか。 CH 你在韩国有没有参加过聚餐?

들어 봅시다

EN Let's listen JP 聞いてみましょう CH 听一听

01 듣고 맞는 대답을 고르십시오. ③ 01~03

EN Listen and choose the right answer. JP 聞いて正しい答えを選びなさい。 CH 听录音,选择正确答案。

MP3 01~06

1. (   )

① 아니, 다음에 할 거야.
② 아니, 차는 안 마셨어.
③ 아니, 오늘 안 모였어.
④ 아니, 다른 곳에서 했어.

2. (   )

① 뒤풀이에 가 보고 싶어요.
② 다음 모임에는 빠지지 말고 오세요.
③ 선배들과 이야기도 나누고 좋았어요.
④ 동아리 활동에 대해서 이야기할 거예요.

3. (   )

① 그래, 조 발표 모임에 가자.
② 그래, 공연 준비를 열심히 하자.
③ 그래, 우리 다음 주에 같이 가자.
④ 그래, 다음에는 노래방에 가지 말자.

02 듣고 질문에 답하십시오. 3 04~06

EN Listen and answer the questions. JP 聞いて質問に答えなさい。 CH 听录音,回答问题。

1. 무엇에 대한 이야기입니까? (　　　　)

EN What is the conversation about? JP 何についての話ですか。 CH 在谈什么?

① 뒤풀이 시간　② 뒤풀이 음식
③ 뒤풀이에서 하는 것　④ 뒤풀이에 참석하는 사람

2. 무엇에 대해서 이야기합니까? (　　　　)

EN What are they talking about? JP 何について話しますか。 CH 在谈什么?

① 모임에서 사용한 회비
② 모임에서 내야 하는 회비
③ 모임에서 회비를 받는 사람
④ 모임에서 연락해야 하는 사람

3. 무엇에 대해서 이야기합니까? (　　　　)

EN What are they talking about? JP 何について話しますか。 CH 在谈什么?

① 선배들이 준비한 모임
② 과 행사 후에 하는 모임
③ 과 행사를 준비하는 모임
④ 교수님과 선배들을 위한 모임

03 듣고 질문에 답하십시오. 3 07~10

MP3 07~12

EN Listen and answer the questions. JP 聞いて質問に答えなさい。 CH 听录音,回答问题。

1. 남자는 왜 뒤풀이에 참석할 수 없습니까? (　　　　)

EN Why can't the man attend the after-party?
JP 男性はなぜ打ち上げに参加することができませんか。 CH 男的为什么不能参加聚餐?

① 중요한 발표가 있어서 갈 수 없어요.
② 조 발표 모임이 있어서 갈 수 없어요.
③ 모임 시간이 너무 늦어서 갈 수 없어요.
④ 조 모임 뒤풀이와 시간이 같아서 갈 수 없어요.

2. 뒤풀이를 하면 좋은 점이 무엇입니까? (　　　)

EN What are the good things about having an after-party?
JP 打ち上げをしたらよい点が何ですか。 CH 参加聚餐有什么好处?

① 교수님을 만날 수 있어요.
② 친구들을 소개 받을 수 있어요.
③ 사람들과 더 친해질 수 있어요.
④ 대학 생활 정보를 알 수 있어요.

3. 들은 내용과 같으면 ○, 다르면 × 하십시오.

EN Listen and write ○ if the answer is the same as what you have heard, and × if it is different.
JP 聞いた内容と同じものに○、異なるものに×をつけなさい。
CH 与所听内容相符打○, 不符打×。

1) 두 사람은 2차에 갈 거예요. (　　　)
2) 웨이는 부모님을 만나러 갔어요. (　　　)
3) 남자는 공연 준비를 해서 힘들었어요. (　　　)
4) 공연을 보러 온 사람이 많지 않았어요. (　　　)

4. 들은 내용과 다른 것을 고르십시오. (　　　)

EN Choose the answer that is different from what you have heard.
JP 聞いた内容と異なるものを選びなさい。 CH 选择与所听内容不符的选项。

① 조원들과 자주 놀이공원에 가요.
② 좀 다르게 뒤풀이를 할 생각이에요.
③ 지금 놀이공원에서 할인 행사를 해요.
④ 조원들과 뒤풀이 장소에 대해서 이야기할 거예요.

04 듣고 질문에 답하십시오. ③ 11~12

EN Listen and answer the questions. JP 聞いて質問に答えなさい。 CH 听录音, 回答问题。

1. 대화를 듣고 질문에 답하십시오.

EN Listen to the dialogue and answer the questions. JP 聞いた内容と異なるものを選びなさい。 CH 听对话, 回答问题。

1) 두 사람이 이야기하지 않은 것은 무엇입니까? (　　　)

EN What was not talked about among the two people?
JP 二人が話していないことは何ですか。 CH 他们两个人没有谈到的内容是什么?

① 2차로 갈 곳
② 다음에 할 운동
③ 다음에 만날 날짜
④ 음식 값을 낼 사람

2) 들은 내용과 같은 것을 고르십시오. (　　　　)

EN Choose the answer that is the same as what you have heard.
JP 聞いた内容と同じものを選びなさい。 CH 选择与所听内容相符的选项。

① 이따가 탁구를 치러 갈 거예요.
② 과 사람들을 금요일에 만났어요.
③ 다른 과 사람들과 운동을 했어요.
④ 1차와 2차 모두 남자가 돈을 낼 거예요.

2. 대화를 듣고 질문에 답하십시오.

EN Listen to the dialogue and answer the questions. JP 対話を聞いて質問に答えなさい。 CH 听对话，回答问题。

1) 들은 내용과 다른 것을 고르십시오. (　　　　)

EN Choose the answer that is different from what you have heard.
JP 聞いた内容と異なるものを選びなさい。 CH 选择与所听内容不符的选项。

① 여자는 조원들에게 전화를 할 거예요.
② 여자는 조원들과 같이 식사를 하고 싶어 해요.
③ 여자는 발표 수업이 끝나고 공부를 할 거예요.
④ 여자는 다음 주 주말에 뒤풀이를 하고 싶어 해요.

2) 발표가 끝난 날 뒤풀이를 하지 못하는 이유는 무엇입니까? 쓰십시오.

EN What was the reason why they couldn't have an after-party after the presentation was over? Write it.
JP 発表が終わってから打ち上げができない理由は何ですか。書きなさい。
CH 请写出，你跟社团的朋友或同学们，有没有想去聚餐的地方？

____

정리해 봅시다

EN Let's review JP まとめてみましょう CH 整理整理

동아리나 과 친구들과 뒤풀이를 하러 가고 싶은 곳이 있습니까? 이야기해 봅시다.

EN Is there a place you would like to go to for an after-party with your club or classmates? Let's talk about it.
JP サークルや学科の友達と打ち上げをしに行きたい所がありますか。 話してみましょう。
CH 请跟朋友们谈一谈,你所在的社团或专业,有没有想去聚餐的地方?

제5과

쇼핑

01 백화점이 비싸기는 하지만 쇼핑하기가 편해요

02 지갑이 한 개밖에 없어요

03 노트북처럼 비싼 물건을 싸게 살 수 있어

01 백화점이 비싸기는 하지만 쇼핑하기가 편해요

학/습/목/표 다양한 쇼핑 장소와 관련된 이야기를 듣고 이해할 수 있다.

EN Objective be able to listen to and understand conversations related to different places to go shopping

JP 学習目標 多様な買い物場所と関連する話を聞いて理解することができる

CH 学习目标 能听懂关于各种购物场所的内容。

준비해 봅시다

EN Let's get ready JP 準備してみましょう CH 热身活动

어디에서 쇼핑을 할 수 있습니까?

EN Where can you go shopping? JP どこでショッピングをすることができますか。 CH 可以在哪儿购物?

자주 가는 쇼핑 장소는 어디입니까?

EN Where do you go shopping often? JP よく行く買い物場所はどこですか。 CH 你常去的购物场所是哪里?

들어 봅시다

EN Let's listen JP 聞いてみましょう CH 听一听

01 듣고 맞는 대답을 고르십시오. ❶ 01~03

EN Listen and choose the right answer. JP 聞いて正しい答えを選びなさい。 CH 听录音,选择正确答案。

MP3 01~06

1. (　　　)

① 세일기간이어서 사람이 많아요.
② 싸게 사고 싶으면 일찍 가야 해요.
③ 직접 가서 물건을 사는 것이 좋아요.
④ 비싸기는 하지만 쇼핑하기가 편해요.

2. (　　　)

① 예쁘기는 하지만 너무 비싸요.
② 공동 구매 사이트에서 샀어요.
③ 시장은 물건 고르기가 힘들어요.
④ 값에 비해서 품질이 좋지 않아요.

3. (　　　)

① 저기에서 구경이나 하고 가요.
② 복잡하고 시끄러울 것 같아요.
③ 구경거리도 많고 아주 재미있군요.
④ 시장에 가는 사람이 별로 많지 않아요.

02 듣고 질문에 답하십시오. ❶ 04~06

EN Listen and answer the questions. JP 聞いて質問に答えなさい。 CH 听录音,回答问题。

1. 무엇에 대해서 이야기합니까? (　　　)

EN What is the conversation about? JP 何について話しますか。 CH 在谈什么?

① 백화점 세일　　② 백화점 물건
③ 백화점 쉬는 날　　④ 백화점 가게 안내

2. 남자는 무엇을 하고 싶어 합니까? (　　　　)

EN What does the man want to do? JP 男性は何をしたがっていますか。 CH 男的想要做什么?

① 큰 옷으로 바꾸고 싶어 해요.
② 여자에게 옷을 사 주고 싶어 해요.
③ 편하게 인터넷 쇼핑을 하고 싶어 해요.
④ 키가 큰 사람을 위한 옷을 사고 싶어 해요.

3. 남자는 여자에게 왜 물었습니까? (　　　　)

EN What did the man ask the woman the question? JP 男性は女性になぜ尋ねましたか。 CH 男的为什么问女的?

① 사고 싶은 물건이 있어서
② 싸고 좋은 옷을 사고 싶어서
③ 새벽시장에 같이 가고 싶어서
④ 음식이 많은 시장을 알고 싶어서

03 듣고 질문에 답하십시오. 1 07~10

EN Listen and answer the questions. JP 聞いて質問に答えなさい。 CH 听录音,回答问题。

MP3 07~12

1. 남자는 왜 백화점을 좋아하지 않습니까? (　　　　)

EN Why doesn't the man like department stores? JP 男性はなぜデパートが好きではありませんか。 CH 男的为什么不喜欢百货商场?

① 직원이 친절하지 않아서
② 계속 물어보는 직원이 불편해서
③ 옆에서 도와주는 사람이 없어서
④ 시끄러운 장소를 좋아하지 않아서

2. 들은 내용과 다른 것을 고르십시오. (　　　　)

EN Choose the answer that is different from what you have heard.
JP 聞いた内容と異なるものを選びなさい。 CH 选择与所听内容不符的选项。

① 여자는 집 근처에 있는 가게에 자주 가요.
② 여자는 가족이 많아서 물건이 많이 필요해요.
③ 여자는 큰 쇼핑센터의 좋은 점을 알고 있어요.
④ 여자는 물건을 많이 사서 쓰지 않은 적이 있어요.

3. 들은 내용과 같으면 ○, 다르면 × 하십시오.

EN Listen and write ○ if the answer is the same as what you have heard, and × if it is different.
JP 聞いた内容と同じものに○、異なるものに×をつけなさい。
CH 与所听内容相符打○,不符打×。

1) 이곳에는 구경거리가 별로 없어요. ( )
2) 이곳에는 아주 긴 아이스크림이 있어요. ( )
3) 이곳에는 외국인이 구경하러 많이 와요. ( )
4) 이곳에는 외국어를 할 수 있는 직원이 있어요. ( )

4. 들은 내용과 같은 것은 고르십시오. ( )

EN Choose the answer that is the same as what you have heard.
JP 聞いた内容と同じものを選びなさい。 CH 选择与所听内容相符的选项。

① 이 가게는 6월에 세일을 시작해요.
② 이 가게는 컴퓨터 세일을 하지 않아요.
③ 이 가게는 학생이 가면 더 싸게 살 수 있어요.
④ 이 가게는 세일을 할 때 30분 문을 일찍 열어요.

직원 EN worker/employee JP 職員 CH 职员
쇼핑센터 EN shopping center JP ショッピングセンター CH 购物中心
조심하다 EN to be careful JP 気をつける CH 小心

04 듣고 질문에 답하십시오. ❶ 11~12

EN Listen and answer the questions. JP 聞いて質問に答えなさい。 CH 听录音,回答问题。

1. 대화를 듣고 질문에 답하십시오.

EN Listen to the dialogue and answer the questions. JP 対話を聞いて質問に答えなさい。 CH 听对话,回答问题。

1) 이 사람들은 무엇을 하고 있습니까? (　　　　)

EN What are these people doing? JP この人たちは何をしていますか。 CH 这些人在做什么?

① 모바일 쇼핑을 하고 있어요.
② 물건 배달을 부탁하고 있어요.
③ 전통 시장을 구경하고 있어요.
④ 인터넷으로 물건을 사고 있어요.

2) 들은 내용과 같은 것을 고르십시오. (　　　　)

EN Choose the answer that is the same as what you have heard.
JP 聞いた内容と同じものを選びなさい。 CH 选择与所听内容相符的选项。

① 시장 시설은 전과 다르지 않아요.
② 시장 물건은 품질이 좋지 않아요.
③ 시장을 이용하는 사람들이 많아졌어요.
④ 요즘은 시장에서 값을 깎기가 어려워요.

2. 이야기를 듣고 질문에 답하십시오.

EN Listen to the conversation and answer the questions. JP 話を聞いて質問に答えなさい。 CH 听故事,回答问题。

1) 무엇에 대한 이야기입니까? (　　　　)

EN What is the conversation about? JP 何についての話ですか。 CH 是关于什么内容的?

① 물건을 주문하는 방법
② 물건을 싸게 사는 방법
③ 물건 값을 결제하는 방법
④ 물건을 공동 구매하는 방법

2) 이야기의 내용을 써 봅시다.

EN Write the content of the conversation. JP 話の内容を書いてみましょう。 CH 请写出这段故事的内容。

방법 1	방법 2	방법 3
공동 구매를 하세요.		

정리해 봅시다

EN Let's review JP まとめてみましょう CH 整理整理

쇼핑을 할 때 도움이 되는 좋은 정보를 알고 있습니까? 알고 있는 정보를 이야기해 봅시다.

EN Do you know any information that would be helpful when going shopping? Talk about the information you know.
JP ショッピングをするとき役立つよい情報を知っていますか。知っている情報を話してみましょう。
CH 是否知道一些对购物有帮助的好信息？谈一谈你所知道的信息。

02 지갑이 한 개밖에 없어요

학/습/목/표 물건 사기와 관련된 이야기를 듣고 이해할 수 있다.

EN Objective be able to listen to and understand conversations related to buying things
JP 学習目標 買い物と関連する話を聞いて理解することができる
CH 学习目标 能听懂关于买东西的内容。

준비해 봅시다

EN Let's get ready JP 準備してみましょう CH 热身活动

물건을 살 때 물건을 파는 사람과 어떤 이야기를 합니까?

EN When you are buying the item, what do you say to the seller?
JP 品物を買うとき売る人とどんな話をしますか。 CH 你买东西的时候会跟卖东西的人说些什么?

사고 싶은 물건이 없을 때 어떻게 합니까?

EN What do you do when they don't have what you want to buy?
JP 買いたい品物がないときどうしますか。 CH 如果没有你想买的东西,怎么办?

들어 봅시다

EN Let's listen JP 聞いてみましょう CH 听一听

01 듣고 맞는 대답을 고르십시오. 2 01~03

EN Listen and choose the right answer. JP 聞いて正しい答えを選びなさい。 CH 听录音,选择正确答案。

MP3 01~06

1. (   )

① 저는 지갑이 한 개밖에 없어요.
② 새로 나온 디자인인데 어떠세요?
③ 지갑을 직접 고르고 싶은데 어때요?
④ 이 디자인은 다음에 사는 게 좋겠어요.

2. (   )

① 그럼요, 결제해 주세요.
② 그럼요, 만들어 드리고말고요.
③ 그럼요, 할인해 드릴 수 있어요.
④ 그럼요, 결제할 때 할인해 주세요.

3. (   )

① 친구에게 선물하기 좋아요.
② 선물하니까 아주 좋아해요.
③ 선물할 거니까 포장해 주세요.
④ 선물을 받으니까 기분이 아주 좋아요.

02 듣고 질문에 답하십시오. 2 04~06

EN Listen and answer the questions. JP 聞いて質問に答えなさい。 CH 听录音,回答问题。

1. 무엇에 대한 이야기입니까? (   )

EN What is the conversation about? JP 何についての話ですか。 CH 是关于什么内容的?

① 할인해 주는 날짜 ② 할인해 주는 상품
③ 할인해 주는 회사 ④ 할인해 주는 시간

2. 무엇에 대해서 이야기합니까? (　　　)

EN What is the conversation about? JP 何について話しますか。 CH 在谈什么?

① 상품 결제　② 상품 구매
③ 상품 품질　④ 상품 배달

3. 두 사람은 무엇에 대해서 이야기합니까? (　　　)

EN What are the two people talking about? JP 二人は何について話しますか。 CH 他们两个人在谈什么?

① 케이크 신청 방법　② 케이크 배달 신청
③ 케이크 예약 주문　④ 케이크 공동 구매

03 듣고 질문에 답하십시오. ② 07~10

EN Listen and answer the questions. JP 聞いて質問に答えなさい。 CH 听录音, 回答问题。

MP3 07~12

1. 들은 내용과 다른 것을 고르십시오. (　　　)

EN Choose the answer that is different from what you have heard.
JP 聞いた内容と異なるものを選びなさい。 CH 选择与所听内容不符的选项。

① 남자는 컵라면하고 김밥을 먹을 거예요.
② 남자는 편의점을 자주 이용하는 것 같아요.
③ 남자는 편의점에서 만두를 먹어 본 적이 있어요.
④ 남자는 인스턴트식품이 많아서 편의점을 좋아해요.

2. 아주머니가 한 이야기가 아닌 것을 고르십시오. (　　　)

EN Choose what the woman did not talk about.
JP おばさんがした話でないものを選びなさい。 CH 关于大妈所说的话中, 下列哪项不正确?

① 과일은 시장에서 사는 게 좋아요.
② 시장에서는 값을 깎아 주기도 해요.
③ 남자가 살 사과 값을 깎아 줄 거예요.
④ 남자가 다른 것을 사면 더 많이 줄 거예요.

3. 들은 내용과 같으면 ○, 다르면 × 하십시오.

EN Listen and write ◯ if the answer is the same as what you have heard, and × if it is different.
JP 聞いた内容と同じものに◯、異なるものに×をつけなさい。
CH 与所听内容相符打◯,不符打×。

1) 편의점에서 음식을 살 수 있어요. ( )
2) 편의점은 할인행사를 하지 않아요. ( )
3) 장을 볼 때는 물건 값이 싼 슈퍼마켓에 가요. ( )
4) 이 사람은 편의점에서 필요한 생활용품도 사요. ( )

4. 들은 내용과 같은 것을 고르십시오. ( )

EN Choose the answer that is the same as what you have heard.
JP 聞いた内容と同じものを選びなさい。 CH 选择与所听内容相符的选项。

① 상품을 바꿀 때는 돈을 내야 해요.
② 남자가 고른 장갑은 만 이천 원이에요.
③ 바꾸고 싶은 장갑이 가져온 장갑보다 싸요.
④ 요즘 유행하는 디자인의 장갑으로 바꿀 거예요.

04 듣고 질문에 답하십시오. ② 11~12

EN Listen and answer the questions. JP 聞いて質問に答えなさい。 CH 听录音,回答问题。

1. 대화를 듣고 질문에 답하십시오.

EN Listen to the dialogue and answer the questions. JP 対話を聞いて質問に答えなさい。 CH 听对话,回答问题。

1) 두 사람은 무슨 이야기를 합니까? ( )

EN What are the two people talking about? JP 二人は何の話をしますか。 CH 他们两个人在谈什么?

① 계산할 때 돈을 더 많이 냈어요.
② 물건을 사고 돈을 잘못 받았어요.
③ 물건 값을 다 내지 않아서 받으러 왔어요.
④ 지난번에 계산을 잘못 해서 받으러 왔어요.

2) 들은 내용과 <u>다른</u> 것을 고르십시오. (　　　　)

EN Choose the answer that is different from what you have heard.
JP 聞いた内容と異なるものを選びなさい。 CH 选择与所听内容<u>不符</u>的选项。

❶ 여자는 전부터 할아버지가 고마웠어요.
❷ 여자는 오늘 슈퍼마켓에서 식품을 샀어요.
❸ 여자는 요즘 가끔 계산을 잘못할 때가 있어요.
❹ 여자는 이 슈퍼마켓에서 자주 쇼핑을 하는 것 같아요.

2. 대화를 듣고 질문에 답하십시오.

EN Listen to the dialogue and answer the questions. JP 対話を聞いて質問に答えなさい。 CH 听对话, 回答问题。

1) 여자의 이야기와 <u>다른</u> 것을 고르십시오. (　　　　)

EN Choose what is different from what the woman said.
JP 女性の話と異なるものを選びなさい。 CH 关于女的, 下列哪项<u>不正确</u>?

❶ 친구의 소개로 이 가게에 왔어요.
❷ 이야기가 끝나고 옷을 입어 볼 거예요.
❸ 직원이 처음에 골라 준 옷을 살 거예요.
❹ 회사 시험을 볼 때 입을 옷을 찾고 있어요.

2) 여자는 옷을 고를 때 무엇을 중요하게 생각합니까? 쓰십시오.

EN When the woman is choosing clothes, what does she think is important? Write it.
JP 女性は服を選ぶとき何を重要視しますか。 書きなさい。
CH 请写出女的在挑选衣服的时候, 注重什么?

____

지나다 EN to pass through / to pass by JP 過ぎる CH 经过

정리해 봅시다

EN Let's review JP まとめてみましょう CH 整理整理

쇼핑을 할 때 무엇을 중요하게 생각합니까? 이야기해 봅시다.

EN What do you think is important when you go shopping? Let's talk about it.
JP ショッピングをするとき何を重要視しますか。話してみましょう。
CH 请谈一谈、你在购物的时候注重什么?

03 노트북처럼 비싼 물건을 싸게 살 수 있어

학/습/목/표 중고품 시장과 관련된 이야기를 듣고 이해할 수 있다.

EN Objective be able to listen to and understand conversations related to stores that sell used items
JP 学習目標 中古品市場と関連する話を聞いて理解することができる
CH 学习目标 能听懂关于二手市场的内容。

준비해 봅시다

EN Let's get ready JP 準備してみましょう CH 热身活动

다른 사람이 쓰던 물건을 써 본 적이 있습니까?

EN Have you ever used an item that was secondhand?
JP 他の人が使っていた品物を使ったことがありますか。 CH 你是否使用过别人用过的东西?

필요 없는 물건을 어떻게 합니까?

EN What do you do with things you don't need anymore? JP 必要のない品物をどうしますか。 CH 没用的东西你怎么处理?

들어 봅시다

EN Let's listen JP 聞いてみましょう CH 听一听

01 듣고 맞는 대답을 고르십시오. 3 01~03

EN Listen and choose the right answer. JP 聞いて正しい答えを選びなさい。 CH 听录音,选择正确答案。

MP3 01~06

1. (   )

① 다른 것으로 바꾸고 싶어.
② 이 책상은 백화점에서 샀어.
③ 그럼 중고품 시장에서 알아 봐.
④ 그럼 책상이 필요한 친구에게 물어 봐.

2. (   )

① 그 시장에서도 팔아.
② 이건 한 번밖에 안 쓴 거야.
③ 새것처럼 깨끗하고 좋은 물건이 많아.
④ 주말에 친구와 같이 중고품 시장에 갈 거야.

3. (   )

① 구경거리가 많군요.
② 옷이 5만 원밖에 안 해요.
③ 여기는 물건 값이 정말 싸군요.
④ 필요한 건 없지만 구경이나 하러 가요.

02 듣고 질문에 답하십시오. 3 04~06

EN Listen and answer the questions. JP 聞いて質問に答えなさい。 CH 听录音,回答问题。

1. 무엇에 대한 이야기입니까? (   )

EN What is the conversation about? JP 何についての話ですか。 CH 是关于什么内容的?

① 벼룩시장 소개 ② 벼룩시장 위치
③ 벼룩시장 이용 시간 ④ 벼룩시장 이용 안내

2. 남자는 무엇을 알고 싶어 합니까? (　　　　)

EN What does the man want to know about? JP 男性は何を知りたがっていますか。 CH 男的想要知道什么?

① 중고품 시장에 가는 방법
② 중고품 시장에서 파는 물건
③ 중고품 시장을 이용하는 방법
④ 중고품 시장에서 여자가 산 물건

3. 여자는 무엇에 대해서 이야기합니까? (　　　　)

EN What is the woman talking about? JP 女性は何について話しますか。 CH 女的在谈什么?

① 중고품의 값　　② 중고품의 좋은 점
③ 중고품을 사는 이유　　④ 중고품을 잘 사는 방법

03 듣고 질문에 답하십시오. ③ 07~10

EN Listen and answer the questions. JP 聞いて質問に答えなさい。 CH 听录音,回答问题。

MP3 07~12

1. 이곳은 어떤 곳입니까? (　　　　)

EN What kind of place is this? JP ここはどんな所ですか。 CH 这是什么地方?

① 사용한 물건만 파는 곳이에요.
② 새 물건을 많이 파는 곳이에요.
③ 좋은 물건을 싸게 살 수 있는 곳이에요.
④ 싸기는 하지만 별로 사고 싶지는 않은 곳이에요.

2. 이 가게에서는 무슨 물건을 팝니까? (　　　　)

EN What kinds of things are sold at this store? JP この店ではどんな品物を売りますか。 CH 这家店都卖什么东西?

① 작고 가벼운 가방　　② 가볍고 큰 컴퓨터
③ 화면이 큰 텔레비전　　④ 백화점에서 파는 시계

모니터 EN monitor JP モニター CH 显示器

3. 들은 내용과 같으면 ○, 다르면 × 하십시오.

EN Listen and write ◯ if the answer is the same as what you have heard, and × if it is different.
JP 聞いた内容と同じものに○、異なるものに×をつけなさい。
CH 与所听内容相符打○,不符打×。

1) 헌 책은 공부할 때 좋아요. (　　　)
2) 학교 벼룩시장에서는 책만 팔아요. (　　　)
3) 벼룩시장에서 전공 책을 살 수 있어요. (　　　)
4) 새 학기에 벼룩시장을 이용하는 학생들이 많아요. (　　　)

4. 들은 내용과 다른 것을 고르십시오. (　　　)

EN Choose the answer that is different from what you have heard.
JP 聞いた内容と異なるものを選びなさい。 CH 选择与所听内容不符的选项。

① 여자는 지금 학교에 있어요.
② 여자는 자전거를 사고 싶어 해요.
③ 여자는 30분 후에 남자를 만날 거예요.
④ 여자는 기숙사에서 자전거를 받을 거예요.

04 듣고 질문에 답하십시오. ③ 11~12

EN Listen and answer the questions. JP 聞いて質問に答えなさい。 CH 听录音,回答问题。

1. 대화를 듣고 질문에 답하십시오.

EN Listen to the dialogue and answer the questions. JP 対話を聞いて質問に答えなさい。 CH 听对话,回答问题。

1) 남자는 왜 물건을 팔고 싶어 합니까? (　　　)

EN Why does the man want to sell the item? JP 男性はなぜ品物を売りたがっていますか。 CH 男的为什么想卖掉东西?

① 새 물건을 사서
② 물건이 필요 없어져서
③ 물건이 너무 오래 되어서
④ 친구한테서 같은 물건을 받아서

2) 들은 내용과 같은 것을 고르십시오. (   )

EN Choose the answer that is the same as what you have heard.
JP 聞いた内容と同じものを選びなさい。 CH 选择与所听内容相符的选项。

① 남자는 새 냉장고가 필요해요.
② 남자는 중고 냉장고를 팔 만원에 샀어요.
③ 남자는 다음 달부터 기숙사에서 살 거예요.
④ 남자는 중고품 시장에서 책상을 살 거예요.

2. 대화를 듣고 질문에 답하십시오.

EN Listen to the dialogue and answer the questions. JP 対話を聞いて質問に答えなさい。 CH 听对话，回答问题。

1) 들은 내용과 다른 것을 고르십시오. (   )

EN Choose the answer that is different from what you have heard.
JP 聞いた内容と異なるものを選びなさい。 CH 选择与所听内容不符的选项。

① 이 시장은 일 년에 두 번 해요.
② 이 시장을 이용하는 사람이 많아요.
③ 이 시장에서는 쓰던 물건만 팔 수 있어요.
④ 이 시장에서는 음식도 사 먹을 수 있어요.

2) 중고품에 대한 여자와 남자의 생각을 써 봅시다.

EN Write about what the woman and man thinks about concerning used items.
JP 中古品についての女性と男性の考えを書いてみましょう。
CH 请写出女的和男的对二手货的看法。

여자의 생각	남자의 생각

정리해 봅시다

EN Let's review JP まとめてみましょう CH 整理整理

중고품에 대한 여러분의 생각은 어떻습니까? 이야기해 봅시다.

EN What do you think about used items? Let's talk about it.
JP 中古品についてのみなさんの考えはどうですか。話してみましょう。
CH 请谈一谈,大家对二手货有什么看法?

제6과

건강

01 기침이 날 때 생강차를 마시면 좋다고 해요
02 태권도를 할 줄 아세요?
03 건강을 위해서 아침을 먹어야겠어요

01 기침이 날 때 생강차를 마시면 좋다고 해요

학/습/목/표 건강과 관련된 음식 이야기를 듣고 이해할 수 있다.

EN Objective be able to listen to and understand conversations about food related to good health

JP 学習目標 健康と関連する食べ物の話を聞いて理解することができる

CH 学习目标 能听懂关于健康饮食的内容。

준비해 봅시다

EN Let's get ready JP 準備してみましょう CH 热身活动

무슨 음식이 몸에 좋습니까?

EN What kind of food is good for the body? JP どんな食べ物が体に良いですか。 CH 什么食物对身体好?

감기에 걸렸을 때 무엇을 먹으면 좋습니까?

EN What is good for you when you have a cold? JP 風邪を引いたとき何を食べたらよいですか。 CH 感冒的时候吃什么比较好?

들어 봅시다

EN Let's listen JP 聞いてみましょう CH 听一听

01 듣고 맞는 대답을 고르십시오. ❶ 01~03

EN Listen and choose the right answer. JP 聞いて正しい答えを選びなさい。 CH 听录音,选择正确答案。

MP3 01~06

1. (　　　　)

① 라면이 제일 입에 맞아요.
② 채소와 유제품을 많이 먹어요.
③ 날마다 열심히 운동을 하고 있어요.
④ 한식 중에서 비빔밥을 제일 좋아해요.

2. (　　　　)

① 약을 먹고 다 나았다고 해요.
② 열이 나고 콧물도 난다고 해요.
③ 기침 때문에 말을 할 수 없다고 해요.
④ 그럴 때 생강차를 마시면 좋다고 해요.

3. (　　　　)

① 맵거나 짠 음식은 드시지 마세요.
② 무엇보다도 많이 먹는 것이 좋아요.
③ 뜨거울 때 먹으면 음식이 더 맛있어요.
④ 간편하게 먹을 수 있는 음식이 있어요.

02 듣고 질문에 답하십시오. ❶ 04~06

EN Listen and answer the questions. JP 聞いて質問に答えなさい。 CH 听录音,回答问题。

1. 무엇에 대해서 이야기합니까? (　　　　)

EN What is the conversation about? JP 何について話しますか。 CH 在谈什么?

① 몸에 좋은 음식
② 같이 먹으면 좋은 음식
③ 같이 먹으면 좋지 않은 음식
④ 쉽게 끓여 먹을 수 있는 음식

미역국 EN seaweed soup JP ワカメスープ CH 海带汤

2. 여자는 무엇을 알고 싶어 합니까? (   )

EN What does the woman want to know? JP 女性は何を知りたがっていますか。 CH 女的想要知道什么?

① 목에 좋은 차
② 목이 자주 붓는 이유
③ 좋은 차를 고르는 방법
④ 남자가 자주 마시는 차

3. 여자의 생각으로 맞는 것은 무엇입니까? (   )

EN What is correct according to what the woman thinks?
JP 女性の考えとして正しいものは何ですか。 CH 关于女的想法, 下列哪项正确?

① 녹차를 자주 마셔야 해요.
② 특별한 음식을 먹어야 해요.
③ 음식은 좋은 재료로 만들어야 해요.
④ 기분이 나쁠 때 좋은 음식을 먹어야 해요.

03 듣고 질문에 답하십시오. ❶ 07~10

EN Listen and answer the questions. JP 聞いて質問に答えなさい。 CH 听录音, 回答问题。

MP3 07~12

1. 여자는 왜 유기농 식품을 먹습니까? (   )

EN Why does the woman eat organic food? JP 女性はなぜ有機農食品を食べますか。 CH 女的为什么吃有机食品?

① 건강이 나빠져서
② 건강을 지키기 위해서
③ 유기농 식품이 더 맛있어서
④ 인스턴트 식품을 너무 많이 먹어서

2. 감기에 걸렸을 때 좋은 음식이 아닌 것은 무엇입니까? (   )

EN What are foods that are not good for you when you have caught a cold?
JP 風邪を引いたときよい食べ物でないものは何ですか。 CH 感冒的时候, 不该吃的食物是什么?

① 과일과 채소를 먹어요.
② 음식을 맵게 만들어서 먹어요.
③ 배에 꿀을 넣고 끓여서 먹어요.
④ 따뜻한 유자차나 생강차를 마셔요.

특별하다 EN to be special JP 特別だ CH 特别

3. 들은 내용과 같으면 ○, 다르면 × 하십시오.

EN Listen and write ○ if the answer is the same as what you have heard, and × if it is different.
JP 聞いた内容と同じものに○、異なるものに×をつけなさい。
CH 与所听内容相符打○,不符打×。

1) 주스를 매일 마시는 것이 좋아요. ( )
2) 단 음식이 몸에 제일 좋지 않아요. ( )
3) 패스트푸드가 단 음식보다 더 나빠요. ( )
4) 요즘은 건강에 대한 관심이 많아졌어요. ( )

4. 들은 내용과 같은 것을 고르십시오. ( )

EN Choose the answer that is the same as what you have heard.
JP 聞いた内容と同じものを選びなさい。 CH 选择与所听内容相符的选项。

① 여자는 피곤할 때 고향 과일을 먹어요.
② 여자는 오래 전부터 채소를 자주 먹었어요.
③ 여자는 나쁜 음식 때문에 건강이 좋지 않아요.
④ 여자는 날마다 먹을 것을 준비해 가지고 와요.

04 듣고 질문에 답하십시오. ❶ 11~12

EN Listen and answer the questions. JP 聞いて質問に答えなさい。 CH 听录音,回答问题。

1. 이야기를 듣고 질문에 답하십시오.

EN Listen to the dialogue and answer the questions. JP 話を聞いて質問に答えなさい。 CH 听对话,回答问题。

1) 남자는 왜 배탈이 났습니까? ( )

EN Why does the man have a stomach ache? JP 男性はなぜお腹を壊しましたか。 CH 男的为什么闹肚子?

① 인스턴트 식품을 먹어서
② 된장찌개를 잘못 끓여서
③ 갑자기 음식을 빨리 먹어서
④ 오래 전에 만든 음식을 먹어서

햄버거 EN hamburger JP ハンバーガー CH 汉堡

2) 여자의 생각으로 맞는 것을 고르십시오. (　　　　)

EN Choose what the woman thinks is correct. JP 女性の考えとして正しいものを選びなさい。 CH 关于女的想法, 下列哪项正确?

❶ 건강보다 일이 더 중요해요.
❷ 집에서 만든 음식을 먹어야 해요.
❸ 바쁠 때는 간편한 음식이 좋아요.
❹ 집에서는 간단한 음식을 만들 수 없어요.

2. 이야기를 듣고 질문에 답하십시오.

EN Listen to the conversation and answer the questions. JP 話を聞いて質問に答えなさい。 CH 听故事, 回答问题。

1) 남자는 왜 여자에게 물었습니까? (　　　　)

EN Why did the man ask the woman the question? JP 男性はなぜ女性に尋ねましたか。 CH 男的为什么问女的?

❶ 손님이 고기를 먹지 않아서
❷ 손님이 외국 음식을 먹고 싶어 해서
❸ 손님이 좋아하는 음식을 만들지 못해서
❹ 손님의 입에 맞는 음식을 고르지 못해서

2) 준비할 음식과 그 음식의 좋은 점을 써 봅시다.

EN Write about the food you will prepare and the good things about it.
JP 準備する食べ物とその食べ物のよい点を書いてみましょう。
CH 请写出要准备的食物以及那些食物的好处。

음식	좋은 점
①	
②	

정리해 봅시다

EN Let's review JP まとめてみましょう CH 整理整理

고향 음식 중에서 소개하고 싶은 음식이 있습니까? 이유와 함께 음식을 소개해 봅시다.

EN Is there a food from your home country that you would like to introduce? Introduce that food and the reason.
JP 故郷の食べ物の中で紹介したい食べ物がありますか。理由と合わせて食べ物を紹介してみましょう。
CH 家乡菜中你有没有想要介绍的食物？介绍的时候请说出介绍的理由。

02 태권도를 할 줄 아세요?

학/습/목/표 운동과 관련된 이야기를 듣고 이해할 수 있다.

EN Objective be able to listen to and understand conversations related to exercise
JP 学習目標 運動と関連する話を聞いて理解することができる
CH 学习目标 能听懂关于运动的内容。

준비해 봅시다

EN Let's get ready JP 準備してみましょう CH 热身活动

건강을 위해서 어떤 운동을 합니까?

EN What kind of exercise are you doing for your health? JP 健康のためにどんな運動をしますか。 CH 为了健康你都做什么运动?

어떤 운동이 건강에 좋다고 생각합니까?

EN What exercise is good for your health? JP どんな運動が健康によいと考えますか。 CH 你认为哪些运动对身体好?

들어 봅시다

EN Let's listen JP 聞いてみましょう CH 听一听

01 듣고 맞는 대답을 고르십시오. ❷ 01~03

EN Listen and choose the right answer. JP 聞いて正しい答えを選びなさい。 CH 听录音,选择正确答案。

MP3 01~06

1. (   )

① 수영을 가르쳐 주라고 해요.
② 친구에게 가르쳐 달라고 해요.
③ 혼자 할 수 있는 운동을 가르쳐 달라고 해요.
④ 날마다 할 수 있는 운동을 가르쳐 주라고 해요.

2. (   )

① 아니요, 스트레스가 풀려요.
② 아니요, 재미있는 운동이었어요.
③ 아니요, 저는 아직 시간이 많아요.
④ 아니요, 저는 운동을 좋아하지 않아요.

3. (   )

① 그럼요, 저는 태권도를 할 줄 몰라요.
② 그럼요, 다 태권도를 좋아하지는 않아요.
③ 그럼요, 어렸을 때부터 태권도를 배웠어요.
④ 그럼요, 이번 방학에 태권도를 배울 거예요.

02 듣고 질문에 답하십시오. 2 04~06

EN Listen and answer the questions. JP 聞いて質問に答えなさい。 CH 听录音,回答问题。

1. 어떤 운동에 대해서 이야기하고 있습니까? (　　　　)

EN What kind of exercise are they talking about? JP どんな運動について話していますか。 CH 在谈什么运动?

① 학교에서 할 수 있는 운동　　② 의자를 가지고 하는 운동
③ 인터넷으로 할 수 있는 운동　　④ 의사가 가르쳐 주는 운동

2. 무엇에 대해서 이야기합니까? (　　　　)

EN What is the conversation about? JP 何について話しますか。 CH 在谈什么?

① 요가와 허리 건강　　② 요가를 하는 사람들
③ 건강이 좋아진 사람들　　④ 허리 운동을 하는 방법

3. 운동에 대한 여자의 생각은 어떻습니까? (　　　　)

EN What does the woman think about exercise? JP 運動についての女性の考えはどうですか。 CH 女的对运动怎么想?

① 운동을 많이 하면 건강이 좋아질 거예요.
② 운동을 안 하면 건강이 많이 나빠질 거예요.
③ 운동을 너무 많이 하는 것은 건강에 안 좋아요.
④ 운동은 날마다 3시간씩 하는 것이 건강에 제일 좋아요.

03 듣고 질문에 답하십시오. 2 07~10

EN Listen and answer the questions. JP 聞いて質問に答えなさい。 CH 听录音,回答问题。

MP3 07~12

1. 이 사람들은 왜 걷고 있습니까? (　　　　)

EN Why are these people walking? JP この人たちはなぜ歩いていますか。 CH 这些人为什么都在走着?

① 살을 빼기 위해서 걷고 있어요.
② 건강해지고 싶어서 걷고 있어요.
③ 급히 가야 하는 곳이 있어서 걷고 있어요.
④ 달리기보다 이 운동을 좋아해서 걷고 있어요.

허리 EN waist/lower back JP 腰 CH 腰
익숙하다 EN to be accustomed JP れている CH 熟悉

2. 이 남자의 생각으로 맞는 것을 고르십시오. (　　　)

EN Choose what is right according to what the man thinks.
JP この男性の考えとして正しいものを選びなさい。 CH 关于男的想法, 下列哪项正确?

① 남자는 살이 많이 빠졌다고 생각해요.
② 남자는 이 수업이 아주 재미있다고 생각해요.
③ 남자는 여자들이 춤을 더 잘 춘다고 생각해요.
④ 남자는 춤을 추면 건강이 좋아질 거라고 생각해요.

3. 들은 내용과 같으면 ○, 다르면 × 하십시오.

EN Listen and write ○ if the answer is the same as what you have heard, and × if it is different.
JP 聞いた内容と同じものに○、異なるものに×をつけなさい。
CH 与所听内容相符打○, 不符打×。

1) 지난봄까지 여자는 줄넘기를 했어요. (　　　)
2) 여자는 걷기 운동을 해 본 적이 있어요. (　　　)
3) 여자는 줄넘기가 맞지 않는 운동이라고 생각해요. (　　　)
4) 이 운동은 운동화만 있으면 어디에서든지 할 수 있어요. (　　　)

4. 들은 내용과 다른 것을 고르십시오. (　　　)

EN Choose the answer that is different from what you have heard.
JP 聞いた内容と異なるものを選びなさい。 CH 选择与所听内容不符的选项。

① 여자는 주말마다 등산을 해요.
② 여자는 산에 가면 기분이 좋아요.
③ 여자는 남자와 오늘 처음 등산을 하러 왔어요.
④ 여자는 등산이 건강에 좋은 운동이라고 생각해요.

춤을 추다 EN to dance JP 踊る CH 跳舞

04 11~12

EN Listen and answer the questions. JP 聞いて質問に答えなさい。 CH 听录音,回答问题。

1. 이야기를 듣고 질문에 답하십시오.

EN Listen to the story and answer the questions. JP 話を聞いて質問に答えなさい。 CH 听故事,回答问题。

1) 남자는 운동을 안 하는 동안 어땠습니까? (　　　　)

EN How was it for the man while he did not exercise? JP 男性は運動をしない間どうでしたか。 CH 男的不运动的时候怎么样?

① 너무 더워서 피곤했어요.
② 많이 먹어서 살이 좀 쪘어요.
③ 소화가 잘 안 돼서 불편했어요.
④ 배탈이 자주 나서 좀 힘들었어요.

2) 들은 내용과 같은 것을 고르십시오. (　　　　)

EN Choose the answer that is the same as what you have heard.
JP 聞いた内容と同じものを選びなさい。 CH 选择与所听内容相符的选项。

① 지난주부터 운동을 쉬고 있어요.
② 다시 운동을 하는 것이 힘들었어요.
③ 요즘 너무 바빠서 운동을 하지 못했어요.
④ 처음에는 운동을 하지 않는 것이 좋았어요.

2. 대화를 듣고 질문에 답하십시오.

EN Listen to the dialogue and answer the questions. JP 対話を聞いて質問に答えなさい。 CH 听对话,回答问题。

1) 들은 내용과 <u>다른</u> 것을 고르십시오. (　　　　)

EN Choose what is different from what you have heard. JP 聞いた内容と異なるものを選びなさい。 CH 选择与所听内容<u>不符</u>的选项。

① 미선이는 자전거 타기를 세 달쯤 했어요.
② 미선이는 일주일에 세 번 자전거를 타고 멀리 가요.
③ 미선이는 자전거를 타면 스트레스가 풀린다고 생각해요.
④ 미선이는 자전거 타는 것을 아주 좋은 운동이라고 생각해요.

2) 미선이는 왜 건강해진 것 같다고 말했습니까? 쓰십시오.

EN What was said about why Misun's health has improved? Let's write it.
JP ミソンはなぜ健康になったようだと言いましたか。書きなさい。
CH 请写出美善为什么说自己好像变健康了?

____

정리해 봅시다

EN Let's review JP まとめてみましょう CH 整理整理

제일 좋아하는 운동을 친구에게 소개해 봅시다.

EN Introduce your favorite kind of exercise to your friend.
JP 一番好きな運動を友達に紹介してみましょう。
CH 向朋友介绍一下你最喜欢的运动。

03 건강을 위해서 아침을 먹어야겠어요

학/습/목/표 건강과 관련된 생활 습관 이야기를 듣고 이해할 수 있다.

EN Objective be able to listen to and understand conversations about lifestyle habits related to health
JP 学習目標 健康と関連する生活習慣の話を聞いて理解することができる
CH 学习目标 能听懂关于健康生活习惯的内容。

준비해 봅시다

EN Let's get ready JP 準備してみましょう CH 热身活动

날마다 몇 시에 자고 몇 시에 일어납니까?

EN What time do you sleep and wake up everyday?
JP 毎日何時に寝て、何時に起きますか。 CH 你每天几点睡觉几点起床?

식사를 할 때 빨리 먹습니까? 천천히 먹습니까?

EN Do you eat your meals fast? Or do you eat them slow?
JP 食事をするとき速く食べますか。ゆっくり食べますか。 CH 你吃饭的时候, 吃得快还是慢?

들어 봅시다

EN Let's listen JP 聞いてみましょう CH 听一听

01 듣고 맞는 대답을 고르십시오. ③ 01~03

EN Listen and choose the right answer. JP 聞いて正しい答えを選びなさい。 CH 听录音,选择正确答案。

MP3 01~06

1. (   )

① 정말 피곤하시겠어요.
② 요즘 일이 많아서 늦게 자요.
③ 일찍 일어나서 공부를 합시다.
④ 잠을 잘 못 자서 너무 피곤해요.

2. (   )

① 과식하는 것은 몸에 좋지 않아.
② 밤늦게 먹지 말고 일찍 밥을 먹어.
③ 맵고 짜게 먹는 것은 몸에 안 좋아.
④ 건강을 위해서 채소도 같이 먹는 게 좋아.

3. (   )

① 맞아요, 공부하고 아침을 드세요.
② 맞아요, 아침에는 공부가 더 잘 돼요.
③ 맞아요, 아침에는 빨리 할 수 있어요.
④ 맞아요, 이제부터 아침을 먹어야겠어요.

02 듣고 질문에 답하십시오. ③ 04~06

EN Listen and answer the questions. JP 聞いて質問に答えなさい。 CH 听录音,回答问题。

1. 무엇에 대한 이야기입니까? (   )

EN What is the conversation about? JP 何についての話ですか。 CH 是关于什么内容的?

① 잠을 잘 자는 방법　　② 운동을 하는 이유
③ 스트레스를 받는 이유　　④ 스트레스를 푸는 방법

2. 남자의 생각은 무엇입니까? (　　　　)

EN What are the thoughts of the man? JP 男性の考えは何ですか。 CH 男的怎么想?

① 건강을 위해서 일찍 자야 돼요.
② 건강을 위해서 운동을 해야 돼요.
③ 건강을 위해서 아침을 꼭 드세요.
④ 건강을 위해서 음식을 골고루 드세요.

3. 여자의 생각은 무엇입니까? (　　　　)

EN What are the thoughts of the woman? JP 女性の考えは何ですか。 CH 女的怎么想?

① 밥을 조금만 먹어야 해요.
② 밥을 좀 일찍 먹어야 해요.
③ 소화가 잘 되는 음식을 먹어야 해요.
④ 빨리 먹지 말고 천천히 먹어야 해요.

03 듣고 질문에 답하십시오. ③ 07~10

EN Listen and answer the questions. JP 聞いて質問に答えなさい。 CH 听录音, 回答问题。

MP3 07~12

1. 미선이의 문제는 무엇입니까? (　　　　)

EN What is Misun's problem? JP ミソンの問題は何ですか。 CH 美善的问题是什么?

① 날마다 너무 늦게 자요.
② 좋아하는 음식만 먹어요.
③ 아침을 너무 늦게 먹어요.
④ 밤에 맵고 짠 음식을 먹어요.

2. 남자가 이야기하지 않은 것은 무엇입니까? (　　　　)

EN What is not what the man talked about?
JP 男性が話していないことは何ですか。 CH 男的没有谈到的内容是什么?

① 우유를 드세요.　　② 마음을 편하게 하세요.
③ 따뜻한 물로 샤워해 보세요.　　④ 자기 전에 운동을 많이 하세요.

3. 들은 내용과 같으면 ○, 다르면 × 하십시오.

EN Listen and write ○ if the answer is the same as what you have heard, and × if it is different.
JP 聞いた内容と同じものに○、異なるものに×をつけなさい。
CH 与所听内容相符打○,不符打×。

1) 여자는 날마다 학교에서 운동을 해요. ( )
2) 여자는 학교에 갈 때 가끔 버스를 타요. ( )
3) 여자는 학교에 걸어서 가는 것을 좋아해요. ( )
4) 여자는 오늘 남자와 같이 학교에 갈 거예요. ( )

4. 들은 내용과 다른 것을 고르십시오. ( )

EN Choose the answer that is different from what you have heard.
JP 聞いた内容と異なるものを選びなさい。 CH 选择与所听内容不符的选项。

① 여름에는 물을 더 자주 마셔야 해요.
② 식사할 때 물을 많이 마시면 좋아요.
③ 물을 여러 번 자주 마시는 것이 좋아요.
④ 아침에 일어나서 물을 바로 마시면 좋아요.

04 듣고 질문에 답하십시오. ❸ 11~12

EN Listen and answer the questions. JP 聞いて質問に答えなさい。 CH 听录音,回答问题。

1. 대화를 듣고 질문에 답하십시오.

EN Listen to the dialogue and answer the questions. JP 対話を聞いて質問に答えなさい。 CH 听对话,回答问题。

1) 의사 선생님이 남자에게 한 말은 무엇입니까? ( )

EN What did the doctor say to the man? JP 医者が男性にした話は何ですか。 CH 医生对男的说了什么?

① 술을 마시면 안 돼요.
② 패스트푸드를 좀 적게 드세요.
③ 건강을 위해서 매일 운동을 하세요.
④ 식사할 때 음식을 너무 많이 먹지 마세요.

바로 EN right/ right away JP すぐ CH 就

2) 들은 내용과 다른 것을 고르십시오. (   )

EN Choose the answer that is different from what you have heard.
JP 聞いた内容と異なるものを選びなさい。 CH 选择与所听内容不符的选项。

❶ 여자는 건강 검진을 받았어요.
❷ 여자는 음식을 너무 빨리 먹어요.
❸ 여자는 패스트푸드를 자주 사 먹어요.
❹ 여자는 오늘부터 편식하지 않을 거예요.

2. 대화를 듣고 질문에 답하십시오.

EN Listen to the dialogue and answer the questions.
JP 対話を聞いて質問に答えなさい。 CH 听对话，回答问题。

1) 들은 내용과 같은 것을 고르십시오. (   )

EN Choose the answer that is the same as what you have heard.
JP 聞いた内容と同じものを選びなさい。 CH 选择与所听内容相符的选项。

❶ 여자는 힘들 때 잠을 자요.
❷ 여자는 피곤할 때 자주 커피를 마셔요.
❸ 여자는 건강을 위해서 커피를 안 마실 거예요.
❹ 여자는 커피를 많이 마셔서 건강이 안 좋다고 생각해요.

2) 남자는 건강을 위해서 무엇을 하라고 했습니까? 써 봅시다.

EN What does the man tell a person to do for one's health? Let's write it.
JP 男性は健康のために何をするようにいいましたか。書いてみましょう。
CH 请写出，为了健康，男的建议做什么运动。

① 라고 했어요.

② 라고 했어요.

정리해 봅시다

EN Let's review JP まとめてみましょう CH 整理整理

건강을 위해서 어떤 생활을 하고 있습니까? 이야기해 봅시다.

EN What kind of lifestyle do you have for good health? Let's talk about it.
JP 健康のためにどんな生活をしていますか。話してみましょう。
CH 请谈一谈,为了健康,你现在怎么生活?

제7과

인터넷

01 인터넷 강의를 한다고 하니까 들어 보세요

02 컴퓨터 때문에 서비스센터에 갔다가 왔어요

03 인터넷 덕분에 쇼핑하기 편해졌어요

01 인터넷 강의를 한다고 하니까 들어 보세요

학/습/목/표 학습과 관련된 인터넷 활용 이야기를 듣고 이해할 수 있다.

EN Objective be able to listen to and understand conversations about using the internet related to your studies

JP 学習目標 学習と関連するインターネットの活用の話を聞いて理解することができる

CH 学习目标 能听懂关于利用网络学习的内容。

준비해 봅시다

EN Let's get ready JP 準備してみましょう CH 热身活动

공부할 때 인터넷을 자주 사용합니까?

EN Do you use the internet often when you study? JP 勉強するときインターネットをよく使用しますか。 CH 你学习的时候经常使用网络吗?

인터넷이 있어서 편리한 점은 무엇입니까?

EN What are some things that are convenient about using the internet?
JP インターネットがあって便利な点は何ですか。 CH 你觉得有了网络,有什么方便之处?

들어봅시다

EN Let's listen JP 聞いてみましょう CH 听一听

01 듣고 맞는 대답을 고르십시오. 1 01~03

EN Listen and choose the right answer. JP 聞いて正しい答えを選びなさい。 CH 听录音,选择正确答案。

MP3 01~06

1. (   )

① 전공과목은 다들 어려워해요.
② 아무리 공부해도 잘 모르겠어요.
③ 시험이 있어서 그런지 열심히 공부해요.
④ 인터넷을 찾아보거나 친구에게 물어봐요.

2. (   )

① 다른 곳보다 인터넷 속도가 빠르군요.
② 여기에서는 인터넷 연결이 잘 안 돼요.
③ 인터넷 연결이 잘 되는 곳으로 바꿨어요.
④ 인터넷을 사용하는 사람들이 늘고 있어요.

3. (   )

① 인터넷 동영상을 보고 공부했어요.
② 쓰기를 못해서 걱정했는데 잘 됐어요.
③ 1년 동안 인터넷으로 쓰기 강의를 했어요.
④ 인터넷 강의 덕분에 쉽게 공부할 수 있었어요.

02 듣고 질문에 답하십시오. 1 04~06

EN Listen and answer the questions. JP 聞いて質問に答えなさい。 CH 听录音,回答问题。

1. 여자는 무엇을 알고 싶어 합니까? (   )

EN What does the woman want to know? JP 女性は何を知りたがっていますか。 CH 女的想要知道什么?

① 인터넷을 연결하는 방법
② 인터넷 연결이 잘 되는 곳
③ 인터넷 연결이 안 되는 이유
④ 인터넷을 사용할 수 있는 시간

2. 무엇에 대해서 이야기합니까? (　　　　)

EN What are they talking about? JP 何について話しますか。 CH 在谈什么?

① 인터넷으로 자료 찾기
② 하루의 인터넷 사용 시간
③ 잘못된 인터넷 사용 방법
④ 인터넷을 사용해서 하는 것

3. 남자의 생각은 무엇입니까? (　　　　)

EN What does the man think? JP 男性の考えは何ですか。 CH 男的有什么看法?

① 인터넷이 있어서 편리해요.
② 인터넷 때문에 생각을 많이 해요.
③ 인터넷 덕분에 많은 것을 배웠어요.
④ 인터넷 때문에 책을 자주 보지 않아요.

03 듣고 질문에 답하십시오. 1 07~10

EN Listen and answer the questions. JP 聞いて質問に答えなさい。 CH 听录音,回答问题。

MP3 07~12

1. 여자는 왜 PC방에 갑니까? (　　　　)

EN Why does the woman go to a PC room? JP 女性はなぜインターネットカフェに行きますか。 CH 女的为什么去网吧?

① 집에서 인터넷 연결을 하지 못해서
② PC방이 와이파이가 잘 되는 곳이어서
③ PC방 컴퓨터를 사용하는 것을 좋아해서
④ 인터넷 속도가 빠른 컴퓨터를 이용하기 위해서

2. 인터넷 영어 강의의 좋은 점이 아닌 것은 무엇입니까? (　　　　)

EN What is not a good point to online English lectures?
JP インターネットの英語講義の利点でないものは何ですか。 CH 下列哪项不属于网上英语课程的优点?

① 중요한 내용을 잘 가르쳐 줘요.
② 자기가 편한 시간에 볼 수 있어요.
③ 무료로 볼 수 있는 인터넷 강의가 있어요.
④ 강의실에서 배우는 것보다 쉽게 가르쳐요.

3. 들은 내용과 같으면 ○, 다르면 × 하십시오.

EN Listen and write ○ if the answer is the same as what you have heard, and × if it is different.
JP 聞いた内容と同じものに○、異なるものに×をつけなさい。
CH 与所听内容相符打○,不符打×。

1) 여자는 자기의 동영상을 보는 것을 싫어해요. ( )
2) 여자는 친구의 말을 듣고 동영상을 만들었어요. ( )
3) 여자는 동영상을 본 후에 발표 실력이 좋아졌어요. ( )
4) 여자는 동영상을 보고 자신의 좋은 점을 찾고 있어요. ( )

4. 들은 내용과 같은 것을 고르십시오. ( )

EN Choose the answer that is the same as what you have heard.
JP 聞いた内容と同じものを選びなさい。 CH 选择与所听内容相符的选项。

① 과제를 금요일까지 인터넷으로 내야 해요.
② 과제를 늦게 내도 교수님께서 받아주세요.
③ 과제를 모를 때 이메일을 보내는 것은 좋지 않아요.
④ 과제를 내고 교수님을 만나서 이야기를 들을 거예요.

04 듣고 질문에 답하십시오. ❶ 11~12

EN Listen and answer the questions. JP 聞いて質問に答えなさい。 CH 听录音,回答问题。

1. 대화를 듣고 질문에 답하십시오.

EN Listen to the dialogue and answer the questions. JP 対話を聞いて質問に答えなさい。 CH 听对话,回答问题。

1) 왜 김 교수님의 수업에 학생이 많습니까? ( )

EN Why are there many students in Professor Kim's class?
JP なぜキム教授の授業に学生が多いですか。 CH 为什么金教授的课有这么多学生?

① 시험 점수를 잘 주시기 때문에
② 수업 내용이 어렵지 않기 때문에
③ 재미있는 말로 강의를 하시기 때문에
④ 인터넷으로 다양한 자료를 사용하시기 때문에

2) 김 교수님의 수업 방법이 아닌 것을 고르십시오. (   )

EN Choose what is not a method used in Professor Kim's class.
JP キム教授の授業方法でないものを選びなさい。 CH 下列哪项不属于金教授的教学方法?

❶ 수업에 필요한 영화를 봐요.
❷ 책을 읽고 수업 내용을 정리해요.
❸ 사진과 동영상을 많이 사용하세요.
❹ 과제를 인터넷 게임처럼 내 주세요.

2. 이야기를 듣고 질문에 답하십시오.

EN Listen to the conversation and answer the questions. JP 話を聞いて質問に答えなさい。 CH 听故事,回答问题。

1) 여자는 대화가 끝나고 무엇을 하겠습니까? (   )

EN What will the woman do after the conversation? JP 女性は対話が終わってから何をしますか。 CH 对话结束后女的可能要做什么?

❶ 조원들에게 자료를 나누어 줄 거예요.
❷ 조원들을 위한 모임방을 만들 거예요.
❸ 조원들이 보내준 자료를 정리할 거예요.
❹ 조원들에게 자료를 이메일로 보낼 거예요.

2) 인터넷 조 모임방의 좋은 점을 써 봅시다.

EN Write the good points to having a group meeting room through the internet.
JP インターネットの集まり部屋の利点を書いてみましょう。 CH 请写出网上小组聚会群的好处。

① 모두 자료를 볼 수 있어요.

②

③

정리해 봅시다

EN Let's review JP まとめてみましょう CH 整理整理

공부할 때 어떻게 인터넷을 사용하고 있습니까? 인터넷을 사용한 학습 방법을 소개해 봅시다.

EN How are you using the internet when you study? Introduce a way to use the internet for studies.
JP 勉強するときどのようにインターネットを使用していますか。インターネットを使用した学習方法を紹介してみましょう。
CH 你在学习的时候如何使用网络？介绍一下利用网络学习的方法。

02 컴퓨터 때문에 서비스센터에 갔다가 왔어요

학/습/목/표 일상생활에서 인터넷 사용과 관련된 이야기를 듣고 이해할 수 있다.

EN Objective be able to listen to and understand conversations related to using the internet for everyday life

JP 学習目標 日常生活でインターネットの使用と関連する話を聞いて理解することができる

CH 学习目标 能听懂关于在日常生活中使用网络的内容。

준비해 봅시다

EN Let's get ready JP 準備してみましょう CH 热身活动

일상생활에서 인터넷으로 가장 많이 하는 것은 무엇입니까?

EN What is one thing in your everyday life where you use the internet the most?
JP 日常生活においてインターネットで最も多くすることは何ですか。
CH 你在日常生活中，利用网络最经常做的事情是什么?

인터넷을 사용할 수 없을 때 어떻게 합니까?

EN What do you do when you cannot use the internet? JP インターネットを使用できないときどうしますか。 CH 不能上网的时候怎么做?

들어 봅시다

EN Let's listen JP 聞いてみましょう CH 听一听

01 듣고 맞는 대답을 고르십시오. ❷ 01~03

EN Listen and choose the right answer. JP 聞いて正しい答えを選びなさい。 CH 听录音,选择正确答案。

MP3 01~06

1. (   )

① 인터넷 서비스센터에서 해 줬어요.
② 인터넷 서비스센터에 문의해 보세요.
③ 인터넷 서비스센터에 전화했을 거예요.
④ 인터넷 서비스센터에서 수리 기사가 왔어요.

2. (   )

① 오늘은 많이 잤기 때문에 피곤하지 않아.
② 일찍 자도 계속 피곤해서 병원에 가 봤어.
③ 그럼 오늘은 게임을 하지 말고 좀 일찍 자.
④ 그럼 오늘은 많이 잤으니까 나도 같이 하자.

3. (   )

① 그럼 수리를 받을 거예요?
② 그럼 수리가 잘 된 거예요?
③ 그럼 컴퓨터를 새로 사야 해요?
④ 그럼 새 컴퓨터를 쓰면 안 돼요?

02 듣고 질문에 답하십시오. 2 04~06

EN Listen and answer the questions. JP 聞いて質問に答えなさい。 CH 听录音,回答问题。

1. 이 남자에게 무슨 문제가 있습니까? (　　　)

EN What kind of problem does this man have? JP この男性にどんな問題がありますか。 CH 这个男的出了什么问题?

① 저녁에 인터넷이 잘 안 돼요.
② 집에서는 인터넷이 잘 안 돼요.
③ 집 컴퓨터에 문제가 좀 있어요.
④ 이 사람 방만 인터넷이 안 돼요.

2. 무엇에 대한 이야기입니까? (　　　)

EN What is the conversation about? JP 何についての話ですか。 CH 是关于什么内容的?

① 인터넷과 편리한 생활　　② 인터넷 할인 행사 정보
③ 인터넷 배달의 좋은 점　　④ 인터넷을 무료로 쓰는 방법

3. 두 사람은 무엇에 대해서 이야기합니까? (　　　)

EN What are the two people talking about? JP 二人は何について話しますか。 CH 他们两个人在谈什么?

① 요가의 좋은 점　　② 집에서 배우는 요가
③ 무료 요가를 배우는 방법　　④ 인터넷으로 요가를 보는 방법

03 듣고 질문에 답하십시오. 2 07~10

MP3 07~12

EN Listen and answer the questions. JP 聞いて質問に答えなさい。 CH 听录音,回答问题。

1. 여자는 왜 서비스센터에 왔습니까? (　　　)

EN Why did the woman come to the service center? JP 女性はなぜサービスセンターに来ましたか。 CH 女的为什么来到售后服务中心?

① 쓰던 컴퓨터에 이상이 있기 때문에
② 집에서 인터넷 연결이 안 되기 때문에
③ 컴퓨터를 인터넷에 연결할 수가 없기 때문에
④ 인터넷 속도가 너무 느려서 쓸 수가 없기 때문에

이사를 하다 EN to move JP 引っ越す CH 搬家

2. 여자의 이야기로 맞는 것을 고르십시오. (　　　　)

EN Choose what is correct according to what the woman said.
JP 女性の話として正しいものを選びなさい。 CH 关于女的,下列哪项正确?

① 인터넷 뱅킹은 수수료가 없어요.
② 은행이 멀어서 다니기가 힘들어요.
③ 보통 학교에 있는 은행에 자주 가요.
④ 속도가 빨라서 돈을 많이 보낼 수 있어요.

3. 들은 내용과 같으면 ○, 다르면 × 하십시오.

EN Listen and write ○ if the answer is the same as what you have heard, and × if it is different.
JP 聞いた内容と同じものに○、異なるものに×をつけなさい。
CH 与所听内容相符打○,不符打×。

1) 남자는 처음으로 인터넷 쇼핑을 해 보려고 해요. (　　　　)
2) 외국인도 쉽게 인터넷 쇼핑을 이용할 수 있어요. (　　　　)
3) 물건을 사면 보통 주문한 날 집까지 배달해 줘요. (　　　　)
4) 여자는 무거운 물건을 살 때 인터넷 쇼핑을 이용해요. (　　　　)

4. 남자는 왜 에스앤에스(SNS)를 하지 않습니까? (　　　　)

EN Why doesn't the man use a social networking service (SNS)? JP 男性はなぜSNSをしませんか。 CH 男的为什么不用SNS?

① 에스앤에스를 하는 것이 재미없어서
② 에스앤에스를 하는 방법이 너무 불편해서
③ 다른 사람들이 내 생활을 다 아는 것이 싫어서
④ 다른 사람의 생활을 알아야 하는 것이 귀찮아서

수수료 EN fee JP 手数料 CH 手续费

04 듣고 질문에 답하십시오. 2 11~12

EN Listen and answer the questions. JP 聞いて質問に答えなさい。 CH 听录音,回答问题。

1. 대화를 듣고 질문에 답하십시오.

EN Listen to the dialogue and answer the questions. JP 対話を聞いて質問に答えなさい。 CH 听对话,回答问题。

1) 남자의 이야기로 맞는 것을 고르십시오. (　　　　)

EN Choose what is correct according to what the man said.
JP 男性の話として正しいものを選びなさい。 CH 关于男的,下列哪项正确?

① 남자는 지금 게임을 30분 이상 하고 있어요.
② 남자는 공부에 집중이 잘 안 돼서 게임을 해요.
③ 남자는 여자와 같이 온라인 게임을 하고 있어요.
④ 남자는 여자와 이야기한 후에 계속 게임을 할 거예요.

2) 인터넷에 대한 여자의 생각이 아닌 것을 고르십시오. (　　　　)

EN Choose what is not what the woman thinks about the internet.
JP インターネットについての女性の考えでないものを選びなさい。 CH 下列哪项不属于女的对网络的看法?

① 시험 전날 게임하는 것을 이해할 수가 없어요.
② 인터넷 게임으로 스트레스를 쉽게 풀 수 있어요.
③ 인터넷은 사람들의 생활을 편리하게 만들었어요.
④ 게임을 오래 해서 피곤하면 공부하기가 힘들 거예요.

2. 대화를 듣고 질문에 답하십시오.

EN Listen to the dialogue and answer the questions. JP 対話を聞いて質問に答えなさい。 CH 听对话,回答问题。

1) 지금 두 사람에게 어떤 문제가 있습니까? (　　　　)

EN What kind of problem do the two people have right now?
JP 今二人にどんな問題がありますか。 CH 现在这两个人出了什么问题?

① 사용하던 노트북이 켜지지 않아요.
② 준비한 발표 자료를 안 가지고 왔어요.
③ 노트북에 있던 발표 자료가 없어졌어요.
④ 친구에게 파일 보내는 것을 잊어버렸어요.

2) 여자는 대화가 끝나고 무엇을 하겠습니까? 쓰십시오.

EN What will the woman do after the conversation? Write it.
JP 女性は対話が終わってから何をするつもりですか。書きなさい。 CH 请写出,对话结束以后女的可能要做什么?

____

정리해 봅시다

EN Let's review JP まとめてみましょう CH 整理整理

일상생활에서 인터넷 사용의 좋은 점과 나쁜 점은 무엇입니까? 이야기해 봅시다.

EN What are the good and bad points to using the internet for everyday life? Let's talk about it.
JP 日常生活においてインターネットを使用する利点と欠点は何ですか。 話してみましょう。
CH 请谈一谈, 日常生活中使用网络的好处与坏处。

03 인터넷 덕분에 쇼핑하기 편해졌어요

학/습/목/표 인터넷과 생활의 변화와 관련된 이야기를 듣고 이해할 수 있다.

EN Objective be able to listen to and understand conversations related to changes in lifestyle and the internet

JP 学習目標 インターネットと生活の変化と関連する話を聞いて理解することができる

CH 学习目标 能听懂关于网络与生活变化的内容。

준비해 봅시다

EN Let's get ready JP 準備してみましょう CH 热身活动

인터넷으로 우리의 생활이 어떻게 바뀌었다고 생각합니까?

EN How do you think the internet has changed our lifestyle?
JP インターネットで私たちの生活がどのように変わったと考えますか。 CH 你认为网络给我们的生活带来了哪些变化?

가장 편리해진 것이 무엇이라고 생각합니까?

EN What do you think has become the most convenient? JP 最も便利になったことは何だと考えますか。 CH 最为方便的是什么?

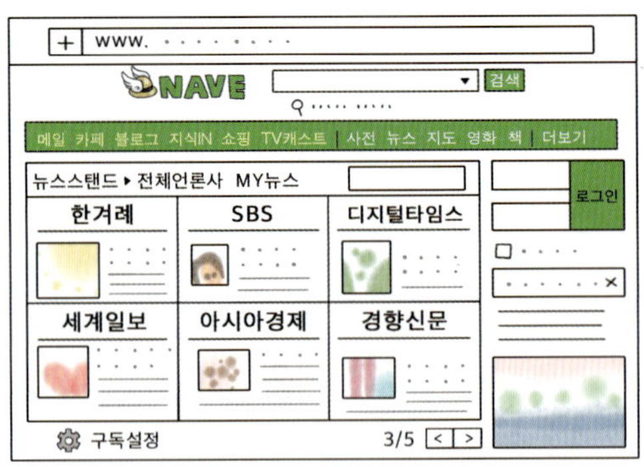

들어 봅시다

EN Let's listen JP 聞いてみましょう CH 听一听

01 듣고 맞는 대답을 고르십시오. 3 01~03

EN Listen and choose the right answer. JP 聞いて正しい答えを選びなさい。 CH 听录音,选择正确答案。

MP3 01~06

1. (　　　)

❶ 네, 입어 보고 살 수 있어서 좋아요.
❷ 네, 언제든지 쇼핑할 수 있어서 좋아요.
❸ 네, 여기에 인기 있는 물건들이 많아요.
❹ 네, 저는 백화점에서 쇼핑하는 게 좋아요.

2. (　　　)

❶ 지금 극장에 가서 표를 사야 돼요.
❷ 영화표를 샀다가 잘못 사서 취소했어요.
❸ 인기가 많아서 그런지 표가 다 팔렸어요.
❹ 인터넷으로 쉽고 편하게 살 수 있으니까요.

3. (　　　)

❶ 네, 버스로 가는 것이 더 편해요.
❷ 네, 저기에 버스 정류장이 있어요.
❸ 네, 길이 막힌다고 하니까 돌아갑시다.
❹ 네, 오래 기다리지 않아도 돼서 좋아요.

02 듣고 질문에 답하십시오. ❸ 04~06

EN Listen and answer the questions. JP 聞いて質問に答えなさい。 CH 听录音,回答问题。

1. 여자는 무엇을 하고 있습니까? (　　　　)

EN What is the woman doing? JP 女性は何をしていますか。 CH 女的在做什么?

① 스마트폰으로 길을 찾고 있어요.
② 스마트폰으로 버스 정류장을 찾고 있어요.
③ 스마트폰으로 버스 시간을 검색하고 있어요.
④ 스마트폰으로 밥 먹을 식당을 검색하고 있어요.

2. 무엇에 대한 이야기입니까? (　　　　)

EN What is the conversation about? JP 何についての話ですか。 CH 是关于什么内容的?

① 매일 보는 고향 뉴스
② 여러 신문사에 대한 소개
③ 인터넷으로 보는 여러 나라의 신문
④ 어디에서나 볼 수 있는 인터넷 신문

3. 무엇에 대해서 이야기하고 있습니까? (　　　　)

EN What are they talking about? JP 何について話していますか。 CH 在谈什么?

① 모바일 앱을 만드는 방법
② 모바일 앱으로 주문하는 방법
③ 모바일 앱으로 쇼핑하는 방법
④ 모바일 앱을 다운로드하는 방법

스마트폰 EN smartphone JP スマートフォン CH 智能手机

03 듣고 질문에 답하십시오. ③ 07~10

EN Listen and answer the questions. JP 聞いて質問に答えなさい。 CH 听录音，回答问题。

MP3 07~12

1. 두 사람은 인터넷으로 무엇을 하고 있습니까? (   )

EN What are the two people doing through the internet? JP 二人はインターネットで何をしていますか。 CH 两个人在网上做什么?

① 뉴스를 검색하고 있어요.
② 날씨를 찾아보고 있어요.
③ 산에 갈 때 입을 옷을 보고 있어요.
④ 등산할 때 필요한 물건을 사고 있어요.

2. 남자는 왜 이 앱을 사용합니까? (   )

EN Why does the woman want to use the application?
JP 男性はなぜこのアプリを使用しますか。 CH 男的为什么要使用这个软件程序？

① 살을 빼고 싶어서
② 운동을 더 많이 할 수 있어서
③ 혼자 운동하는 방법을 배울 수 있어서
④ 하루 동안 공부한 시간을 알 수 있어서

3. 들은 내용과 같으면 ○, 다르면 × 하십시오.

EN Listen and write ○ if the answer is the same as what you have heard, and × if it is different.
JP 聞いた内容と同じものに○、異なるものに×をつけなさい。
CH 与所听内容相符打○，不符打×。

1) 여자는 여행 준비를 하고 있어요. (   )
2) 여자는 조금 비싼 호텔을 예약했어요. (   )
3) 여자는 아직 좋은 호텔을 못 찾았어요. (   )
4) 여자는 바빠서 인터넷으로 호텔을 알아보고 있어요. (   )

4. 들은 내용과 같은 것을 고르십시오. (   )

EN Choose the answer that is the same as what you have heard.
JP 聞いた内容と同じものを選びなさい。 CH 选择与所听内容相符的选项。

① 여자는 휴대 전화로 가끔 책을 봐요.
② 지하철에서 책을 보는 사람이 많아졌어요.
③ 남자는 휴대 전화로 음악도 듣고 게임도 해요.
④ 지하철에서 친구와 같이 이야기하는 사람이 많아요.

04 듣고 질문에 답하십시오. 3 11~12

EN Listen and answer the questions. JP 聞いて質問に答えなさい。 CH 听录音,回答问题。

1. 대화를 듣고 질문에 답하십시오.

EN Listen to the dialogue and answer the questions. JP 対話を聞いて質問に答えなさい。 CH 听对话,回答问题。

1) 남자는 무엇에 대해서 이야기합니까? (   )

EN What is the man talking about? JP 男性は何について話しますか。 CH 男的在谈什么?

① 인터넷을 사용하면 좋은 점
② 인터넷을 사용해서 할 수 있는 일
③ 인터넷을 사용하지 않을 때 불편한 점
④ 인터넷을 사용하지 않았을 때 달라진 점

2) 들은 내용과 같은 것을 고르십시오. (   )

EN Choose the answer that is the same as what you have heard.
JP 聞いた内容と同じものを選びなさい。 CH 选择与所听内容相符的选项。

① 여자는 한 달 동안 컴퓨터를 쓰지 않았어요.
② 여자는 책을 읽은 후에 가족들과 친해졌어요.
③ 여자는 인터넷을 안 하면 불편할 거라고 생각했어요.
④ 여자는 책을 쓴 사람이 하는 이야기를 직접 들었어요.

2. 대화를 듣고 질문에 답하십시오.

EN Listen to the dialogue and answer the questions. JP 対話を聞いて質問に答えなさい。 CH 听对话,回答问题。

1) 들은 내용과 같은 것을 고르십시오. (   )

EN Choose the answer that is the same as what you have heard.
JP 聞いた内容と同じものを選びなさい。 CH 选择与所听内容相符的选项。

① 남자는 마이클의 동영상을 봤어요.
② 남자는 선배의 동영상을 찍어 줬어요.
③ 남자는 춤을 추는 동영상을 찍었어요.
④ 남자는 동영상을 만드는 회사에서 일하고 싶어 해요.

2) 두 사람이 말한 인터넷의 좋은 점은 무엇입니까? 쓰십시오.

EN What are the benefits of the internet that the two people mentioned?
JP 二人が話したインターネットの利点は何ですか。書きなさい。
CH 两个人所说的网络的好处是什么?请写下来。

____

정리해 봅시다

EN Let's review JP まとめてみましょう CH 整理整理

인터넷으로 우리 생활이 어떻게 달라진 것 같습니까? 이야기해 봅시다.

EN How do you think our lifestyle has changed because of the internet? Talk about it.
JP インターネットで私たちの生活がどのように変わったようですか。話してみましょう。
CH 请谈一谈,你认为网络会给我们的生活带来了哪些变化?

제8과

대학 문화

01 이번 동아리 여행이 얼마나 재미있었는지 몰라요

02 저기에서 하는 공연이 재미있나 봐요

03 영어 신문을 읽는 스터디를 할까 해요

01 이번 동아리 여행이 얼마나 재미있었는지 몰라요

학/습/목/표 대학 생활과 관련된 이야기를 듣고 이해할 수 있다.

EN Objective be able to listen to and understand conversations related to college life
JP 学習目標 大学生活と関連する話を聞いて理解することができる
CH 学习目标 能听懂关于大学生活的内容。

준비해 봅시다

EN Let's get ready JP 準備してみましょう CH 热身活动

대학생이 되어서 달라지는 것은 무엇입니까?

EN What has changed since you became a college student?
JP 大学生になって変わることは何です。 CH 成为大学生以后,你觉得会发生哪些变化?

어떤 대학 생활을 기대하고 있습니까?

EN What kind of college life are you looking forward to?
JP どんな大学生活を期待していますか。 CH 你期待什么样的大学生活?

들어 봅시다

EN Let's listen JP 聞いてみましょう CH 听一听

01 듣고 맞는 대답을 고르십시오. 1 01~03

EN Listen and choose the right answer. JP 聞いて正しい答えを選びなさい。 CH 听录音,选择正确答案。

MP3 01~06

1. (　　　　)

① 얼마나 재미있었는지 몰라요.
② 바빠도 이번 여행은 꼭 갈 거예요.
③ 여행을 가기 전에 계획을 잘 세워야 해요.
④ 지난번에는 동아리 여행을 간 줄 알았어요.

2. (　　　　)

① 이 옷이 제일 마음에 들었어요.
② 아무거나 입어도 다 잘 어울려요.
③ 이번에도 그 옷을 입을 줄 알았어요.
④ 시장에 가면 옷을 싸게 살 수 있어요.

3. (　　　　)

① 앞으로 열심히 하고말고요.
② 다음 시험은 꼭 잘 봐야 해요.
③ 열심히 공부해서 그럴 줄 알았어요.
④ 중간시험보다 기말시험이 어려웠어요.

02 듣고 질문에 답하십시오. 1 04~06

EN Listen and answer the questions. JP 聞いて質問に答えなさい。 CH 听录音,回答问题。

1. 무엇에 대한 이야기입니까? (　　　　)

EN What is the announcement about? JP 何についての話ですか。 CH 是关于什么内容的?

① 장학금에 대한 소개
② 장학금을 받는 학생 수
③ 장학금을 받은 후 한턱내기
④ 장학금을 받을 수 있는 점수

2. 여자는 무엇을 하려고 합니까? (　　　　)

EN What does the woman intend to do? JP 女性は何をしようとしますか。 CH 女的要做什么?

① 커피 값을 물어보려고 해요.
② 쿠폰으로 커피를 사려고 해요.
③ 커피를 사고 돈을 내려고 해요.
④ 모은 포인트를 사용하려고 해요.

3. 여자의 생각은 무엇입니까? (　　　　)

EN What does the woman think? JP 女性の考えは何ですか。 CH 女的有什么看法?

① 커피숍에서 집중하기가 어려워요.
② 공부를 할 때 커피숍이 더 편해요.
③ 조용한 도서관에서 공부하는 것이 좋아요.
④ 도서관에서 커피를 마실 수 있었으면 좋겠어요.

03 듣고 질문에 답하십시오. ❶ 07~10

EN Listen and answer the questions. JP 聞いて質問に答えなさい。 CH 听录音,回答问题。

MP3 07~12

1. 여자는 왜 아르바이트를 하려고 합니까? (　　　　)

EN Why does the woman want to work part-time? JP 女性はなぜアルバイトをしようとしますか。 CH 女的为什么要找兼职工作?

① 생활비를 벌기 위해서
② 방학 때 여행을 가기 위해서
③ 친구 언니를 도와주기 위해서
④ 다음 학기 학비를 내기 위해서

이상하다 EN to be strange/weird JP おかしい CH 奇怪
유럽 EN Europe JP ヨーロッパ CH 欧洲
벌다 EN earn JP 稼ぐ CH 挣

2. 이 여행에 대한 내용이 아닌 것은 무엇입니까? (　　　)

EN What is not true about this trip? JP この旅行についての内容でないものは何ですか。 CH 关于这次旅行, 下列哪项不正确?

① 맛있는 음식을 많이 먹었어요.
② 학생들과 교수님이 같이 갔어요.
③ 학교 선배들을 만나서 이야기했어요.
④ 게임도 하고 노래도 불러서 재미있었어요.

3. 들은 내용과 같으면 ○, 다르면 × 하십시오.

EN Listen and write ○ if the answer is the same as what you have heard, and × if it is different.
JP 聞いた内容と同じものに○、異なるものに×をつけなさい。
CH 与所听内容相符打○, 不符打×。

1) 미팅할 때 첫인상이 중요해요. (　　　)
2) 요즘은 미팅에서 짝을 정하는 방법이 달라졌어요. (　　　)
3) 미팅을 한 후에 좋아하는 사람에게 연락할 수 있어요. (　　　)
4) 미팅할 때 보통 때와 다르게 이야기하는 것이 좋아요. (　　　)

4. 들은 내용과 같은 것을 고르십시오. (　　　)

EN Choose the answer that is the same as what you have heard.
JP 聞いた内容と同じものを選びなさい。 CH 选择与所听内容相符的选项。

① 이 모임은 주말에 하려고 해요.
② 이 모임은 일주일에 두 번 있을 거예요.
③ 이 모임은 선배들이 모여서 만들었어요.
④ 이 모임은 취미가 같은 사람들의 모임이에요.

04 듣고 질문에 답하십시오. 🔊 ① 11~12

EN Listen and answer the questions. JP 聞いて質問に答えなさい。 CH 听录音, 回答问题。

1. 대화를 듣고 질문에 답하십시오.

EN Listen to the dialogue and answer the questions. JP 対話を聞いて質問に答えなさい。 CH 听对话, 回答问题。

1) 남자가 쓴 돈이 아닌 것은 무엇입니까? (　　　)

EN What is not what the man spent his money on? JP 男性が使ったお金でないものは何ですか。 CH 下列哪项不属于男的所花的钱?

① 식비　② 통신비
③ 교육비　④ 문화 생활비

2) 여자의 생각으로 맞는 것은 무엇입니까? (　　　　)

EN What is correct according to what the woman thinks?
JP 女性の考えとして正しいものは何ですか。 CH 关于女的看法, 下列哪项正确?

① 사용한 돈을 매달 써야 해요.
② 교육비가 제일 돈이 많이 들어요.
③ 포인트나 쿠폰을 모으는 것이 힘들어요.
④ 할인을 받을 수 있는 방법을 찾아야 해요.

2. 이야기를 듣고 질문에 답하십시오.

EN Listen to the conversation and answer the questions. JP 話を聞いて質問に答えなさい。 CH 听故事, 回答问题。

1) 남자는 무엇을 하고 있습니까? (　　　　)

EN What is the man doing? JP 男性は何をしていますか。 CH 男的在做什么?

① 미팅에 나갈 사람을 찾고 있어요.
② 미팅에서 사람들을 소개하고 있어요.
③ 미팅에서 할 게임을 준비하고 있어요.
④ 미팅에서 지켜야 할 매너를 가르치고 있어요.

2) 미팅에 대한 여자와 남자의 생각을 써 봅시다.

EN Write what the woman and man think about having a blind date in groups
JP ミーティングについての女性と男性の考えを書いてみましょう。
CH 请写出, 男的和女的对会议的看法。

	여자	남자
좋다/싫다		
이유		

정리해 봅시다

EN Let's review JP まとめてみましょう CH 整理整理

미팅에 대해서 어떻게 생각합니까? 이야기해 봅시다.

EN What do you think about having a blind date in groups? Let's talk about it.
JP ミーティングについてどう考えますか。 話してみましょう。
CH 你对会议怎么想？请谈一谈你的看法。

02 저기에서 하는 공연이 재미있나 봐요

학/습/목/표 대학 축제와 관련된 이야기를 듣고 이해할 수 있다.

EN Objective be able to listen to and understand conversations related to college festivals
JP 学習目標 大学祭と関連する話を聞いて理解することができる
CH 学习目标 能听懂关于大学庆典的内容。

준비해 봅시다

EN Let's get ready JP 準備してみましょう CH 热身活动

대학 축제에 가 본 적이 있습니까?

EN Have you ever been to a college festival? JP 大学祭に行ったことがありますか。 CH 有没有去过大学庆典?

축제에서는 무엇을 합니까?

EN What do they do at festivals? JP 祭りでは何をしますか。 CH 去庆典活动都做什么?

들어 봅시다

EN Let's listen JP 聞いてみましょう CH 听一听

01 듣고 맞는 대답을 고르십시오. ② 01~03

EN Listen and choose the right answer. JP 聞いて正しい答えを選びなさい。 CH 听录音,选择正确答案。

MP3 01~06

1. (   )

① 도서관 앞에서 해요.
② 거기에 가면 찾기 쉬워요.
③ 여기에서 하는 줄 알았어요.
④ 학생회관 앞에 가면 안내가 있어요.

2. (   )

① 네, 공연이 끝나서 사람들이 다 갔어요.
② 네, 같이 보니까 공연이 더 재미있군요.
③ 네, 공연을 보러 온 사람들이 정말 많군요.
④ 네, 오늘은 끝났으니까 다음에 공연을 하세요.

3. (   )

① 친구들과 음악을 듣고 싶었어요.
② 친구들과 노래하면서 춤을 추었어요.
③ 친구들과 같이 노래 부르는 것을 좋아했어요.
④ 친구들과 함께 노래를 부르면서 축제를 시작했어요.

02 듣고 질문에 답하십시오. ② 04~06

EN Listen and answer the questions. JP 聞いて質問に答えなさい。 CH 听录音,回答问题。

1. 무엇에 대해서 이야기하고 있습니까? (   )

EN What is the conversation about? JP 何について話していますか。 CH 在谈什么?

① 축제의 볼거리
② 축제에서 먹을 음식
③ 축제에서 만들 음식
④ 축제에서 해야 하는 일

2. 여자는 무엇을 봤습니까? (   )

EN What did the woman see? JP 女性は何を見ましたか。 CH 女的看到了什么?

① 탈춤 공연 ② 연극 공연
③ 탈춤 대회 ④ 연극 대회

3. 남자는 지금 무엇을 하고 있습니까? (   )

EN What is the man doing right now? JP 男性は今何をしていますか。 CH 男的现在做什么呢?

① 한국 노래를 소개하고 있어요.
② 노래 대회에서 춤을 추고 있어요.
③ 노래가 끝난 후에 인사하고 있어요.
④ 노래를 부르기 전에 소개를 하고 있어요.

03 듣고 질문에 답하십시오. ② 07~10

EN Listen and answer the questions. JP 聞いて質問に答えなさい。 CH 听录音,回答问题。

MP3 07~12

1. 이 사람들은 무엇을 하고 있습니까? (   )

EN What are these people doing? JP この人たちは何をしていますか。 CH 这些人在做什么?

① 친구가 하는 공연을 보고 있어요.
② 기타를 치면서 노래를 부르고 있어요.
③ 공연을 보기 위해서 표를 사고 있어요.
④ 마이클 씨를 좋아하는 여학생들을 보고 있어요.

2. 이 남자에 대한 이야기가 <u>아닌</u> 것을 고르십시오. (   )

EN Choose what is not true about this man.
JP この男性についての話でないものを選びなさい。 CH 关于男的,下列哪项<u>不正确</u>?

① 남자는 우유 마시기가 쉽지 않다고 생각해요.
② 남자는 여자하고 같이 콘서트에 가고 싶어요.
③ 남자는 대회에서 우유 두 병을 빨리 마셔야 해요.
④ 남자는 30분 후에 우유 마시기 대회를 신청할 거예요.

콘서트 EN concert JP コンサート CH 演唱会

3. 들은 내용과 같으면 ○, 다르면 × 하십시오.

EN Listen and write ○ if the answer is the same as what you have heard, and × if it is different.
JP 聞いた内容と同じものに○、異なるものに×をつけなさい。
CH 与所听内容相符打○,不符打×。

1) 남자는 도서관에서 하는 사진 전시회를 봤어요. ( )
2) 남자는 축제 기간에 열심히 봉사 활동을 했어요. ( )
3) 남자는 봉사 활동을 하면서 직접 사진도 찍었어요. ( )
4) 남자는 축제 때 본 사진 전시회가 마음에 들었어요. ( )

4. 들은 내용과 다른 것을 고르십시오. ( )

EN Choose the answer that is different from what you have heard.
JP 聞いた内容と異なるものを選びなさい。 CH 选择与所听内容不符的选项。

① 이번 축제 장터에서 유학생들은 요리를 했어요.
② 이 축제에 가면 여러 나라의 음식을 먹을 수 있어요.
③ 축제 기간에는 장터에서 무료로 음식을 먹을 수 있어요.
④ 이 음식은 축제 장터에서 학생들이 제일 좋아하는 음식이에요.

04 듣고 질문에 답하십시오. ② 11~12

EN Listen and answer the questions. JP 聞いて質問に答えなさい。 CH 听录音,回答问题。

1. 대화를 듣고 질문에 답하십시오.

EN Listen to the dialogue and answer the questions. JP 対話を聞いて質問に答えなさい。 CH 听对话,回答问题。

1) 불꽃놀이에 대한 이야기로 맞는 것을 고르십시오. ( )

EN Choose what is true about what was said about the fireworks.
JP 花火についての話として正しいものを選びなさい。 CH 关于焰火表演,下列哪项正确。

① 축제 기간에 하는 행사예요.
② 운동장에서는 볼 수 없어요.
③ 8시에 가면 좋은 자리에서 볼 수 있어요.
④ 오늘 밤 우리 학교 도서관 앞에서 할 거예요.

전시회 EN exhibition JP 展示会 CH 展览会

2) 남자의 이야기가 아닌 것을 고르십시오. (   )

EN Choose what is not what the man said. JP 男性の話でないものを選びなさい。 CH 关于男的,下列哪项不正确?

① 남자는 불꽃놀이 장소를 몰랐어요.
② 남자는 불꽃놀이 시간을 몰랐어요.
③ 남자는 작년에 불꽃놀이를 못 봤어요.
④ 남자는 불꽃놀이를 해 보고 싶어 해요.

2. 이야기를 듣고 질문에 답하십시오.

EN Listen to the announcement and answer the questions JP 話を聞いて質問に答えなさい。 CH 听故事,回答问题。

1) 들은 내용과 같은 것을 고르십시오. (   )

EN Choose the answer that is the same as what you have heard.
JP 聞いた内容と同じものを選びなさい。 CH 选择与所听内容相符的选项。

① 이 축제는 봄에 하는 축제예요.
② 오늘 밤에는 연극 공연이 있어요.
③ 이 학교는 내일부터 축제를 시작해요.
④ 인기가 많은 동아리에서 콘서트를 해요.

2) 콘서트에 대해서 써 봅시다.

EN Write about the concert.
JP コンサートについて書いてみましょう。 CH 请写出关于演唱会的内容。

언제	어디에서	무엇을
		①
		②

정리해 봅시다

EN Let's review JP まとめてみましょう CH 整理整理

학교 축제에서 친구들과 함께 해 보고 싶은 것은 무엇입니까? 이야기해 봅시다.

EN What would you like to try with your friends at college festivals? Let's talk about it.
JP 学校祭で友達と一緒にしてみたいことは何ですか。話してみましょう。
CH 请谈一谈，如果你去学校的庆典，想跟朋友们尝试什么活动？

03 영어 신문을 읽는 스터디를 할까 해요

학/습/목/표 자기 계발과 관련된 이야기를 듣고 이해할 수 있다.

EN Objective be able to listen to and understand conversations related to self-improvement
JP 学習目標 自己啓発と関連する話を聞いて理解することができる
CH 学习目标 能听懂关于自我启发的内容。

준비해 봅시다

EN Let's get ready JP 準備してみましょう CH 热身活动

대학생들이 자신의 미래를 위해서 무엇을 합니까?

EN What do college students do for their future? JP 大学生が自身の未来のために何をしますか。 CH 大学生一般为自己的未来准备什么?

미래를 위해서 무엇을 준비해야 한다고 생각합니까?

EN What do you think they should do to prepare for their future?
JP 未来のために何を準備しなければならないと考えますか。 CH 为了未来,你觉得应该准备什么?

들어 봅시다

EN Let's listen JP 聞いてみましょう CH 听一听

01 01~03

EN Listen and choose the right answer. JP 聞いて正しい答えを選びなさい。 CH 听录音,选择正确答案。

MP3 01~06

1. (　　　)

❶ 돈을 많이 쓸 줄 알았어요.
❷ 얼마나 힘들었는지 몰라요.
❸ 그 나라의 문화를 배울 수 있어요.
❹ 다음 학기에 일본에서 공부하고 싶어요.

2. (　　　)

❶ 좋아요, 아무거나 하면 안 돼요.
❷ 좋아요, 세미나실은 넓고 깨끗해요.
❸ 좋아요, 저기에서 스터디를 하나 봐요.
❹ 좋아요, 저도 스터디 모임을 찾고 있었어요.

3. (　　　)

❶ 다음 학기에는 보고서를 잘 쓰세요.
❷ 더 열심히 준비하는 학생이 많아지겠어요.
❸ 오후에 하는 보고서 쓰기 강의를 들어 보세요.
❹ 이번에 좋은 성적을 받았으니까 제가 한턱낼게요.

02 듣고 질문에 답하십시오. ❸ 04~06

EN Listen and answer the questions. JP 聞いて質問に答えなさい。 CH 听录音,回答问题。

1. 무엇에 대한 이야기입니까? (　　　)

EN What is the conversation about? JP 何についての話ですか。 CH 是关于什么内容的?

❶ 교환 학생이 되면 좋은 점
❷ 교환 학생이 되고 싶은 이유
❸ 교환 학생으로 가고 싶은 나라
❹ 교환 학생이 되기 위해 준비해야 할 일

2. 여자는 이번 여름에 무엇을 하려고 합니까? (　　　　)

EN What does the woman intend to do this summer? JP 女性は今年の夏に何をしようとしますか。 CH 这个暑假女的打算做什么?

❶ 일하면서 영어를 배울 거예요.
❷ 남자와 같이 여행을 할 거예요.
❸ 아르바이트를 하러 고향에 갈 거예요.
❹ 방학에 호주에서 온 친구를 만날 거예요.

3. 남자의 생각은 무엇입니까? (　　　　)

EN What does the man think? JP 男性の考えは何ですか。 CH 男的有什么想法?

❶ 외국어 공부가 제일 쉬워요.
❷ 대학생에게는 영어가 제일 중요해요.
❸ 중국어를 공부할 때 영어처럼 공부하면 안 돼요.
❹ 하고 싶은 일을 하기 위해서는 외국어를 배워야 해요.

03 듣고 질문에 답하십시오. ❸ 07~10

EN Listen and answer the questions. JP 聞いて質問に答えなさい。 CH 听录音,回答问题。

MP3 07~12

1. 남자는 왜 다음 학기에 학교를 다니지 않습니까? (　　　　)

EN Why is not the man goinng to attend school next semester?
JP 男性はなぜ次の学期に学校に通わないですか。 CH 下学期男的为什么不在学校?

❶ 한국 문화를 배우려고
❷ 다른 나라를 여행해 보려고
❸ 다른 나라 말을 배워 보려고
❹ 다른 전공 공부를 준비하려고

2. 남자는 방학에 무엇을 하겠습니까? (　　　　)

EN What is the man going to do during the vacation? JP 男性は学校の休みに何をしますか。 CH 男的在假期可能要做什么?

❶ 가고 싶은 회사에 대해서 생각해 볼 거예요.
❷ 회사에서 교육을 받으면서 일을 배울 거예요.
❸ 회사에서 하는 교육 프로그램을 신청할 거예요.
❹ 대학생을 위한 교육 프로그램을 알아볼 거예요.

3. 들은 내용과 같으면 ○, 다르면 × 하십시오.

EN Listen and write ○ if the answer is the same as what you have heard, and × if it is different.
JP 聞いた内容と同じものに○、異なるものに×をつけなさい。
CH 与所听内容相符打○,不符打×。

1) 여자는 점심시간에 스터디 모임을 해요. ( )
2) 여자는 선배들이 많아서 모임을 불편해해요. ( )
3) 여자는 모임에서 듣는 정보가 많다고 생각해요. ( )
4) 여자는 모임에서 외국어 공부하는 방법을 가르쳐요. ( )

4. 들은 내용과 같은 것을 고르십시오. ( )

EN Choose the answer that is the same as what you have heard.
JP 聞いた内容と同じものを選びなさい。 CH 选择与所听内容相符的选项。

① 제일 잘 한 학생 두 명에게 장학금을 줘요.
② 잘 한 학생에게는 외국에서 일할 기회를 줘요.
③ 대회에 나가고 싶으면 학교 홈페이지에서 신청해야 돼요.
④ 외국인에게 소개하고 싶은 음식에 대해서 발표하는 대회예요.

04 듣고 질문에 답하십시오. 3 11~12

EN Listen and answer the questions. JP 聞いて質問に答えなさい。 CH 听录音,回答问题。

1. 대화를 듣고 질문에 답하십시오.

EN Listen to the dialogue and answer the questions. JP 対話を聞いて質問に答えなさい。 CH 听对话,回答问题。

1) 남자가 소개하는 스터디 모임에서 무엇을 합니까? ( )

EN What does the study group do according to the man's introduction? JP 男性が紹介する勉強会では何をしますか。
CH 男的想参加的学习小组聚会中做什么?

① 경제 신문 기자를 만나요.
② 경제 신문을 같이 읽어요.
③ 뉴스를 보고 보고서를 써요.
④ 한국 경제에 대해서 발표를 해요.

2) 들은 내용과 다른 것을 고르십시오. (   )

EN Choose the answer that is different from what you have heard.
JP 聞いた内容と異なるものを選びなさい。 CH 选择与所听内容不符的选项。

① 남자는 여자에게 스터디 모임을 소개하고 있어요.
② 남자는 스터디에서 배우는 것이 많다고 생각해요.
③ 남자는 여자와 같이 스터디 모임을 하고 싶어 해요.
④ 남자는 일주일에 한 번 영어 스터디를 하고 있어요.

2. 대화를 듣고 질문에 답하십시오.

EN Listen to the dialogue and answer the questions. JP 対話を聞いて質問に答えなさい。 CH 听对话,回答问题。

1) 들은 내용과 같은 것을 고르십시오. (   )

EN Choose the answer that is the same as what you have heard.
JP 聞いた内容と同じものを選びなさい。 CH 选择与所听内容相符的选项。

① 남자는 듣기 시험을 제일 못 봤어요.
② 남자는 한 달 후에 시험을 다시 볼 거예요.
③ 남자는 한국 드라마를 보면서 공부할 거예요.
④ 남자는 한국 친구들과 스터디 모임을 할 거예요.

2) 웨이는 지난주에 본 시험 준비를 어떻게 했습니까? 쓰십시오.

EN What did Wei do to prepare for the exam he took last week? Let's write it.
JP ウェイは先週に受けた試験の準備をどのようにしましたか。書きなさい。
CH 上周的考试，伟是怎么准备的？请写下来。

____

정리해 봅시다

EN Let's review JP まとめてみましょう CH 整理整理

고향 친구들은 미래를 위해서 무엇을 준비합니까? 이야기해 봅시다.

EN What do your friends in your home country do to prepare for the future? Let's talk about it.
JP 故郷の友達は未来のために何を準備しますか。 話してみましょう。
CH 请你谈一谈,为了未来,老家的朋友们都在准备什么?

제9과

부탁과 상담

01 기말 시험을 잘 볼 수 있을지 모르겠어요

02 시험을 잘 보기 위해서는 무엇을 준비해야 해요?

03 죄송합니다만 자리 좀 바꿔 주실 수 있으세요?

01 기말 시험을 잘 볼 수 있을지 모르겠어요

학/습/목/표 고민과 관련된 이야기를 듣고 이해할 수 있다.

EN Objective be able to listen to and understand conversations related to worries
JP 学習目標 悩みと関連する話を聞いて理解することができる
CH 学习目标 能听懂关于烦恼的内容。

준비해 봅시다

EN Let's get ready JP 準備してみましょう CH 热身活动

어떤 고민이 있습니까?

EN What kind of worries do you have? JP どんな悩みがありますか。 CH 你有什么烦恼?

고민이 있을 때 어떻게 합니까?

EN What do you do when you are worried about something? JP 悩みがあるときどうしますか。 CH 如果你有了烦恼，会怎么做?

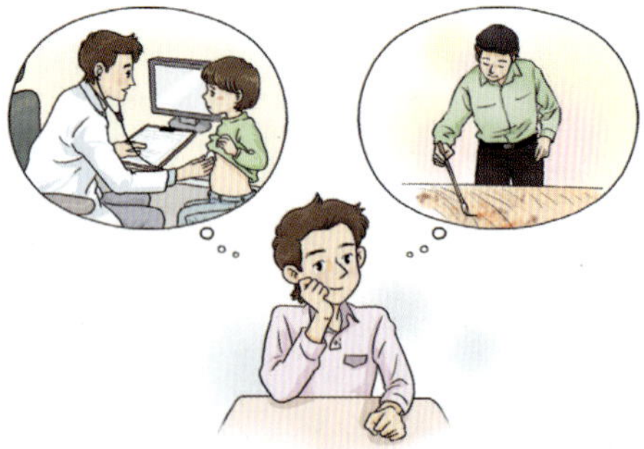

들어 봅시다

EN Let's listen JP 聞いてみましょう CH 听一听

01 듣고 맞는 대답을 고르십시오. ❶ 01~03

EN Listen and choose the right answer. JP 聞いて正しい答えを選びなさい。 CH 听录音，选择正确答案。

MP3 01~06

1. (   )

① 저도 꽃다발을 선물했어요.
② 오늘 다른 것으로 바꿀까 해요.
③ 여자 친구에게 직접 물어보세요.
④ 바빠서 선물을 살 시간이 없어요.

2. (   )

① 아무 것도 준비하지 않았어요.
② 시험을 잘 못 봐서 걱정이에요.
③ 열심히 준비했으니까 잘 볼 거예요.
④ 그동안 배운 것을 저에게 알려주세요.

3. (   )

① 방에 아무 것도 붙이지 마세요.
② 아무에게도 그것을 말하지 마세요.
③ 서로 불편한 점을 이야기해 보세요.
④ 속상해하지 말고 다시 시작해 보세요.

02 듣고 질문에 답하십시오. ❶ 04~06

EN Listen and answer the questions. JP 聞いて質問に答えなさい。 CH 听录音、回答问题。

1. 여자의 고민은 무엇입니까? (   )

EN What is the woman worried about? JP 女性の悩みは何ですか。 CH 女的有什么烦恼?

① 수업 신청을 잘못했어요.
② 시험 점수가 좋지 않아요.
③ 수업 내용을 이해하기 어려워요.
④ 아직 들을 과목을 정하지 못했어요.

2. 남자는 왜 질문을 했습니까? (   )

EN Why did the man ask the question? JP 男性はなぜ質問をしましたか。 CH 男的为什么提问?

① 내용 외우기가 어려워서
② 시험 준비 방법을 잘 몰라서
③ 내용을 요약하기가 힘들어서
④ 자신의 생각을 쓰는 방법을 몰라서

3. 여자에게 무슨 일이 있었습니까? (   )

EN What happened to the woman? JP 女性に何事がありましたか。 CH 女的发生了什么事情?

① 말실수를 해서 친구가 울었어요.
② 친구의 실수 때문에 화가 났어요.
③ 잘못을 해서 친구에게 편지를 썼어요.
④ 농담을 해서 친구가 말을 하지 않아요.

03 듣고 질문에 답하십시오. ① 07~10

EN Listen and answer the questions. JP 聞いて質問に答えなさい。 CH 听录音, 回答问题。

MP3 07~12

1. 여자는 왜 전공을 바꾸려고 합니까? (   )

EN Why does the woman want to change her major? JP 女性はなぜ専攻をかえようとしますか。 CH 女的为什么想换专业?

① 전공 공부가 너무 어려워서
② 공부하고 있는 전공이 맞지 않아서
③ 미래에 더 좋은 직업을 찾기 위해서
④ 부모님께서 의학과에 가라고 하셔서

2. 남자가 알고 싶어 하는 것은 무엇입니까? (   )

EN What does the man want to know? JP 男性が知りたがっていることは何ですか。 CH 男的想要知道什么?

① 여자를 다시 만나는 방법
② 재미있게 이야기하는 방법
③ 여자에게 관심을 받는 방법
④ 여자에게서 연락처를 받는 방법

외우다 EN to memorize JP 覚える CH 背诵

3. 들은 내용과 같으면 ○, 다르면 × 하십시오.

EN Listen and write ○ if the answer is the same as what you have heard, and × if it is different.
JP 聞いた内容と同じものに○、異なるものに×をつけなさい。
CH 与所听内容相符打○，不符打×。

1) 남자는 여자가 간 회사를 알고 싶어 해요. ( )
2) 남자는 마음에 드는 회사를 찾지 못했어요. ( )
3) 남자는 앞으로 할 일을 아직 정하지 못했어요. ( )
4) 남자는 공부하고 싶지만 돈과 시간 때문에 고민해요. ( )

4. 들은 내용과 같은 것을 고르십시오. ( )

EN Choose the answer that is the same as what you have heard.
JP 聞いた内容と同じものを選びなさい。 CH 选择与所听内容相符的选项。

① 남자는 마음을 편하게 하는 연습을 하고 있어요.
② 남자는 시험 때마다 스트레스 때문에 몸이 아파요.
③ 남자는 중간시험을 잘 봐서 기말 시험을 걱정하지 않아요.
④ 남자는 보통 때 공부하지 않아서 시험 걱정을 하고 있어요.

04 듣고 질문에 답하십시오. ❶ 11~12

EN Listen and answer the questions. JP 聞いて質問に答えなさい。 CH 听录音，回答问题。

1. 대화를 듣고 질문에 답하십시오.

EN Listen to the dialogue and answer the questions. JP 対話を聞いて質問に答えなさい。 CH 听对话，回答问题。

1) 여자의 고민은 무엇입니까? ( )

EN What is the woman's worry? JP 女性の悩みは何ですか。 CH 女的有什么烦恼?

① 외국 친구와의 문제
② 사이가 멀어진 가족 문제
③ 공부하기가 힘든 유학 생활 문제
④ 말이 잘 안 통하는 한국 생활 문제

긴장하다 EN to become tense/nervous JP 緊張する CH 紧张

2) 남자의 조언으로 맞는 것을 고르십시오. (　　　　)

EN Choose what is correct according to the man's advice.
JP 男性の助言として正しいものを選びなさい。 CH 关于男的提出的建议中，下列哪项正确。

① 도움을 받아서 해결 방법을 찾으세요.
② 힘든 이유가 무엇인지 잘 생각해 보세요.
③ 고민거리가 있으면 친구에게 이야기하세요.
④ 힘들지만 좋은 일이 있는 미래를 생각하세요.

2. 이야기를 듣고 질문에 답하십시오.

EN Listen to the conversation and answer the questions. JP 話を聞いて質問に答えなさい。 CH 听故事，回答问题。

1) 남자가 한 실수는 무엇입니까? (　　　　)

EN What was the man's mistake? JP 男性がしたミスは何ですか。 CH 男的犯了什么错误?

① 교수님께 존댓말을 하지 않았어요.
② 교수님께 이유를 말하지 않고 싫다고 했어요.
③ 교수님께서 강의하시는 과목을 듣지 않았어요.
④ 교수님께서 다 말하기 전에 자기 생각을 얘기했어요.

2) 남자는 대화가 끝나고 무엇을 하겠습니까? 쓰십시오.

EN What will the man do after the conversation? Write it.
JP 男性は対話が終わってから何をしますか。書きなさい。 CH 对话结束以后男的可能要做什么? 请写下来。

____

정리해 봅시다

EN Let's review JP まとめてみましょう CH 整理整理

유학 생활을 하면서 어려운 점은 무엇입니까? 서로의 고민을 이야기하고 조언해 봅시다.

EN What is difficult while studying abroad? Let's talk about your worries with each other give advice.
JP 留学生活をしながら難しい点は何ですか。お互いの悩みを話して助言してみましょう。
CH 留学过程中，你遇到的难处是什么？请互相谈一谈各自的烦恼，并给他人提出一些建议。

02 시험을 잘 보기 위해서는 무엇을 준비해야 해요?

학/습/목/표 상담과 관련된 이야기를 듣고 이해할 수 있다.

EN Objective be able to listen to and understand conversations related to counseling
JP 学習目標 相談と関連する話を聞いて理解することができる
CH 学习目标 能听懂关于咨询的内容。

준비해 봅시다

EN Let's get ready JP 準備してみましょう CH 热身活动

힘든 일이 있을 때 보통 누구하고 이야기합니까?

EN When you have a difficulty, who do you usually talk with?
JP つらいことがあるとき普段誰と話しますか。 CH 你有困难的时候通常跟谁诉说?

학교생활에 대해서 모르는 것이 있을 때 어떻게 합니까?

EN What do you do when you don't know something about school life?
JP 学校生活についてわからないことがあるときどうしますか。 CH 如果学校生活中你有不知道的, 怎么办?

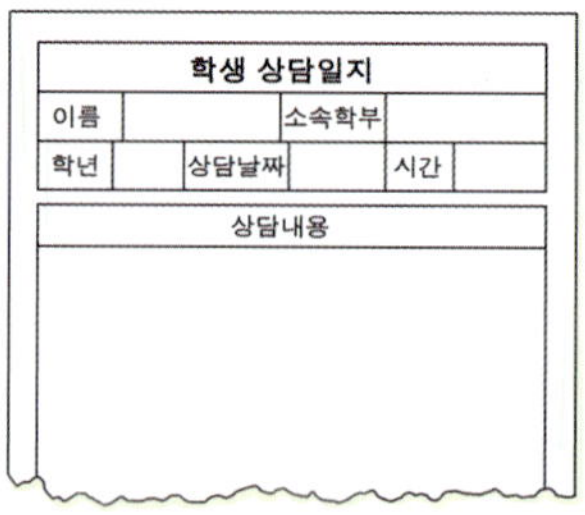

들어 봅시다

EN Let's listen JP 聞いてみましょう CH 听一听

01 듣고 맞는 대답을 고르십시오. ② 01~03

EN Listen and choose the right answer. JP 聞いて正しい答えを選びなさい。 CH 听录音，选择正确答案。

MP3 01~06

1. (   )

① 네, 할 수 있을지 모르겠어요.
② 네, 저한테서 받아 가시면 됩니다.
③ 네, 여기에서 상담 하시면 됩니다.
④ 네, 여기에서는 아무 일도 안 해요.

2. (   )

① 한국 문화에 많이 익숙해질 거예요.
② 한국 문화에 대해서 공부하면 좋을 거예요.
③ 한국 문화에 관심이 많으니까 잘 볼 거예요.
④ 한국 문화에 대한 이야기를 많이 들을 거예요.

3. (   )

① 상담은 아무나 할 수 있습니다.
② 3시에 상담을 할지 모르겠습니다.
③ 그 시간에 상담이 없어서 바꿨습니다.
④ 그 시간에는 상담 선생님이 안 계십니다.

02 듣고 질문에 답하십시오. ② 04~06

EN Listen and answer the questions. JP 聞いて質問に答えなさい。 CH 听录音，回答问题。

1. 무엇에 대해서 이야기하고 있습니까? (   )

EN What is the conversation about? JP 何について話していますか。 CH 在谈什么?

① 봉사 활동 장소　② 봉사 동아리 소개
③ 봉사 활동 프로그램　④ 봉사 동아리 가입 안내

2. 남자는 왜 상담실에 가려고 합니까? (   )

EN Why does the man plan on going to the counseling center?
JP 男性はなぜ相談室に行こうとしますか。 CH 男的为什么要去咨询中心?

① 진학 상담을 하려고 예약했어요.
② 우리 학교 입학 정보를 알고 싶어요.
③ 입학에 필요한 원서를 내러 갈 거예요.
④ 입학 서류 준비에 필요한 도움을 받고 싶어요.

3. 남자는 왜 전화를 했습니까? (   )

EN Why did the man make the call? JP 男性はなぜ電話をしましたか。 CH 男的为什么打电话?

① 상담을 취소하고 싶어서
② 상담 신청을 하고 싶어서
③ 상담 예약을 하고 싶어서
④ 상담 시간을 바꾸고 싶어서

03 듣고 질문에 답하십시오. ② 07~10

EN Listen and answer the questions. JP 聞いて質問に答えなさい。 CH 听录音，回答问题。

MP3 07~12

1. 들은 내용과 다른 것을 고르십시오. (   )

EN Choose the answer that is different from what you have heard.
JP 聞いた内容と異なるものを選びなさい。 CH 选择与所听内容不符的选项。

① 여자는 남자하고 오랫동안 만나지 못했어요.
② 남자는 졸업 후에 해야 할 일에 대해서 고민하고 있어요.
③ 남자는 고민이나 걱정이 있을 때 상담실에 온 것 같아요.
④ 여자는 마이클 씨가 열심히 일하는 사람이라고 생각해요.

2. 들은 내용과 같은 것을 고르십시오. (   )

EN Choose the answer that is the same as what you have heard.
JP 聞いた内容と同じものを選びなさい。 CH 选择与所听内容相符的选项。

① 남자는 어떤 서류가 필요한지 잘 몰랐어요.
② 남자는 추천서를 선생님한테 부탁드렸어요.
③ 남자는 서류를 홈페이지에서 다운로드했어요.
④ 남자는 잊어버려서 준비하지 못한 서류가 있어요.

3. 들은 내용과 같으면 ○, 다르면 × 하십시오.

EN Listen and write ○ if the answer is the same as what you have heard, and × if it is different.
JP 聞いた内容と同じものに○、異なるものに×をつけなさい。
CH 与所听内容相符打○, 不符打×。

1) 남자는 학교 상담실에서 상담을 하고 있어요. (　　　)
2) 선생님이 상담을 해 주셔서 고민이 해결됐어요. (　　　)
3) 선생님께서 기숙사 아르바이트를 해 보라고 하셨어요. (　　　)
4) 남자는 오늘 기숙사 아르바이트 면접시험을 볼 거예요. (　　　)

4. 남자는 무엇을 소개하고 있습니까? (　　　)

EN What is the man introducing? JP 男性は何を紹介していますか。 CH 男的在介绍什么?

① 한국어능력시험을 소개하고 있어요.
② 외국인을 위한 프로그램을 소개하고 있어요.
③ 한국에서 선생님이 되는 방법을 소개하고 있어요.
④ 고향에 가서 한국어 공부하는 방법을 소개하고 있어요.

04 듣고 질문에 답하십시오. ❷ 11~12

EN Listen and answer the questions. JP 聞いて質問に答えなさい。 CH 听录音, 回答问题。

1. 대화를 듣고 질문에 답하십시오.

EN Listen to the dialogue and answer the questions. JP 対話を聞いて質問に答えなさい。 CH 听对话, 回答问题。

1) 선생님은 남자에게 어떤 사람을 찾아보자고 했습니까? (　　　)

EN What kind of person did the teacher say to the man that they should find?
JP 先生は男性にどんな人を探してみようといいましたか。
CH 老师建议男的要找什么人?

① 언어 교환을 할 친구
② 수업을 같이 들을 친구
③ 학교생활을 도와줄 친구
④ 봉사 활동을 같이 할 친구

2) 듣은 내용과 <u>다른</u> 것을 고르십시오. (　　　　)

EN Choose the answer that is different from what you have heard.
JP 聞いた内容と異なるものを選びなさい。 CH 选择与所听内容<u>不符</u>的选项。

① 남자는 수업 듣는 것을 어려워해요.
② 남자는 과제가 너무 많아서 힘들어해요.
③ 남자는 언어 교환 신청을 하지 않았어요.
④ 남자는 한국어 실력이 별로 좋지 않아요.

2. 이야기를 듣고 질문에 답하십시오.

EN Listen to the announcement and answer the questions JP 話を聞いて質問に答えなさい。 CH 听故事，回答问题。

1) 상담 신청 방법으로 맞는 것은 무엇입니까? (　　　　)

EN What is the correct method of applying for counseling?
JP 相談の申請方法として正しいものは何ですか。 CH 关于申请咨询的方法，下列哪项正确?

① 전화로 날짜를 예약해요.
② 사무실에서 날짜를 예약해요.
③ 상담실에 가서 날짜를 예약해요.
④ 이메일을 보내서 날짜를 예약해요.

2) 내용을 써 봅시다.

EN Let's write the content. JP 内容を書いてみましょう。 CH 请写出内容。

상담 시간	영어 상담	일본어 상담	중국어 상담	한국어 상담
부터 까지	화요일			

정리해 봅시다

EN Let's review JP まとめてみましょう CH 整理整理

어떤 문제에 대해서 상담을 하고 싶은지 친구와 이야기해 봅시다.

EN Talk about what kind of problem you would like to receive counseling for with your friend.
JP どんな問題について相談をしたいのか友達と話してみましょう。
CH 请跟朋友谈一谈，你想咨询什么问题?

03 죄송합니다만 자리 좀 바꿔 주실 수 있으세요?

학/습/목/표 부탁과 관련된 이야기를 듣고 이해할 수 있다.

EN Objective be able to listen to and understand conversations related to requests
JP 学習目標 頼みごとと関連する話を聞いて理解することができる
CH 学习目标 能听懂关于请求的内容。

준비해 봅시다

EN Let's get ready JP 準備してみましょう CH 热身活动

여러분은 보통 언제 부탁을 합니까?

EN When do you usually ask a favor? JP みなさんは普段いつ頼みますか。 CH 大家一般什么时候拜托别人?

다른 사람의 부탁을 잘 들어줍니까?

EN Do you answer other people's requests well? JP 他の人の頼みをよく聞いてあげますか。 CH 你是否善于接受别人的请求?

들어 봅시다

EN Let's listen JP 聞いてみましょう CH 听一听

01 듣고 맞는 대답을 고르십시오. ❸ 01~03

EN Listen and choose the right answer. JP 聞いて正しい答えを選びなさい。 CH 听录音，选择正确答案。

MP3 01~06

1. (   )

① 네, 바꿔 주세요.
② 네, 바꿔 드릴게요.
③ 네, 다른 곳에 앉으세요.
④ 네, 자리가 있는 줄 알았어요.

2. (   )

① 그래, 다음 주에 내도 돼.
② 그래, 네 것도 같이 낼게.
③ 그렇지만 이번 주에 내면 안 돼.
④ 그렇지만 정해진 날짜에 내기가 어려워.

3. (   )

① 네, 이걸 누르면 되지요?
② 네, 사진을 다 찍으셨어요?
③ 네, 찍어 주셔서 감사합니다.
④ 네, 사진을 찍어서 보내 주세요.

02 듣고 질문에 답하십시오. ❸ 04~06

EN Listen and answer the questions. JP 聞いて質問に答えなさい。 CH 听录音，回答问题。

1. 여자의 부탁은 무엇입니까? (   )

EN What is the woman's request? JP 女性の頼みは何ですか。 CH 女的拜托了什么事情?

① 책을 빌려 달라고 해요.
② 책을 들어 달라고 해요.
③ 무거운 가방을 들어 달라고 해요.
④ 보고서 쓰는 것을 도와 달라고 해요.

2. 남자는 무엇을 부탁했습니까? (　　　　)

EN What was the man's request? JP 男性は何を頼みましたか。 CH 男的拜托了什么事情?

① 국제학 교과서를 빌려 달라고 했어요.
② 기말시험 공부를 좀 도와 달라고 했어요.
③ 시험 잘 보는 방법을 알려 달라고 했어요.
④ 선배가 정리한 공책을 빌려 달라고 했어요.

3. 여자의 마음은 어떻습니까? (　　　　)

EN How does the woman feel? JP 女性の心情はどうですか。 CH 女的心情如何?

① 노트북을 새로 사고 싶어요.
② 노트북을 보여 주고 싶어요.
③ 노트북을 빌려주고 싶지 않아요.
④ 학생회관에서 노트북을 빌리고 싶어요.

03 듣고 질문에 답하십시오. ③ 07~10

EN Listen and answer the questions. JP 聞いて質問に答えなさい。 CH 听录音，回答问题。

MP3 07~12

1. 고향에 있는 친구는 왜 여자에게 부탁했습니까? (　　　　)

EN Why did the friend from the same hometown ask the woman for a favor?
JP 故郷にいる友達はなぜ女性に頼みましたか。
CH 老家的朋友为什么拜托女的?

① 표를 살 시간이 없기 때문에
② 인터넷 속도가 느리기 때문에
③ 표 사는 방법을 모르기 때문에
④ 한국에서 표를 사면 더 싸기 때문에

2. 들은 내용과 같은 것을 고르십시오. (　　　　)

EN Choose the answer that is the same as what you have heard.
JP 聞いた内容と同じものを選びなさい。 CH 选择与所听内容相符的选项。

① 남자는 마이클한테서 도와 달라는 연락을 받았어요.
② 남자는 결혼식에 가기 때문에 여자를 도와줄 수 없어요.
③ 여자는 이사를 도와 줄 친구가 많아서 걱정하지 않아요.
④ 여자는 이사하는 것을 도와 달라고 마이클한테 전화할 거예요.

3. 들은 내용과 같으면 ○, 다르면 × 하십시오.

EN Listen and write ○ if the answer is the same as what you have heard, and × if it is different.
JP 聞いた内容と同じものに○、異なるものに×をつけなさい。
CH 与所听内容相符打○，不符打×。

1) 남자는 생일 선물을 어제 샀어요. (　　　)
2) 남자는 금요일에 여자를 만날 거예요. (　　　)
3) 남자는 주말에 발표 준비를 해야 해요. (　　　)
4) 남자는 수업이 끝나고 파티에 갈 거예요. (　　　)

4. 여자는 왜 남자의 부탁을 거절했습니까? (　　　)

EN Why did the woman refuse the man's request?
JP 女性はなぜ男性の頼みを断りましたか。 CH 女的为什么拒绝男的拜托的事情?

① 기분이 나빠서
② 아르바이트를 해서
③ 기말 보고서를 써야 해서
④ 일주일 동안 여행을 가서

04 듣고 질문에 답하십시오. ③ 11~12

EN Listen and answer the questions. JP 聞いて質問に答えなさい。 CH 听录音，回答问题。

1. 대화를 듣고 질문에 답하십시오.

EN Listen to the dialogue and answer the questions. JP 対話を聞いて質問に答えなさい。 CH 听对话，回答问题。

1) 리에는 친구에게 무엇을 부탁했습니까? (　　　)

EN What did Rie ask her friend for a favor her friend? JP りえは友達に何を頼みましたか。 CH 利恵拜托朋友什么事情?

① 공부를 도와 달라고 부탁했어요.
② 도서관에 같이 가자고 부탁했어요.
③ 아침 일찍 깨워 달라고 부탁했어요.
④ 시험이 끝나는 시간을 알려 달라고 부탁했어요.

2) 들은 내용과 다른 것을 고르십시오. (   )

EN Choose the answer that is different from what you have heard.
JP 聞いた内容と異なるものを選びなさい。 CH 选择与所听内容不符的选项。

❶ 리에는 내일 전공 시험을 봐요.
❷ 리에는 시험공부를 많이 못 했어요.
❸ 리에는 아침 일찍 일어나서 공부를 할 거예요.
❹ 리에는 자리가 없을 것 같아서 도서관에 일찍 갈 거예요.

2. 대화를 듣고 질문에 답하십시오.

EN Listen to the dialogue and answer the questions. JP 対話を聞いて質問に答えなさい。 CH 听对话，回答问题。

1) 들은 내용과 같은 것을 고르십시오. (   )

EN Choose the answer that is the same as what you have heard.
JP 聞いた内容と同じものを選びなさい。 CH 选择与所听内容相符的选项。

❶ 여자는 지금 병원에 있어요.
❷ 여자는 감기에 걸려서 기침을 많이 해요.
❸ 여자는 병원에서 받은 약을 먹고 다 나았어요.
❹ 여자는 한국에서 병원에 가는 것이 처음이에요.

2) 여자의 부탁은 무엇입니까? 쓰십시오.

EN What was the woman's request? Write it. JP 女性の頼みは何ですか。 CH 女的拜托什么事情？请写下来。

____

정리해 봅시다

EN Let's review JP まとめてみましょう CH 整理整理

들어 줄 수 있는 부탁과 거절하고 싶은 부탁은 무엇입니까? 이야기해 봅시다.

EN What is a request that you can carry out and a request you would like to refuse? Let's talk about it.
JP 聞いてあげられる頼みと断りたい頼みは何ですか。話してみましょう。
CH 请你谈一谈，你可以接受的请求和不愿接受的请求。

제10과

여가 생활

01 맛집 투어는 하면 할수록 재미있어요
02 시티투어버스를 타니까 참 좋더군요
03 유명한 요리사가 되는 게 제 꿈이에요

01 맛집 투어는 하면 할수록 재미있어요

학/습/목/표 시간 활용과 관련된 이야기를 듣고 이해할 수 있다.

EN Objective be able to listen to and understand conversations related to using your time
JP 学習目標 時間活用と関連する話を聞いて理解することができる
CH 学习目标 能听懂关于利用时间的内容。

준비해 봅시다

EN Let's get ready JP 準備してみましょう CH 热身活动

시간이 있을 때 무엇을 합니까?

EN What do you do when you have time? JP 時間があるとき何をしますか。 CH 有时间的时候做什么?

어떤 일을 할 때 계획을 잘 세웁니까?

EN For what kind of work do you make good plans? JP 何かをするときよく計画を立てますか。 CH 做某事的时候，是否善于建立计划?

들어 봅시다

EN Let's listen JP 聞いてみましょう CH 听一听

01 듣고 맞는 대답을 고르십시오. ❶ 01~03

EN Listen and choose the right answer. JP 聞いて正しい答えを選びなさい。 CH 听录音，选择正确答案。

MP3 01~06

1. (　　　)

① 얼마나 시간이 많은지 몰라요.
② 친구와 같이 영화를 보러 가요.
③ 학교 운동장에서 야구를 할까 해요.
④ 도서관에 갈지 집에 갈지 잘 모르겠어요.

2. (　　　)

① 일을 하기 전에 계획을 세워 보세요.
② 이번 주에는 시간을 내기가 어려워요.
③ 시간이 얼마 남지 않았으니까 빨리 해야 해요.
④ 그건 시간을 활용하는 게 아니라 낭비하는 거예요.

3. (　　　)

① 친구가 추천한 맛집이어서 기대가 돼요.
② 오랜만에 맛집에 가서 맛있게 먹었어요.
③ 이 식당은 방송에 나온 유명한 맛집이에요.
④ 맛집 투어는 하면 할수록 정말 재미있어요.

02 듣고 질문에 답하십시오. ❶ 04~06

EN Listen and answer the questions. JP 聞いて質問に答えなさい。 CH 听录音，回答问题。

1. 무엇에 대해서 이야기합니까? (　　　)

EN What is the conversation about? JP 何について話しますか。 CH 在谈什么?

① 남은 시간을 보내는 방법
② 배울 내용을 빨리 읽는 방법
③ 재미있게 시간을 보내는 방법
④ 짧은 시간 동안 쇼핑하는 방법

2. 남자의 생각은 무엇입니까? (　　　　)

EN What does the man think? JP 男性の考えは何ですか。 CH 男的怎么想?

① 공부할 때는 공부에만 집중해야 해요.
② 공부를 잘 하고 싶으면 쉬지 않고 해야 해요.
③ 스트레스를 풀기 위해서는 영화를 꼭 봐야 해요.
④ 공부를 잘 하기 위해서는 쉬는 시간이 필요해요.

3. 여자는 무엇을 하고 있습니까? (　　　　)

EN What is the woman doing? JP 女性は何をしていますか。 CH 女的在做什么?

① 방학 때 할 공부를 계획하고 있어요.
② 방학 동안 무엇을 할지 고민하고 있어요.
③ 방학을 즐겁게 보내는 방법을 찾고 있어요.
④ 방학 때 하고 싶은 운동을 생각하고 있어요.

03 듣고 질문에 답하십시오. ① 07~10

EN Listen and answer the questions. JP 聞いて質問に答えなさい。 CH 听录音，回答问题。

MP3 07~12

1. 여자가 선배를 부러워한 이유는 무엇입니까? (　　　　)

EN What is the reason the woman is envious of her senior?
JP 女性が先輩をうらやんだ理由は何ですか。 CH 女的为什么羡慕前辈?

① 선배가 자격증을 많이 땄기 때문에
② 선배가 시간을 잘 활용했기 때문에
③ 선배가 좋은 회사에 취직했기 때문에
④ 선배가 혼자 공부해서 자격증을 땄기 때문에

2. 남자의 문제는 무엇입니까? (　　　　)

EN What is the man's problem? JP 男性の問題は何ですか。 CH 男的有什么问题?

① 보통 때 바빠서 공부하지 못해요.
② 시험공부를 열심히 하지 않았어요.
③ 시험을 보기 전에만 열심히 공부해요.
④ 시험이 있어도 절대로 공부하지 않아요.

3. 들은 내용과 같으면 ○, 다르면 × 하십시오.

EN Listen and write ○ if the answer is the same as what you have heard, and × if it is different.
JP 聞いた内容と同じものに○、異なるものに×をつけなさい。
CH 与所听内容相符打○，不符打×。

1) 여자는 이번 주말에 맛집에 갈 거예요. ( )
2) 여자는 맛집이 친절하지 않을 때 화가 나요. ( )
3) 여자는 맛집에서 오래 기다리는 것을 싫어해요. ( )
4) 여자는 소문보다는 방송을 보고 맛집을 찾아가요. ( )

4. 들은 내용과 같은 것을 고르십시오. ( )

EN Choose the answer that is the same as what you have heard.
JP 聞いた内容と同じものを選びなさい。 CH 选择与所听内容相符的选项。

① 여자는 요즘 책 읽기를 시작했어요.
② 남자는 바빠서 시간을 낼 수 없어요.
③ 여자는 잠을 자지 않고 책을 읽을 때도 있어요.
④ 남자는 아르바이트 때문에 야구를 할 수 없어요.

04 듣고 질문에 답하십시오. ❶ 11~12

EN Listen and answer the questions. JP 聞いて質問に答えなさい。 CH 听录音，回答问题。

1. 대화를 듣고 질문에 답하십시오.

EN Listen to the dialogue and answer the questions. JP 対話を聞いて質問に答えなさい。 CH 听对话，回答问题。

1) 남자의 걱정은 무엇입니까? ( )

EN What is the man's worry? JP 男性の心配は何ですか。 CH 男的担心什么?

① 학교 시험 점수가 좋지 않아요.
② 지금까지 취직 준비를 별로 못했어요.
③ 다른 사람보다 외국어 실력이 좋지 않아요.
④ 대학에 다니는 동안 많이 공부하지 못했어요.

2) 여자의 생각으로 맞는 것은 무엇입니까? (　　　　)

EN What is correct according to what the woman thinks?
JP 女性の考えとして正しいものは何ですか。 CH 关于女的所想的内容，下列哪项正确?

① 지금부터 열심히 하면 할 수 있어요.
② 자격증보다 외국어 공부가 더 중요해요.
③ 자격증은 많이 따면 딸수록 도움이 돼요.
④ 4학년 때 취직 준비를 하는 것은 너무 늦었어요.

2. 이야기를 듣고 질문에 답하십시오.

EN Listen to the conversation and answer the questions. JP 話を聞いて質問に答えなさい。 CH 听故事，回答问题。

1) 남자는 무엇을 하고 있습니까? (　　　　)

EN What is the man doing? JP 男性は何をしていますか。 CH 男的在做什么?

① 여자의 입에 맞는 음식을 찾고 있어요.
② 여자에게 유명한 맛집을 소개하고 있어요.
③ 여자를 위해 특별한 음식을 만들고 있어요.
④ 여자에게 음식을 만드는 방법을 가르쳐 주고 있어요.

2) 이곳이 유명한 이유 세 가지를 써 봅시다.

EN Write three reasons why this place is famous.
JP ここが有名な理由を3つ書いてみましょう。 CH 请举出3种理由来说明这个地方为什么有名。

이유 1	이유 2	이유 3
할머니께서 직접 국수를 만드세요.		

칼국수 EN chopped noodles JP カルグクス(韓国式手打ち麺) CH 刀削面

정리해 봅시다

EN Let's review JP まとめてみましょう CH 整理整理

남은 시간을 어떻게 활용하고 있습니까? 시간을 잘 활용할 수 있는 방법을 소개해 봅시다.

EN How do you use your spare time? Introduce ways to use your time wisely.
JP 余った時間をどのように活用していますか。時間をよく活用できる方法を紹介してみましょう。
CH 你平时怎么利用闲暇时间? 介绍一下合理利用时间的方法。

02 시티투어버스를 타니까 참 좋더군요

학/습/목/표 여행과 관련된 이야기를 듣고 이해할 수 있다.

EN Objective be able to listen to and understand conversations related to traveling
JP 学習目標 旅行と関連する話を聞いて理解することができる
CH 学习目标 能听懂关于旅行的内容。

준비해 봅시다

EN Let's get ready JP 準備してみましょう CH 热身活动

언제 여행을 가고 싶습니까?

EN When do you want to travel? JP いつ旅行に行きたいですか。 CH 你什么时候想去旅行?

지금까지 여행한 곳 중에서 다시 가고 싶은 곳은 어디입니까?

EN Among all the places you have traveled to, where is one place you would like to visit again?
JP 今まで旅行した場所の中でまた行きたい所はどこですか。
CH 在你所去过的旅游景点中，还想再去旅游一次的地方是哪里?

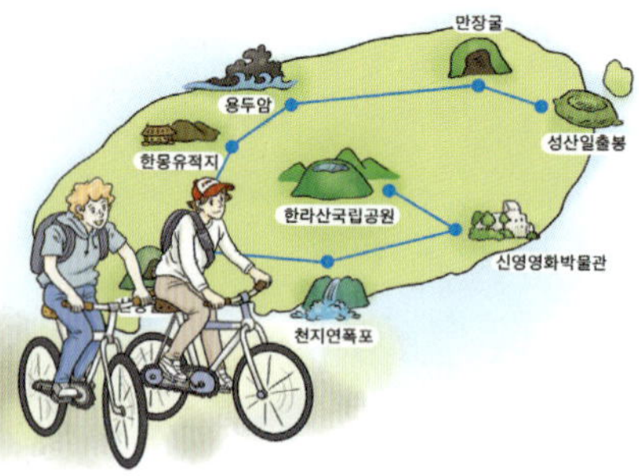

들어 봅시다

EN Let's listen JP 聞いてみましょう CH 听一听

01 듣고 맞는 대답을 고르십시오. ❷ 01~03

EN Listen and choose the right answer. JP 聞いて正しい答えを選びなさい。 CH 听录音，选择正确答案。

MP3 01~06

1. (　　　)

① 아니요. 혼자 여행을 가요.
② 아니요. 한 달 만에 다시 갔어요.
③ 아니요. 하지만 자주 다니려고 해요.
④ 아니요. 친구들과 함께 여행하고 싶었어요.

2. (　　　)

① 그래요? 타면 탈수록 좋아요.
② 그래요? 저도 한 번 타 봐야겠어요.
③ 그래요? 버스를 탔으니까 빨리 갑시다.
④ 그래요? 버스 요금이 별로 비싸지 않아요.

3. (　　　)

① 고맙지만 나는 괜찮아.
② 그래? 카메라는 가지고 오겠지.
③ 그럼 우리 카메라를 가지고 오자.
④ 그래. 내가 카메라를 가지고 갈게.

02 듣고 질문에 답하십시오. ❷ 04~06

EN Listen and answer the questions. JP 聞いて質問に答えなさい。 CH 听录音，回答问题。

1. 남자는 무엇에 대해서 이야기하고 있습니까? (　　　)

EN What is the man talking about? JP 男性は何について話していますか。 CH 男的在谈什么?

① 혼자 하는 여행 코스 추천
② 혼자 하는 여행의 좋은 점
③ 혼자 하는 여가 생활 계획
④ 주말에 혼자 여행하는 이유

2. 무엇에 대해서 이야기하고 있습니까? (　　　　)

EN What is the conversation about? JP 何について話していますか。 CH 在谈什么?

① 오늘 일정　② 주말여행 계획
③ 근처 맛집 정보　④ 여가 시간에 할 일

3. 무엇에 대해서 이야기하고 있습니까? (　　　　)

EN What is the conversation about? JP 何について話していますか。 CH 在谈什么?

① 여행에 꼭 필요한 책　② 여행에서 사야 하는 것
③ 여행 가기 전에 할 일　④ 여행에 가지고 갈 스마트폰

03 듣고 질문에 답하십시오. ② 07~10

EN Listen and answer the questions. JP 聞いて質問に答えなさい。 CH 听录音, 回答问题。

MP3 07~12

1. 들은 내용과 같은 것을 고르십시오. (　　　　)

EN Choose the answer that is the same as what you have heard.
JP 聞いた内容と同じものを選びなさい。 CH 选择与所听内容相符的选项。

① 남자는 모르는 곳에 혼자 가는 것을 싫어해요.
② 남자는 여자와 같이 시티투어를 하고 싶어 해요.
③ 남자는 다른 사람과 같이 다니는 것을 좋아하지 않아요.
④ 남자는 시간이 있을 때 드라마를 보면서 쉬는 것을 좋아해요.

2. 여자가 한 이야기로 맞는 것을 고르십시오. (　　　　)

EN Choose what is correct according to what the woman said.
JP 女性がした話として正しいものを選びなさい。 CH 关于女的, 下列哪项正确。

① 자유롭게 할 수 있는 여행이 좋아요.
② 이번 방학에 갈 여행 계획을 세웠어요.
③ 여행을 다녀오면 스트레스가 풀리는 것 같아요.
④ 바빠서 시간이 없을 때는 여행을 다니지 않아요.

3. 들은 내용과 같으면 ○, 다르면 × 하십시오.

EN Listen and write ○ if the answer is the same as what you have heard, and × if it is different.
JP 聞いた内容と同じものに○、異なるものに×をつけなさい。
CH 与所听内容相符打○，不符打×。

1) 두 사람은 오후에 박물관에 갈 거예요. ( )
2) 지금 여자는 기분이 좀 안 좋은 것 같아요. ( )
3) 남자는 구경하는 것 보다 맛집에 가는 걸 좋아해요. ( )
4) 여자하고 남자는 여행에서 중요하게 생각하는 것이 달라요. ( )

4. 여자는 왜 기차표를 바꾸러 왔습니까? ( )

EN Why did the woman come to change her train ticket?
JP 女性はなぜ汽車のチケットを変えに来ましたか。 CH 女的为什么来换火车票?

① 기차표를 취소한 친구가 있어서
② 휴가를 가는 사람이 너무 많아서
③ 토요일 오전에 중요한 일이 생겨서
④ 금요일에 호텔 예약을 하지 못해서

04 듣고 질문에 답하십시오. ② 11~12

EN Listen and answer the questions. JP 聞いて質問に答えなさい。 CH 听录音，回答问题。

1. 대화를 듣고 질문에 답하십시오.

EN Listen to the dialogue and answer the questions. JP 対話を聞いて質問に答えなさい。 CH 听对话，回答问题。

1) 두 사람의 이야기로 맞는 것을 고르십시오. ( )

EN Choose what is right according to what the two people said.
JP 二人の話として正しいものを選びなさい。 CH 关于两个人的对话，下列哪项正确。

① 두 사람은 제주도에서 여행을 하고 싶어 해요.
② 두 사람은 친구에게 제주도 여행을 추천하고 있어요.
③ 두 사람은 시험이 끝나서 여행 계획을 세우고 있어요.
④ 두 사람은 제임스 씨보다 한국어 실력이 좋지 않아요.

2) 두 사람이 여행을 위해서 할 일이 아닌 것을 고르십시오. (   )

EN Choose what is not what the two people will do for the trip.
JP 二人が旅行のためにすることでないものを選びなさい。 CH 下列哪项不属于两个人为了旅行所要做的事情。

① 제주도 여행 정보를 찾아볼 거예요.
② 제주도에서 유명한 식당을 알아볼 거예요.
③ 제주도에 가는 비행기 표를 예약할 거예요.
④ 제주도에서 다닐 곳에 대한 계획을 세울 거예요.

2. 이야기를 듣고 질문에 답하십시오.

EN Listen to the story and answer the questions. JP 話を聞いて質問に答えなさい。 CH 听故事，回答问题。

1) 남자의 이야기로 맞는 것을 고르십시오. (   )

EN Choose what is correct according to what the man said.
JP 男性の話として正しいものを選びなさい。 CH 关于男的，下列哪项正确?

① 남자는 시간이 있을 때마다 혼자 여행을 다녀요.
② 남자는 마이클 씨와 부산 여행을 한 적이 있어요.
③ 남자는 마이클 씨와 여행을 다니는 것을 좋아해요.
④ 남자는 한국의 유명한 관광지를 여행할 계획이에요.

2) 두 사람은 다음의 장소에서 무엇을 했습니까? 써 봅시다.

EN What did the two people do at the next place? Let's write it.
JP 二人は次の場所で何をしましたか。書いてみましょう。 CH 请写出，两个人在下一场所做了些什么。

어디에서	부산역 근처 시장	관광지	바닷가
무엇을	음식을 사 먹었어요.		

정리해 봅시다

EN Let's review JP まとめてみましょう CH 整理整理

한국에서 꼭 가 보고 싶은 곳이 있습니까? 이야기해 봅시다.

EN Is there a place in Korea where you really want to visit? Let's talk about it.
JP 韓国でぜひ行ってみたい所がありますか。 話してみましょう。
CH 请谈一谈，在韩国你最想去的地方是哪里。

03 유명한 요리사가 되는 게 제 꿈이에요

학/습/목/표 텔레비전과 생활에 관련된 이야기를 듣고 이해할 수 있다.

EN Objective Learning objective: be able to listen to and understand conversations related to television and life

JP 学習目標 テレビと生活に関連した話を聞いて理解することができる

CH 学习目标 能听懂关于电视与生活的内容。

준비해 봅시다

EN Let's get ready JP 準備してみましょう CH 热身活动

시간이 날 때 텔레비전을 자주 봅니까?

EN Do you watch television when you have time? JP 時間ができたときテレビをよく見ますか。 CH 闲暇时间，你经常看电视吗?

즐겨 보는 텔레비전 프로그램이 무엇입니까?

EN What is one television program that you like to watch?
JP 楽しんで見るテレビ番組は何ですか。 CH 你喜欢看的电视节目是什么?

들어 봅시다

EN Let's listen JP 聞いてみましょう CH 听一听

01 듣고 맞는 대답을 고르십시오. ③ 01~03

EN Listen and choose the right answer. JP 聞いて正しい答えを選びなさい。 CH 听录音，选择正确答案。

MP3 01~06

1. (   )

① 토론 프로그램은 재미없어요.
② 다큐멘터리는 좀 어려운 것 같아요.
③ 드라마를 볼지 뉴스를 볼지 생각 중이에요.
④ 예능 프로그램을 보면서 스트레스를 풀어요.

2. (   )

① 그럼, 얼마나 재미있는지 몰라.
② 그럼, 재미있는 드라마 좀 소개해 줘.
③ 그럼, 내 친구는 한국 드라마를 즐겨 봐.
④ 그럼, 드라마보다 다큐멘터리를 더 좋아해.

3. (   )

① 네, 좋아하는 가수가 나오면 꼭 봐요.
② 네, 오늘부터 그 프로그램을 볼 거예요.
③ 아니요, 저는 시끄러운 음악을 좋아해요.
④ 아니요, 1년 만에 좋아하는 가수가 나왔어요.

02 듣고 질문에 답하십시오. ③ 04~06

EN Listen and answer the questions. JP 聞いて質問に答えなさい。 CH 听录音，回答问题。

1. 무엇에 대해서 이야기합니까? (   )

EN What is the conversation about? JP 何について話しますか。 CH 在谈什么?

① 전에 재미있게 본 드라마
② 요즘 인기가 있는 드라마
③ 한국 친구가 추천해 준 드라마
④ 고향 친구가 추천해 준 드라마

2. 여자는 무엇에 대해서 이야기합니까? (　　　　)

EN What is the woman talking about? JP 女性は何について話しますか。 CH 女的在谈什么?

① 이 프로그램의 내용
② 이 프로그램에 나오는 사람
③ 이 프로그램에 나오는 음식
④ 이 프로그램이 방송되는 시간

3. 두 사람은 무엇에 대해서 이야기합니까? (　　　　)

EN What are the two people talking about? JP 二人は何について話しますか。 CH 他们两个人在谈什么?

① 건강에 대해서 이야기하는 프로그램
② 음식 만드는 방법을 소개하는 프로그램
③ 아플 때 먹으면 좋은 음식을 소개하는 프로그램
④ 입맛이 없을 때 도움이 되는 음식을 소개하는 프로그램

03 듣고 질문에 답하십시오. ③ 07~10

EN Listen and answer the questions. JP 聞いて質問に答えなさい。 CH 听录音，回答问题。

MP3 07~12

1. 들은 내용과 같은 것을 고르십시오. (　　　　)

EN Choose the answer that is the same as what you have heard.
JP 聞いた内容と同じものを選びなさい。 CH 选择与所听内容相符的选项。

① 여자는 날마다 텔레비전을 봐요.
④ 여자는 남자가 추천해 준 다큐멘터리를 봤어요.
③ 여자는 회사원의 생활을 찍은 다큐멘터리를 본 적이 있어요.
④ 여자는 다큐멘터리를 보고 열심히 살아야겠다고 생각했어요.

2. 들은 내용과 다른 것을 고르십시오. (　　　　)

EN Choose the answer that is different from what you have heard.
JP 聞いた内容と異なるものを選びなさい。 CH 选择与所听内容不符的选项。

① 드라마에 나온 집은 생각보다 작았어요.
② 드라마에 나온 커피숍도 구경할 거예요.
③ 드라마를 찍은 곳에 사람이 아주 많았어요.
④ 드라마에 나온 식당에서 음식을 팔고 있었어요.

3. 들은 내용과 같으면 ○, 다르면 × 하십시오.

EN Listen and write ○ if the answer is the same as what you have heard, and × if it is different.
JP 聞いた内容と同じものに○、異なるものに×をつけなさい。
CH 与所听内容相符打○，不符打×。

1) 남자는 집에서 가끔 음식을 만들어요. (　　　)
2) 남자는 중국 음식을 제일 잘 만들어요. (　　　)
3) 남자는 요리사가 되고 싶어서 요리 학원에 다녀요. (　　　)
4) 남자는 요리 프로그램을 보고 음식 만드는 방법을 배워요. (　　　)

4. 들은 내용과 같은 것을 고르십시오. (　　　)

EN Choose the answer that is the same as what you have heard.
JP 聞いた内容と同じものを選びなさい。 CH 选择与所听内容相符的选项。

① 이 프로그램은 일요일 저녁에 해요.
② 어제 학교 앞에서 드라마를 찍었어요.
③ 이 프로그램은 다음 주에 방송될 거예요.
④ 남자는 예능 프로그램을 찍는 것을 구경했어요.

04 듣고 질문에 답하십시오. ③ 11~12

EN Listen and answer the questions. JP 聞いて質問に答えなさい。 CH 听录音，回答问题。

1. 대화를 듣고 질문에 답하십시오.

EN Listen to the dialogue and answer the questions. JP 対話を聞いて質問に答えなさい。 CH 听对话，回答问题。

1) 여자가 남자에게 한 말은 무엇입니까? (　　　)

EN What did the woman say to the man? JP 女性が男性にした話は何ですか。 CH 女的对男的说了什么?

① 같이 노래방에 가자고 했어요.
② 콘서트를 보러 가자고 했어요.
③ 텔레비전을 같이 보자고 했어요.
④ 음악 방송을 보러 가자고 했어요.

요리사 EN cook/chef JP 料理人 CH 厨师

2) 들은 내용과 다른 것을 고르십시오. (   )

EN Choose the answer that is different from what you have heard.
JP 聞いた内容と異なるものを選びなさい。 CH 选择与所听内容不符的选项。

❶ 남자는 음악 프로그램을 보고 있어요.
❷ 남자는 여자가 좋아하는 가수를 좋아해요.
❸ 남자는 콘서트에 갈지 말지 고민하고 있어요.
❹ 남자는 전에 나온 노래가 더 좋다고 생각해요.

2. 대화를 듣고 질문에 답하십시오.

EN Listen to the dialogue and answer the questions. JP 対話を聞いて質問に答えなさい。 CH 听对话，回答问题。

1) 들은 내용과 같은 것을 고르십시오. (   )

EN Choose the answer that is the same as what you have heard.
JP 聞いた内容と同じものを選びなさい。 CH 选择与所听内容相符的选项。

❶ 남자는 이 프로그램을 두 번 정도 봤어요.
❷ 남자는 이 프로그램을 추천하고 싶어 해요.
❸ 남자는 이 프로그램 내용이 달라져야 한다고 생각해요.
❹ 남자는 문화가 달라서 생기는 일들이 많다고 생각해요.

2) 남자가 보는 텔레비전 프로그램에 대해서 써 봅시다.

EN Write about the television program the man watches.
JP 男性が見るテレビ番組について書いてみましょう。 CH 请写出，男的所看电视节目的内容。

언제 합니까?	누가 나옵니까?	무슨 내용입니까?

정리해 봅시다

EN Let's review JP まとめてみましょう CH 整理整理

친구들에게 추천하고 싶은 텔레비전 프로그램이 있습니까? 그 프로그램에 대해서 이야기해 봅시다.

EN Is there a television program you would like to recommend to your friends? Let's talk about that program.
JP 友達に推薦したいテレビ番組がありますか。 その番組について話してみましょう。
CH 有没有想给朋友们推荐的电视节目？请谈一谈那个节目。

부록

듣기 지문

제1과 소개

01 대학교에 들어가기 위해서 한국말을 공부해요

[들어봅시다]

1 01~03

[01] 1. 왜 한국말을 공부하세요?
2. 저는 영화 보는 것을 좋아하는데 미선 씨는 뭘 좋아하세요?
3. 고향은 어떤 곳이에요?

1 04~06

[02] 1. 1) 남자 : 안녕하세요? 처음 뵙겠습니다.
여자 : 네, 안녕하세요?
남자 : 제 이름은 김영수입니다. 만나서 반갑습니다.
여자 : 제 이름은 김미선이에요. 리에 씨한테서 영수 씨 이야기 많이 들었어요.
2) 과장(남자) : 여러분, 잠깐만요. 이번에 우리 회사에 들어온 이지영 씨를 소개하겠어요.
여자 : 이지영입니다. 만나서 반갑습니다. 제가 아직 모르는 게 너무 많습니다. 많이 가르쳐 주세요.
남자 : 네, 앞으로 잘 지내요. 모르는 게 있으면 언제든지 물어보세요. 많이 도와드릴게요.
3) 남자 : 안녕하세요? 제 이름은 패트릭이에요. 저는 미국에서 왔어요. 한국말을 배우려고 한국에 왔어요. 취미는 농구이고 전공은 관광학이에요. 한국말을 배운 후에 한국에서 일하고 싶어요. 만나서 반가워요.
2. 여자1 : 안녕하세요? 오늘 기숙사에 들어온 리에예요. 일본에서 왔어요.
여자2 : 안녕하세요? 저는 김미선이에요. 만나서 반가워요.
여자1 : 미선 씨는 무엇을 공부하세요?
여자2 : 저는 경제학을 공부해요. 리에 씨는요?
여자1 : 저는 한국어와 한국 문학을 공부해요. 지금 2학년이에요.
여자2 : 한국 문학은 공부하기가 어렵지 않아요?
3. 남자 : 안녕하세요? 저는 김민철입니다. 제 고향을 소개하겠습니다. 제 고향은 부산입니다. 부산은 한국 남쪽에 있는 도시입니다. 한국에서 두 번째로 큰 도시입니다. 부산에는 넓은 바다가 있고 큰 생선 시장이 있습니다. 부산만큼 재미있는 곳도 없습니다. 그래서 많은 사람들이 제 고향에 놀러 옵니다.

1 07~10

[03] 1. 남자 : 리에 씨, 안녕하세요? 처음 뵙겠습니다.
여자 : 네, 웨이 씨 안녕하세요? 같은 반에서 한국말을 공부해서 기뻐요.
남자 : 저도요. 리에 씨는 왜 한국말을 공부해요?
여자 : 제 남자 친구가 한국 사람이어서 한국말을 공부해요. 웨이 씨는요?
남자 : 저는 일을 해야 해서 한국말을 배워요. 1년 동안 한국 회사에 있을 거예요.

여자 : 앞으로 우리 잘 지내요.

2. 여자1 : (약간 시끄러운 파티 소음-사람들이 웅성거리는 소리 들림) 리에 씨, 이쪽으로 오세요. 제 친구를 소개해 드릴게요. 이 사람은 제 친구 김민철이에요.
여자2 : 안녕하세요? 처음 뵙겠습니다. 저는 리에예요.
남자 : 안녕하세요? 김민철이에요.
여자2 : 저는 대학교에서 한국 문학을 공부하고 있어요. 민철 씨는 무슨 일을 하세요?
남자 : 회사원이에요. 그런데 공부를 더 하고 싶어서 지금 미국 유학 준비를 하고 있어요.

3. 남자 : 리에 씨는 고향이 어디예요?
여자 : 제 고향은 일본 남쪽에 있어요. 작은 시골이에요.
남자 : 겨울에 많이 추워요?
여자 : 아니요, 서울보다 춥지 않아요.
남자 : 고향 음식은 어때요?
여자 : 우리 고향에는 맛있는 음식이 아주 많아요. 음식이 맵지 않고 맛있어요. 나중에 놀러 오세요.

4. 남자 : 리에 씨는 형제가 몇 명이에요?
여자 : 저는 외동딸이에요. 웨이 씨는요?
남자 : 저는 누나가 두 명 있고 남동생이 하나 있어요. 동생도 같이 한국말을 공부하고 있어요.
여자 : 형제가 많아서 좋겠어요.
남자 : 어렸을 때는 많이 싸웠어요. 지금은 안 싸우지만요.
여자 : 그렇지만 힘들 때 도와줘서 좋을 것 같아요.

❶ 11~12

[04] 1. 여자1 : 안녕하세요? 저는 오늘 하숙집에 들어온 마리아예요. 러시아에서 왔어요. 가수가 꿈인데 한국말로 노래를 부르고 싶어서 한국에 왔어요. 한국 생활이 처음이어서 아직 모르는 게 많아요. 만나서 반갑습니다.
남자1 : 우리도 반가워요. 저는 김영수예요. 제 전공은 경영학이고 지금 3학년이에요.
남자2 : 저는 마이클이에요. 저도 한국말을 배우기 위해서 한국에 왔어요.
여자2 : 저는 김미선이에요. 전공은 경제학이고 고향은 제주도예요. 제주도에 가고 싶으면 언제든지 말씀하세요.

2. 여자 : 안녕하세요? 제 이름은 지나예요. 저는 미국 뉴욕에서 태어나서 거기에서 대학교까지 공부했어요. 제 부모님은 한국 사람이에요. 하지만 저는 한국말을 잘 못해요. 그래서 가족들과 한국말로 이야기하기 위해서 한국어를 공부해요. 제 취미는 운동이에요. 수영을 좋아해서 시간이 있을 때마다 수영을 해요. 제 꿈은 신문 기자예요. 앞으로 세계 여러 나라의 일을 많은 사람들에게 소개해 주고 싶어요.

02 취미가 같아서 빨리 친해졌어요

[들어봅시다]

2 01~03

[01] 1. 마리아 씨, 그 친구는 어떤 사람이에요?
2. 그 친구를 언제 처음 만났어요?
3. 그 친구는 취미가 뭐예요?

2 04~06

[02] 1. 여자 : 제 방 친구 유나 씨는 성격이 아주 밝은 사람입니다. 마음이 따뜻하고 친절해서 친구들을 잘 도와줍니다. 유나 씨는 날마다 친구들과 같이 학교에 가고 밥도 먹습니다. 재미있는 이야기를 잘 해서 학교 친구들도 모두 유나 씨를 좋아합니다. 유나 씨는 뭐든지 친구들과 같이 하는 것을 좋아합니다. 오늘도 수업이 끝난 후에 유나 씨는 친구와 같이 도서관에 갔습니다.

2. 여자 : 제 남자 친구가 어제 한국에 왔어요.
남자 : 좋겠어요, 미선 씨. 남자 친구는 어떤 사람이에요?
여자 : 성격이 밝고 마음이 아주 넓은 사람이에요. 같이 있으면 재미있어요. 우리는 취미가 같아서 빨리 친해졌어요.
남자 : 남자 친구가 뭘 좋아해요?
여자 : 여행을 아주 좋아해서 여기저기 구경하려고 해요.

3. 남자 : 미선 씨, 저 어제 텔레비전에서 제임스 씨를 봤어요. 제임스 씨가 취미로 모은 한국 물건 이야기를 책으로 만들었어요.
여자 : 네, 저도 봤어요. 참 멋있는 것 같아요.
남자 : 어떻게 취미로 모은 물건으로 그런 재미있는 이야기를 만들었을까요?
여자 : 제임스 씨는 기자여서 이야기를 잘 만들어요. 한국에 있는 3년 동안 쓴 이야기가 아주 재미있을 거예요.

2 07~10

[03] 1. 여자 : 이 사진에 있는 사람은 제 친구 조엔입니다. 조엔은 대학교에서 언론정보영상학을 전공하고 있어요. 아주 재미있고 성격이 좋은 친구예요. 조엔은 사진 찍기를 좋아해서 날마다 사진을 학교에 가지고 와요. 저도 조엔이 찍어 준 사진이 많아요. 우리는 자주 시내에 나가서 맛있는 음식도 같이 먹어요. 그런데 지금은 조엔이 고향에 가서 못 만나요. 조엔이 많이 보고 싶어요.

2. 여자1 : 리에 씨, 무슨 일 있어요? 많이 피곤한 것 같아요.
여자2 : 네, 제 방 친구 미나 씨하고 약속을 했는데 미나 씨가 오늘도 40분 늦게 왔어요.
여자1 : 그래요? 기분이 안 좋았겠어요.
여자2 : 미나 씨는 정말 좋은 친구인데 약속 시간에 자주 늦어요. 그래서 기분이 안 좋을 때가 있어요.
여자1 : 그럼 미나 씨하고 한번 이야기해 보세요.

3. 남자 : 안녕하세요? 리에 씨, 오랜만이에요. 방학 잘 보내셨어요?
여자 : 네, 잘 쉬었어요. 제임스 씨는요?
남자 : 저도요. 그런데 저기 계신 분은 누구세요?

여자 : 고향에서 온 제 친구예요. 아직 한국말을 잘 못해요. 가수 이준호를 아주 좋아해서 그 사람을 만나려고 한국에 왔어요.

남자 : 리에 씨도 한국 노래를 좋아해서 여기에 오셨지요? 두 분이 같이 있으면 이야기를 많이 하겠어요.

여자 : 네, 우리는 한국 음악에 관심이 많아요.

4. 남자 : 제 옆방에는 캐나다에서 온 피터 씨가 삽니다. 피터 씨는 영어 학원 선생님이어서 날마다 학원에 갑니다. 오후 4시부터 8시까지 수업을 합니다. 피터 씨는 일이 끝나면 가끔 학원 선생님들과 같이 저녁을 먹습니다. 학생들이 방학을 하면 피터 씨는 더 바쁩니다. 오전 10시부터 밤늦게까지 학원에서 계속 학생을 가르쳐야 합니다. 다음 주부터 방학입니다. 피터 씨는 이번 방학에도 열심히 일할 겁니다.

🔊 ❷ 11~12 **[04]** 1. 여자 : 영수 씨, 이거 제 생일에 찍은 사진이에요.

남자 : 아, 여기 이 분이 마리아 씨지요?

여자 : 네, 맞아요.

남자 : 마리아 씨 옆에서 노래를 부르는 사람은 누구예요?

여자 : 마리아 씨 고향 친구 안드레이 씨예요. 안드레이 씨는 마리아 씨를 만나러 한국에 왔어요.

남자 : 안드레이 씨가 마리아 씨 남자 친구예요?

여자 : 아니에요.(웃음) 친구예요. 마리아 씨는 고향에 남자 친구가 있어요.

2. 남자 : 제 친구 이튼 씨를 소개합니다. 이튼 씨는 한국에서 가수가 되고 싶어 합니다. 오전에는 한국말을 공부하고 오후에는 아르바이트를 합니다. 이튼 씨는 어렸을 때부터 노래를 잘 했습니다. 한국 노래를 좋아해서 아주 잘 부릅니다. 이튼 씨는 한국 음식도 아주 좋아합니다. 닭갈비와 김치찌개를 좋아해서 매운 음식을 먹고 싶을 때 저에게 전화를 합니다. 이번 주말에도 우리는 닭갈비를 먹으러 갑니다.

03 다음에는 더 높은 산에 갔으면 좋겠어요

[들어봅시다]

🔊 ❸ 01~03 **[01]** 1. 왜 태권도 동아리에 들려고 해요?

2. 어제 사진 동아리에서 뭘 했어요?

3. 국악 동아리에서는 무엇을 해요?

🔊 ❸ 04~06 **[02]** 1. 남자 : 우리 학교에는 무슨 동아리가 있어요?

여자 : 음악 동아리와 사진 동아리, 만화 동아리 등 여러 가지 동아리가 있어요.

남자 : 저는 재미있는 동아리에 들고 싶은데요. 다른 동아리는 없어요?

여자 : 미술 동아리는 어때요?

남자 : 미술도 배우고 친구도 사귀고 재미있을 것 같아요.

2. 남자 : 이번에는 사진 찍으러 어디에 가면 좋을까요?

여자 : 날씨도 좋은데 학교 근처 공원에 가는 게 어때요?
남자 : 지금 봄이어서 꽃이 많이 피었을 거예요.
여자 : 공원에서 꽃도 구경하고 사진도 찍어요.
남자 : 그럼, 내일 동아리 친구들에게 이야기해 봅시다.

3. 남자 : 미선 씨, 학교 동아리 방이 어디에 있어요?
여자 : 학생회관 2층에 있어요.
남자 : 지금 가면 사람들을 만날 수 있을까요?
여자 : 네, 학생회관 앞에 가면 동아리 사람들을 만날 수 있을 거예요.
남자 : 학생회관 앞에요?
여자 : 네, 지금 3월이어서 학생회관 앞에서 동아리 소개를 하고 있어요.

3 07~10 [03] 1. 남자 : 동아리에 들고 싶어서 왔는데요. 저는 경제학과 1학년 웨이예요.
여자 : 반가워요, 웨이 씨.
남자 : 저는 고등학교 때 음악 동아리에서 노래를 불렀어요. 제가 이 동아리에 들어갈 수 있을까요?
여자 : 글쎄요, 웨이 씨 노래를 동아리 사람들이 들어 봐야 할 것 같아요. 이번 주 금요일에 모임이 있으니까 노래를 준비해 오세요.
남자 : 네, 알겠습니다.

2. 남자 : 마리아 씨는 취미가 뭐예요?
여자 : 저는 만화책 보는 것을 좋아해요.
남자 : 우리 학교에 만화 동아리가 있는 거 알아요?
여자 : 그래요? 저는 만화 그리는 것도 좋아하는데 거기에서 만화도 그려요?
남자 : 그럼요. 그리고 만화 영화도 보러 가고 만화책도 만들어요.
여자 : 아주 재미있겠어요.

3. 남자 : 리에 씨, 오늘 스키를 처음 탔는데 어땠어요?
여자 : 좀 어려웠어요. 저도 연습하면 웨이 씨만큼 잘 탈 수 있을까요?
남자 : 그럼요, 저도 처음에는 잘 못 탔어요. 이따가 가르쳐 드릴게요.
여자 : 웨이 씨는 언제부터 스키를 탔어요?
남자 : 1년 전부터 스키를 탔어요. 동아리 친구들이 가르쳐 줬어요.
여자 : 저도 열심히 배워서 잘 타고 싶어요.

4. 남자 : 다음 주 금요일에 시간이 있어요?
여자 : 네, 있어요. 그런데 왜요?
남자 : 우리 동아리에서 연극을 해요. 시간이 있으면 보러 오세요.
여자 : 어디에서 하는데요?
남자 : 저녁 7시에 학생회관 3층에서 해요. 준비를 많이 해서 재미있을 거예요.
여자 : 네, 알겠어요. 보러 갈게요.

3 11~12 [04] 1. 남자 : 리에 씨, 여러 사람들과 등산하니까 좋지요?
여자 : 네. 요즘 자주 등산을 해서 튼튼해지는 것 같아요.

남자 : 서울 경치도 참 아름다워요.
여자 : 네, 다음에는 더 높은 산에 갔으면 좋겠어요. 거기에서 경치를 보면 더 멋있을 거예요.
남자 : 그럼, 이번 주 금요일 모임에서 이야기해 볼까요?
여자 : 그래요. 이제 내려가서 동아리 사람들과 밥을 먹어요.

2. 여자 : 마이클 씨, 방학 잘 보냈어요?
남자 : 네. 잘 지냈어요. 그런데 동아리 일이 많아서 좀 바빴어요.
여자 : 무슨 일이 있었는데요?
남자 : 지금 동아리에서 영화를 만들고 있어요. 동아리에서 처음 만드는 영화인데 이번 달 30일까지 만들어야 돼요.
여자 : 저도 보고 싶어요. 다른 사람들도 그 영화를 볼 수 있어요?
남자 : 그럼요. 다음 달 20일에 볼 수 있을 거예요.

제2과 학교 생활

01 이번 학기에는 역사 수업을 들으려고 해요

[들어봅시다]

❶ 01~03

[01] 1. 이번 학기에 무슨 수업을 들을 거예요?
2. 어제 본 중간시험은 어땠어요?
3. 이번 기말 과제는 언제까지 내야 해요?

❶ 04~06

[02] 1. 여자 : 일학년 학생 여러분, 다음 주부터 학기가 시작되지요? 학기가 시작되기 전에 수업을 신청하셔야 됩니다. 여기 안내 책에 우리 학과에서 들을 수 있는 수업이 있습니다. 안내 책 오른쪽에 있는 수업은 이번 학기에 꼭 들어야 하는 수업입니다. 신청은 다음 주 월요일부터 금요일까지 컴퓨터로 하면 됩니다.
2. 남자 : 교수님, 저, 드릴 말씀이 있는데요.
여자 : 무슨 일이에요?
남자 : 제가 이번에 교수님 수업을 듣고 싶은데 다른 학생들이 신청을 많이 해서 수업 신청을 할 수 없어요.
여자 : 이 수업을 꼭 듣고 싶어요?
남자 : 네, 들을 수 있는 방법이 없을까요?
3. 여자 : 조교님, 안녕하세요? 저는 지금 한국 문학 수업을 듣고 있는 리에입니다.
남자 : 아, 네, 그런데 무슨 일이지요?
여자 : 제가 이번에 보고서를 써야 하는데 쓰는 방법을 잘 모르겠어요.
남자 : 전에 보고서를 써 본 적이 없어요?
여자 : 다른 수업에서 써 봤는데 문학 수업은 어려워서요.
남자 : 여기 이쪽으로 와서 앉아 보세요.

❶ 07~10

[03] 1. 여자 : 영수 씨, 지난 학기에 한국 역사 수업을 들으셨지요?

남자 : 김 교수님 수업이요?

여자 : 네, 제가 다음 학기에 그 수업을 들으려고 하는데 어때요?

남자 : 다른 수업보다 좀 힘들 거예요. 시험도 어렵고 과제도 많아요.

여자 : 과제가 그렇게 많아요?

남자 : 네, 책도 많이 읽어야 하고 보고서도 매주 내야 해요. 발표도 잘 해야 해요.

2. 여자 : 여보세요? 영수 씨, 저 리에예요.

남자 : 리에 씨, 10분 후면 수업 시간인데 어디에서 전화하는 거예요?

여자 : 제가 오늘 아파서 병원에 갔는데 시간이 오래 걸렸어요. 10분쯤 늦을 것 같아요.

남자 : 이 수업은 출석이 중요하니까 빨리 오세요.

여자 : 죄송하지만 교수님께서 출석을 부르실 때 제 이야기 좀 해 주세요.

남자 : 알겠어요. 그렇게 말씀드릴게요.

3. 남자 : 미선 씨, 무슨 일이 있어요?

여자 : 네, 다음 주에 시험인데 공부를 못 해서 그래요.

남자 : 지금부터 열심히 하면 돼요.

여자 : 그런데 아르바이트가 있어서 공부할 시간이 별로 없어요.

남자 : 제가 도와 드릴게요. 이거 제 공책인데 필요하면 보세요. 모르는 것은 가르쳐 드릴게요.

여자 : 정말 고마워요. 영수 씨 덕분에 시험을 잘 볼 것 같아요.

4. 남자 : 다음 주에 기말시험이 있어요. 수업을 듣는 것은 오늘이 마지막이에요.

여자 : 교수님 덕분에 많이 배웠습니다.

남자 : 그럼, 다음 주 화요일 시험 날까지 과제를 내세요. 시험과 과제 모두 중요한 거 알지요?

여자 : 아 교수님, 죄송하지만 과제는 시간을 더 주시면 안 될까요?

남자 : 시간이 더 필요해요? 그럼 금요일까지 내세요.

여자 : 네, 감사합니다.

❶ 11~12 **[04]** 1. 여자 : 영수 씨, 아까 수업 시간에 발표 잘 들었어요. 어떻게 그렇게 발표를 잘 하세요?

남자 : 저도 처음엔 잘 못했어요.

여자 : 저는 앞에 나가면 말을 잘 못 하겠어요.

남자 : 발표는 준비가 중요해요. 먼저 발표할 이야기를 써 보세요. 그 다음엔 여러 번 읽어 보세요.

여자 : 그리고요?

남자 : 제일 중요한 것은 연습이에요. 쓴 이야기를 보지 말고 말하는 연습을 하세요. 계속 연습하면 좋아질 거예요.

2. 남자 : 안녕하세요? 1학년 여러분, 학교생활이 쉽지 않지요? 해야 할 공부도 많고 과제도 많고요. 그래서 몇 가지 방법을 말씀드리려고 해요. 먼저 학교 홈페이지에 자주 들어가 보세요. 필요한 정보를 찾아볼 수 있어요.수업은 혼자

듣지 말고 친구들과 같이 들으세요. 모르는 것이 있을 때 도움을 받을 수 있어요. 그리고 수업을 듣기 전에 친구에게 정보를 들으세요. 그러면 과제나 시험을 좀 더 빨리 준비할 수 있어요.

02 친구에게서 도움을 많이 받았어요

[들어봅시다]

2 01~03 **[01]** 1. 리에 씨는 버디 프로그램을 해 봤어요?
2. 이 프로그램은 어디에서 신청할 수 있어요?
3. 어제 학교 친구하고 4시간쯤 이야기했어요.

2 04~06 **[02]** 1. 남자 : 이 프로그램을 신청하고 싶은데 어떻게 해야 돼요?
여자 : 여기 신청서에 이름, 연락처, 성별을 써 주세요. 그리고 프로그램을 하고 싶은 이유도 써 주세요.
남자 : 네, 감사합니다. 언제부터 할 수 있어요?
여자 : 먼저 신청을 하고 기다리세요. 연락을 받으시면 다음 주 수요일 오리엔테이션에 참석하셔야 해요.

2. 남자 : 저는 지금 학교 버디 프로그램을 하고 있어요. 이 프로그램에서 만난 한국 친구에게서 도움을 많이 받고 있어요. 어제도 그 친구와 한국말로 3시간이나 이야기했어요. 제가 좋아하는 것, 한국에서 하고 싶은 것, 한국 생활 등 많은 이야기를 했어요. 시간이 있을 때는 그 친구와 같이 여행도 가요. 지난 달에는 한국 역사를 공부하러 여행을 갔어요.

3. 남자 : 마리아 씨, 저 오늘 학교에서 한국 영화를 볼 거예요. 같이 가요.
여자 : 한국 영화요? 학교에서요?
남자 : 네, 학교에서 영화도 보고 한국어 공부도 하니까 참 좋아요.
여자 : 저는 아직 듣기를 잘 못해서 영화를 보는 건 힘들 것 같아요.
남자 : 아니에요. 한국어 자막이 있어서 괜찮아요. 들을 때 한국어를 같이 보니까 별로 어렵지 않아요.

2 07~10 **[03]** 1. 여자 : 우리 학교에는 봉사 활동 프로그램이 있습니다. 한국어를 1년 이상 공부한 우리 학교 학생은 누구든지 신청할 수 있습니다. 이 프로그램에서는 한 학기에 두 번 학교 밖으로 나가서 봉사 활동을 합니다. 한국 사람과 만나서 이야기도 하고 다른 사람을 도울 수 있습니다. 사무실에 프로그램 안내 책이 있습니다. 관심이 있는 학생은 신청하십시오.

2. 남자 : 리에 씨, 저 이번에 한국 역사 프로그램을 신청했어요.
여자 : 그래요? 어떤 프로그램이에요?
남자 : 학교 친구들과 박물관에도 가고 가끔 주말에 여행도 가요. 가서 한국의 역사를 공부하는 프로그램이에요.
여자 : 그래요? 저도 가고 싶어요. 어떻게 신청했어요?
남자 : 학교 홈페이지에서 신청하면 돼요. 리에 씨가 참석할 수 있는 날짜와 프로

그램을 보세요. 선착순이니까 빨리 신청해야 돼요.

3. 여자 : 안녕하세요? 한국대학교 학생 여러분!
서울 역사박물관에서 외국인 학생 기자를 찾습니다. 한국 문화에 관심이 있고, 한국어로 쓰고 말할 수 있는 외국인 학생은 누구든지 신청할 수 있습니다. 홈페이지의 안내를 잘 읽고 이메일로 신청서를 보내면 역사박물관에서 전화를 드립니다. 박물관 직원과 전화로 인터뷰를 합니다. 6월 25일에 홈페이지 게시판에 기자가 된 학생을 발표합니다.

4. 여자 : 어제 다른 학교 외국인 친구들과 김치박물관에서 김치를 만들었어요.
남자 : 와, 재미있었겠어요. 어렵지 않았어요?
여자 : 네, 별로 어렵지 않았어요. 봉사 활동을 하시는 아주머니들과 같이 만들었는데 아주 재미있었어요.
남자 : 그래요? 저도 한 번 해보고 싶은데. 어떻게 알았어요? 사무실 게시판에는 그런 정보가 별로 없어요.
여자 : 학교 홈페이지에 들어가 보세요. 학생 활동 게시판에 정보가 많아요.

❷ 11~12

[04] 1. 여자 : 마이클 씨, 한국어 말하기 연습을 하고 싶은데 뭐 좋은 방법 없을까요?
남자 : 그럼 언어 교환을 신청해 보세요.
여자 : 그건 어떻게 하는 거예요?
남자 : 학교 홈페이지에서 신청하세요. 학교에서 연락이 올 거예요. 그럼 언어 교환 친구하고 만나서 일본어와 한국어로 이야기하시면 돼요.
여자 : 지금도 신청할 수 있어요?
남자 : 네, 내일까지 신청할 수 있어요. 하고 싶어 하는 학생이 많으니까 빨리 신청하세요.

2. 남자 : 저는 학교 프로그램에서 영수 씨를 만났어요. 지난 주말에 우리는 서울 구경을 했어요. 경복궁이 아주 아름답고 멋있었어요. 근처 식당에서 갈비탕도 먹었어요. 처음 먹었는데 참 맛있었어요. 식사가 끝나고 우리는 버스로 동대문시장에 갔어요. 거기에서 구경도 하고 옷도 많이 샀어요. 많이 걸어서 조금 힘들었지만 아주 재미있는 하루였어요. 한국어로 이야기도 하고 한국 사람도 만날 수 있어서 정말 좋았어요.

03 아르바이트를 찾는 중이에요

[들어봅시다]

❸ 01~03

[01] 1. 하숙집에서 생활하니까 어때요?
2. 지갑이 없어졌는데 아직 못 찾았어요.
3. 방학에 할 수 있는 아르바이트를 찾는 중이에요.

❸ 04~06

[02] 1. 남자 : 아르바이트를 하고 싶은데요.
여자 : 어떤 아르바이트를 찾으세요?
남자 : 수업이 끝나고 학교에서 할 수 있는 아르바이트를 찾는 중이에요.

여자 : 우리 학교에는 서점이나 도서관에서 할 수 있는 아르바이트가 많아요.

남자 : 도서관에서 하는 아르바이트가 재미있겠어요.

여자 : 네, 많은 학생들이 하려고 해요. 학교 아르바이트는 우리 학교 홈페이지와 사무실 게시판에서 찾을 수 있어요.

2. 남자 : 리에 씨, 왜 그래요?

여자 : 휴대 전화가 없어졌어요. 오전에 도서관에서 공부할 때는 있었어요.

남자 : 강의실에서 잃어버린 거 아니에요?

여자 : 조금 전에 가 봤는데 없었어요.

남자 : 1층 사무실에 가 보세요. 저도 전에 책을 잃어버렸는데 거기에서 찾았어요.

여자 : 네, 알겠어요.

3. 남자1 : 안녕하세요? 이 집에 새로 들어온 제임스예요.

남자2 : 저는 웨이예요. 반가워요.

남자1 : 뭐 좀 물어볼게요. 컴퓨터를 써야 하는데 하숙집 근처에 PC방이 있어요?

남자2 : 네, 하숙집 뒤에 있어요.

남자1 : 1층에 커피숍이 있는 건물이에요?

남자2 : 아니요, 그 옆에 서점이 있는 건물 3층에 있어요.

3 07~10

[03] 1. 남자 : 학교 홈페이지에서 하숙집 정보를 보고 전화 드렸어요. 그 하숙집이 은행 옆 건물이에요?

여자 : 네, 학교 정문에서는 걸어서 15분 정도 걸려요.

남자 : 한 달에 50만원이지요?

여자 : 네. 우리 하숙집은 방이 넓고 깨끗해요.

남자 : 언제부터 그 집에서 살 수 있어요?

여자 : 지금 사는 학생이 이번 주에 나가니까 다음 주에 들어올 수 있어요.

2. 여자 : 마이클 씨, 다음 주에 고향에 돌아가지요?

남자 : 네, 그런데 물건이 너무 많아서 다 가지고 갈 수 없어요.

여자 : 그럼, 다른 친구에게 주는 것은 어때요?

남자 : 그렇게 하면 되겠어요.

여자 : 학교 근처에 혼자 사는 친구가 있어요?

남자 : 네, 동아리 친구가 있는데 그 친구에게 주면 될 것 같아요.

3. 남자 : 리에 씨, 기숙사에서 나와서 혼자 사니까 어때요?

여자 : 편하고 재미있는데 돈을 많이 써요.

남자 : 어디에 돈을 많이 써요?

여자 : 음식 재료를 살 때 많이 써요. 혼자 살아서 다 못 먹을 때가 많아요.

남자 : 저도 그래요. 그럼 우리 음식 재료를 같이 살까요?

여자 : 네, 좋아요. 그렇게 하면 돈을 덜 쓸 것 같아요.

4. 남자 : 기숙사에서 안내 말씀드리겠습니다. 기숙사에서 물건을 잃어버리고 찾아가지 않는 학생들이 많습니다. 물건이 많아서 저희가 모두 가지고 있을 수 없

습니다. 학생증, 사전, 지갑, 휴대 전화 등 여러 가지 물건이 있습니다. 이번 달 11일까지 기숙사 사무실로 오셔서 찾아가 주십시오. 감사합니다.

❸ 11~12 **[04]** 1. 남자 : 저, 홈페이지에서 아르바이트 정보를 보고 왔는데요.
여자 : 편의점에서 일해 본 적이 있어요?
남자 : 네, 해 본 적이 있어요. 몇 시부터 몇 시까지 일해야 돼요?
여자 : 오전 8시부터 12시까지예요. 한 시간에 6,000원 드려요. 내일부터 일할 수 있어요?
남자 : 네, 오전에는 수업이 없어서 언제든지 일할 수 있어요.
여자 : 그럼, 내일부터 나오세요.

2. 남자 : 리에 씨, 뭘 그렇게 보고 있어요?
여자 : 하숙집 정보를 찾고 있어요. 혼자 사니까 날마다 음식 만드는 것이 힘들어요.
남자 : 하숙집이 편한 게 더 많아요. 아주머니께서 음식을 만들어 주시고 친구들도 사귈 수 있어요.
여자 : 불편한 점은 없어요?
남자 : 화장실과 냉장고를 같이 써야 하는 게 조금 불편해요.
여자 : 네, 그렇겠어요.

제3과 학교 시설

01 수업이 끝나고 같이 도서관에 갈래요?

[들어봅시다]

❶ 01~03 **[01]** 1. 도서관을 이용하고 싶은데 어떻게 해야 해요?
2. 이 책을 빌리고 싶은데요.
3. 수업이 끝나고 같이 도서관에 갈래요?

❸ 04~06 **[02]** 1. 여자 : 학교 도서관에 가 본 적이 있습니까? 도서관은 학생회관 앞에 있습니다. 도서관에서 공부하고 싶으면 24시간 언제든지 열람실을 이용할 수 있습니다. 하지만 자료실은 시간을 잘 알고 가야 합니다. 평일에는 오전 6시부터 밤 10시까지 이용할 수 있습니다. 주말에는 오전 9시부터 오후 5시까지 문을 엽니다.

2. 여자 : 아저씨, 제가 도서관에 처음 왔는데요. 열람실에서 공부하고 싶은데 어떻게 해야 해요?
남자 : 이쪽으로 오세요. 이 화면에서 열람실 빈자리를 볼 수 있어요. 여기에서 앉고 싶은 자리를 고르면 돼요.
여자 : 아, 네.
남자 : 한 번에 4시간까지 이용할 수 있어요.
여자 : 잘 알겠습니다. 감사합니다.

3. 남자 : 실례지만 뭐 좀 물어보고 싶은데요.
여자 : 네, 무슨 일이세요?

남자 : 제가 이 책을 찾고 있는데 찾기가 어려워서요. 책 번호는 여기 있어요.
여자 : 이 책은 2층에 없어요. 4층으로 올라가셔야 돼요.
남자 : 네, 알겠습니다.
여자 : 저쪽으로 올라가시면 돼요.

3 07~10 **[03]** 1. 남자 : 리에 씨, 오늘 수업이 끝나고 같이 멀티미디어센터에 갈래요?
여자 : 멀티미디어센터요? 거기가 어디예요?
남자 : 학교 도서관 안에 있는 곳인데 깨끗하고 시설이 좋아요.
여자 : 거기에서 뭘 할 수 있는데요?
남자 : 컴퓨터로 찾고 싶은 자료도 빨리 찾을 수 있고 음악 감상도 할 수 있어요. 외국어 공부도 할 수 있어요.
여자 : 그럼 오늘 점심을 먹고 가 볼까요?

2. 여자 : 영수 씨, 지금 뭐 하세요?
남자 : 컴퓨터로 과제에 필요한 책 좀 찾아보고 있어요.
여자 : 찾을 책이 많아요?
남자 : 그건 아닌데 보고 싶은 책을 다른 사람이 빌려 가서 사야 될 것 같아요.
여자 : 급한 책이 아니면 책을 예약하세요. 먼저 빌려 간 사람이 다 보면 도서관에서 연락이 올 거예요.
남자 : 그래요? 지금 볼 책이 아니니까 그렇게 하는 게 좋겠어요.

3. 남자 : 저는 책을 다 찾았는데 미선 씨도 다 찾았어요?
여자 : 네, 그럼 우리 저기에 앉아서 읽어요.
남자 : 네, 그런데 책을 다 본 후에는 다시 책장에다가 꽂아야 해요?
여자 : 아니요, 책상 위에다가 놓고 가면 돼요. 우리가 꽂으면 잘못 꽂을 수 있으니까 놓고 가는 것이 좋아요.
남자 : 그럼 이 책은 누가 꽂아요?
여자 : 나중에 아르바이트 학생이 할 거예요.

4. 남자 : 미선 씨는 학교 도서관에 가 본 적이 있어요?
여자 : 네, 가끔 가요.
남자 : 제가 오늘 도서관에 가려고 하는데 도서관에서 노트북을 쓸 수 있어요?
여자 : 그럼요. 1층과 6층에서 사용할 수 있으니까 거기에 가면 돼요.
남자 : 자료실은 어디에 있어요?
여자 : 2층, 3층, 4층에 있어요. 그런데 4층에 있는 책은 빌려갈 수 없어요.

3 11~12 **[04]** 1. 여자 : 이 책을 빌리고 싶은데요.
남자 : 학생증을 주시고 여기에다가 책을 놓으세요.
여자 : 여기 있어요. 그런데 책은 얼마동안 빌릴 수 있어요?
남자 : 15일 동안 빌릴 수 있어요. 15일이 지나면 돈을 내야 해요.
여자 : 얼마나요?
남자 : 하루에 100원입니다. 비싸지 않아요. 하지만 뒤에 책을 기다리는 사람이 있

을 수 있으니까 다 본 후에는 빨리 가지고 오세요.

2. 여자 : 학교 도서관에서 하는 영화 프로그램을 알고 계십니까? 우리 학교 학술정보관에서는 무료로 영화를 상영합니다. 이번 달 영화 주제는 '사랑'입니다. 아름다운 사랑 영화를 볼 수 있습니다. 장소는 학술정보관 3층 멀티미디어 센터 안에 있는 미디어 감상실입니다. 상영 시간은 매주 화요일과 수요일 저녁 6시 10분입니다.

02 학교 버스는 20분마다 운행해요

[들어봅시다]

② 01~03 **[01]** 1. 방학에도 학생 식당이 문을 열어요?
2. 컴퓨터실은 무료로 이용할 수 있어요?
3. 이렇게 더운데 기숙사까지 걸어서 가야 해요?

② 04~06 **[02]** 1. 남자 : 지하철역까지 가는 버스는 어디에서 타야 해요?
여자 : 저기 도서관 앞에서 타면 돼요. 다른 곳에서도 탈 수 있어요. 학교 홈페이지에서 버스를 타는 장소와 시간을 찾아보세요. 20분마다 있을 거예요.
남자 : 그래요? 누구든지 탈 수 있어요?
여자 : 그럼요, 우리 학교 학생이면 탈 수 있어요. 버스를 탈 때 학생증을 보여 주면 돼요.

2. 여자 : 저는 오늘 수업을 들을 때 머리가 많이 아팠어요. 친구가 제 이야기를 듣고 저를 학생회관 3층에 있는 여학생 휴게실로 데리고 갔어요. 거기에 크고 편한 의자가 있어서 쉴 수 있었어요. 따뜻한 차가 있어서 차를 한 잔 마시고 조용한 음악을 들으니까 좀 괜찮아졌어요. 학교에 그런 시설이 있어서 참 좋았어요. 앞으로 자주 이용할 거예요.

3. 여자 : 마이클 씨, 저 오늘 비행기 표를 사야 하는데 시간 있어요? 한국말을 잘 못해서 혼자 못 가겠어요.
남자 : 그럼 같이 학생회관 1층에 있는 여행사에 가 볼래요?
여자 : 학생회관에 여행사도 있어요?
남자 : 네, 학생들이 고향에 갈 때 많이 이용해요. 방학 때 이용할 수 있는 싼 비행기 표가 있을 거예요.
여자 : 바쁜데 도와줘서 고마워요.

② 07~09 **[03]** 1. 남자 : 과 학생모임을 하려고 하는데요. 강의실을 좀 빌릴 수 있을까요?
여자 : 과 모임이면 무료로 강의실을 빌릴 수 있어요.
남자 : 여기에서 신청해야 돼요?
여자 : 홈페이지를 보면 이용할 수 있는 강의실이 있어요. 보시고 필요한 강의실을 예약하세요. 매주 월요일에 신청 결과를 알 수 있어요.
남자 : 네, 알겠습니다. 감사합니다.

2. 여자(학교 안내 방송) : 방학 중 학생회관 이용 시간을 안내해 드리겠습니다. 은행과

우체국은 방학에도 같은 시간에 문을 엽니다. 하지만 이용 시간이 짧아지는 곳도 있습니다. 여행사는 방학동안 오전 10시부터 오후3시까지, 안경점은 오전 11시부터 오후 3시까지 이용하실 수 있습니다. 미용실은 오전 10시부터 4시까지 이용하실 수 있습니다. 방학에는 학생회관 1층에 있는 식당이 모두 문을 열지 않습니다. 지하 식당을 이용하십시오.

3. 남자(기숙사 경비아저씨) : 학생, 이 시간에 세탁을 하면 안 돼요.
   여자 : 네? 지금 세탁실을 이용하면 안 돼요? 저는 이 시간에 자주 세탁을 했는데요.
   남자 : 지난주부터 계속 안내 방송을 하고 있는데 못 들었어요?(친절하게) 이번 주 월요일부터 밤 11시까지만 세탁실을 이용할 수 있어요. 늦은 시간에 세탁을 하면 시끄러워서 잘 수가 없어요.
   여자 : 아, 그래요? 제가 요즘 계속 늦게 들어와서 안내 방송을 못 들었어요. 알겠습니다.

🔊 ❷ 01~03

4. 여자 : 어제 과 친구들하고 학교 산책로를 걸었는데 정말 좋았어요.
   남자 : 우리 학교에 산책로가 있어요?
   여자 : 모르셨어요? 얼마나 좋은데요. 도서관에서 기숙사까지 가는 길에도 산책로가 있어요. 아침 일찍 거기에서 운동을 하는 친구들도 많아요.
   남자 : 그래요? 제가 기숙사 생활을 안 하니까 그런 걸 잘 몰라요.
   여자 : 학교에 산책로가 많으니까 한번 가 보세요.

🔊 ❷ 01~03

[04]

1. 남자 : 급한 일로 빨리 서울 캠퍼스에 가야 하는데요. 어떻게 하지요?
   여자 : 그래요? 그럼 1시 반에 출발하는 학교 버스를 타고 가세요. 갈아타지 않고 고속도로로 해서 가니까 그게 제일 빠를 거예요.
   여자 : 인터넷으로 예약하세요. 예약하면 휴대폰으로 문자메시지가 올 거예요.
   남자 : 30분 전인데 예약할 수 있을까요?
   여자 : 그럼요. 지금 빨리 해 보세요.
2. 남자1 : 저는 기숙사 생활이 처음이어서 모르는 게 많아요.
   남자2 : 저는 1학년 때부터 살았어요. 지하 1층에는 식당하고 세탁실. (생각하는 시간) 지하 2층에는 헬스클럽, 영화 감상실이 있어요. 1층에 휴게실하고 컴퓨터실도 있어요.
   남자1 : 편리한 시설이 많아서 좋네요. 식당은 몇 시부터 해요?
   남자2 : 아침 7시부터 식사를 할 수 있어요. 식당 앞에 이용 시간 안내가 있어요.
   남자1 : 헬스클럽은 언제든지 이용할 수 있어요?
   남자2 : 밤 12시까지 이용할 수 있어요.

03 새로 지은 건물에 수영장이 있어요?

[들어봅시다]

🔊 ❸ 01~03

[01]

1. 우리 학교 체육관에 가 봤어요?
2. 오후에 수업이 없는데 같이 탁구 칠래요?

3. 새로 지은 건물에 수영장이 있어요?

3 04~06 **[02]** 1. 남자 : 학교 헬스클럽에서 운동하니까 어때요?
여자 : 깨끗하고 값도 싸서 좋아요.
남자 : 저는 집 근처 헬스클럽을 다녔는데 너무 비쌌어요.
여자 : 학교 헬스클럽은 수업이 없을 때 편하게 이용할 수 있어요.
남자 : 저도 이번 학기에 이용해 보고 싶은데요.
여자 : 그럼 이따가 저하고 같이 가요.

2. 남자 : 안녕하세요? 다음 주 수요일에 테니스장을 쓸 수 있을까요?
여자 : 몇 시에 이용하실 거예요?
남자 : 오후 3시요. 여기에서 신청하면 돼요?
여자 : 네, 우선 신청서를 써 주세요. 여기에 이름하고 전공, 시간을 쓰세요. 그리고 전화번호를 써 주세요. 사무실에서 문자 메세지를 보낼 거예요.
남자 : 예약 문자 메세지를 받고 그날 와서 테니스장을 쓰면 되지요?
여자 : 네, 그렇게 하시면 됩니다.

3. 남자 : 학교 야구장을 이용할 때 지켜야 할 것이 있습니다. 우선 야구장을 깨끗하게 써야 합니다. 다 마시지 않은 물이나 주스는 동아리방에 가지고 와야 합니다. 야구는 야구장을 빌린 시간에만 할 수 있습니다. 야구장에서 체육 수업이 있으면 야구장을 이용할 수 없습니다. 야구장을 이용하실 분은 꼭 지켜 주십시오.

3 07~10 **[03]** 1. 여자 : 우리 학교에 탁구장이 있어요?
남자 : 네, 기숙사 지하 1층에 있어요. 깨끗하고 넓어요.
여자 : 탁구장을 이용하는 사람이 많아요?
남자 : 처음에는 사람이 별로 없었는데 지금은 많아졌어요.
여자 : 저도 가 보고 싶은데요. 뭘 가지고 가야 해요?
남자 : 탁구공을 가지고 가야 해요. 탁구공은 빌려주지 않아요.

2. 여자 : 안녕하세요? 학교 헬스클럽에 등록하려고 하는데요.
남자 : 이번 달은 등록이 끝났고 다음 달부터 하실 수 있어요.
여자 : 한 달에 얼마예요?
남자 : 한 달에 4만원이고 3개월에 10만원이에요. 그리고 운동화는 따로 준비하셔야 해요.
여자 : 이용 시간은 어떻게 돼요?
남자 : 오전 9시부터 밤 9시까지 운동하실 수 있어요.

3. (따르릉~ 전화 벨 울리는 소리)
여자 : 여보세요. 체육 시설 관리 사무실입니다.
남자 : 안녕하세요? 저는 경제학과 학생인데요. 다음 주 금요일에 축구장을 이용하고 싶어서 전화 드렸어요.
여자 : 그럼, 예약을 하셔야 돼요. 학교 홈페이지에서 하시면 돼요.

남자 : 무료로 이용할 수 있어요?
여자 : 네, 수업이 없는 시간에 무료로 이용하실 수 있어요.
남자 : 네, 알겠습니다. 감사합니다.

4. 남자 : 안내 말씀드리겠습니다. 이번 학기부터 매주 화요일과 목요일에 체육관에서 전공 수업을 합니다. 오후 2시부터 5시까지 수업이 있습니다. 화요일과 목요일은 오전이나 저녁에 체육관을 이용해 주십시오. 체육관 이용 방법은 1층 사무실에서 알려드리고 있습니다. 사물함 신청도 사무실로 와서 해 주십시오. 감사합니다.

❸ 11~03

[04] 1. 여자 : 마이클 씨, 체육관을 이용해 본 적이 있어요?
남자 : 네, 주말마다 친구들과 체육관에서 농구를 해요.
여자 : 체육관 샤워실은 어때요?
남자 : 얼마 전에 지어서 좋아요. 탈의실 사물함도 커서 편해요.
여자 : 샤워실을 자주 이용하세요?
남자 : 네, 전에는 잘 이용하지 않았는데 요즘은 자주 가요. 기숙사 샤워실보다 더 깨끗하고 좋아요. 리에 씨도 운동할 때 한번 가 보세요.

2. 여자 : 제임스 씨, 수영을 배우고 싶은데 좋은 곳을 알고 있어요?
남자 : 학교 수영장에 방학마다 수영을 가르쳐 주는 프로그램이 있어요.
여자 : 학교 학생만 이용할 수 있어요?
남자 : 아니에요. 누구든지 이용할 수 있어요. 지난 방학에 제 동생도 배웠어요.
여자 : 누가 가르쳐요?
남자 : 체육을 전공하는 학생들이 가르쳐요. 한 달에 7만원이고 오전 10시부터 오후 5시까지 수업이 있어요.

제4과 모임

01 개강 모임은 지난번에 갔던 커피숍에서 해

[들어봅시다]

❶ 01~03

[01] 1. 이번 개강 모임은 어디에서 해?
2. 우리 조 과제 발표는 어떻게 준비할까?
3. 이번 학기 종강 모임에는 몇 명이 오니?

❶ 04~06

[02] 1. 남자 : 미선아, 이번 학기 개강 모임은 언제 하는 게 좋을까?
여자 : 다음 주 수요일이 좋을 것 같은데.
남자 : 다음 주 수요일? 그때 하면 좀 늦지 않을까? 개강하고 일주일 후인데.
여자 : 개강 첫 주에는 수업 준비도 해야 하니까 모두 바쁠 거야.
남자 : 알았어. 다른 친구들한테 물어보고 그날이 괜찮으면 그렇게 할게.

2. 여자 : 영수야, 너는 이번 과제에서 어느 조에 들어갈 거니?
남자 : 글쎄, 아직 잘 모르겠어. 좀 더 생각해 보려고.

여자 : 그럼, 나랑 같은 조를 하는 게 어때?
남자 : 그 조는 주제가 문화지? 문화는 내가 잘 모르는데 할 수 있을까?
여자 : 모르는 것이 있으면 내가 도와줄게. 나는 네가 우리 조에 들어왔으면 좋겠어.

3. 남자 : 여보세요? 리에야. 나 영수야.
여자 : 영수야, 무슨 일이야?
남자 : 지금 종강 모임 준비를 하는데 지난 학기에 모임을 했던 식당이 너무 좁아서. 좋은 곳이 없을까?
여자 : 그럼, 우리가 지난 주말에 갔던 커피숍은 어때? 거긴 넓고 조용한 것 같았어.
남자 : 아, 그래? 거기가 좋겠다.

❶ 07~10 **[03]** 1. 남자 : 미선아, 이번 주 금요일에 개강 모임이 있는 거 알지?
여자 : 네. 선배님. 그런데 모임에 꼭 가야 해요?
남자 : 그건 아니지만 선배들과 동기들이 많이 오니까 인사도 하고 좋을 거야. 너는 1학년이니까 대학생활 정보도 많이 들을 수 있어.
여자 : 네, 알겠어요. 그럼 갈게요.
남자 : 모임은 학교 앞 중국집 6시야.
여자 : 네, 과 게시판에서 봤어요.

2. 여자 : 영수야, 다음 주가 우리 조 발표야.
남자 : 벌써? 난 아직 준비를 못 했는데.
여자 : 나도 그래. 그래서 오늘 수업이 끝나고 조 모임을 하려고 하는데 시간 있니?
남자 : 어떻게 하지? 급한 일이 있어서 가야 하는데. 몇 시까지 할 거야?
여자 : 6시까지 있을 거야. 그 안에 올 수 있으면 와.
남자 : 알았어. 오래 걸리는 일이 아니니까 빨리 끝내고 갈게.

3. 남자 : 이번 문화 수업 과제로 뭘 하면 좋을까?
여자 : 음식 문화를 소개하는 게 어때?
남자 : 좋아. 한국과 우리 고향의 다른 점도 알 수 있고 좋을 것 같아.
여자 : 그럼 내가 중국의 전통 음식 자료를 찾아볼게.
남자 : 난 한국의 음식 문화를 찾아볼게.
여자 : 도서관에 자료가 있을 거야. 모임이 끝나고 가려고 하는데 같이 갈래?

4. 남자 : 리에야. 자료 준비는 다 했니?
여자 : 네, 선배님. 다 찾아서 조원들에게 나누어 줬어요.
남자 : 그럼 이제 발표 연습을 하면 되겠다. 리에 너도 발표해야 한다.
여자 : 전 발표를 해 본 적이 없는데요.
남자 : 연습하면 돼. 자기가 준비한 건 자기가 발표하는 게 좋을것 같은데.
여자 : 네, 다음 모임 전까지 연습해 가지고 올게요.

❶ 11~12 **[04]** 1. 여자 : 모두 한 학기 동안 공부하기가 어땠어요? 힘들었지요?
남자 : 아니에요. 교수님, 재미있었어요.

여자 : 오늘은 이번 학기가 끝나는 자리니까 맛있게 먹고 이야기도 많이 나누세요. 그런데 이번 학기동안 뭐가 제일 재미있었어요?

남자 : 저는 1학년이어서 조 발표를 처음 해 봤어요. 선배님, 동기들과 같이 준비하는 게 재미있었어요.

여자 : 힘들지 않았어요?

남자 : 좀 힘들었지만 조원들 덕분에 많이 배웠어요.

2. 남자 : 미선아, 기분이 안 좋은 것 같은데 무슨 일이 있어?

여자 : 수업에서 조 모임 과제를 해야 해서 그래.

남자 : 같이 준비하면 모르는 것도 가르쳐 주고 재미있어.

여자 : 아니야, 같이 준비하면 열심히 하는 사람도 있고 그렇지 않은 사람도 있어. 그런데 모두 같은 점수를 받는 게 난 싫어.

남자 : 사람들이 다 같지 않아. 그러니까 도와주는 거야.

여자 : 그렇지만 모두 같은 점수를 받는 건 좋은 방법이 아닌 것 같아.

02 내일 모임에 너는 김밥을 사 가지고 와라

[들어봅시다]

2 01~03

[01] 1. 그 모임은 몇 시까지 가야 돼요?

2. 내일 저녁에 모이는 게 어때?

3. 우리가 먹을 김밥을 만들어 가지고 올게.

2 04~06

[02] 1. 여자 : 파티 준비는 잘 하고 있지?

남자 : 그럼, 미선이가 케이크도 만들고, 선물도 준비하고 다 같이 카드도 썼는데……. 참! 초는 몇 개 준비해야 돼?

여자 : 마이클이 24살이니까 24개 준비하면 되지 않아?

남자 : 그래. 그럼, 초는 내가 준비해 올게.

여자 : 그럼 나는 꽃을 사 가지고 올게.

2. 남자 : 오늘 기다렸던 모임을 했다. 고향에서 온 사람들과 함께 식사도 하고 이야기도 하는 모임이었다. 이 모임은 2년 전에 시작했는데 한 학기에 한 번 모여서 고향 이야기도 하고 한국 생활 이야기도 한다. 선배들과 정보 교환도 하고 고향에서 온 후배들에게서 요즘 고향 이야기도 들을 수 있어서 나는 이 모임이 정말 좋다.

3. 여자 : 우리 금요일 모임은 어디에서 할까?

남자 : 아, 금요일에 모임이 있지. 어디가 좋을까?

여자 : 음, 지난달에 학교 앞에 새로 생긴 식당에서 하는 건 어때?

남자 : 거기? 값이 좀 비싸지 않았어?

여자 : 글쎄, 음식 맛은 괜찮았던 것 같은데. 분위기도 좋고 깨끗하고.

남자 : 그럼 거기로 할까? 내가 전화해서 예약할게.

2 07~10 **[03]** 1. 여자 : 과 사람들과 오랜만에 모여서 얼굴도 보고 이야기도 하니까 참 좋아요. 제임스 씨도 그동안 잘 지내셨어요?

남자 : 네, 잘 지냈어요. 다들 바빠서 만나기도 힘든데 누엔 씨 덕분에 이렇게 모이니까 정말 좋아요.

여자 : 오늘 결혼식에 과 선후배들이 다 와서 누엔 씨가 아주 좋아했어요. 한국에 가족도 없는데 과 사람들이 축하 노래를 부르니까 보기 좋았어요.

남자 : 누엔 씨도 행복했을 거예요.

2. 남자 : 마리아, 한국에 다시 올 거지?

여자 : 아직 잘 몰라. 이번에 가면 금방 한국에 다시 오기는 힘들 것 같아.

남자 : 보고 싶을 거야. 고향에 도착하면 연락해라.

여자 : 응, 알았어. 내일 오전에 비행기를 타. 도착하면 연락할게.

남자 : 자, 우리 한 잔 합시다! 마리아를 위해서!

여자 : 다들 너무 고마워. 이렇게 송별회도 해 주고. 고향에 돌아가면 정말 많이 보고 싶을 거야.

3. 삐--(전화 음성 메시지 남길 때 나는 소리와 안내 멘트)

여자 : 전화를 안 받아서 메시지 남긴다. 오늘 저녁 모임은 취소야. 다들 바빠서 못 오는 사람이 너무 많아졌어. 오늘 극장에 갈 수 있는 사람이 너하고 나 둘이야. 그래서 약속을 다시 하려고 해. 다음 주 금요일 저녁 6시, 한국백화점 앞 중국집 어때? 거기에서 밥 먹고 8시쯤 극장에 가면 좋을 것 같아. 나하고 미선이, 리에는 그 날이 좋은데 너는 시간이 어떠니? 이 메시지 들으면 연락해 줘.

4. 여자 : 어제 모임 정말 재미있었지요?

남자 : 네, 정말 좋았어요. 재미있는 이야기를 참 많이 했어요.

여자 : 네, 언어 교환을 하는 다른 친구들하고 다 같이 모이면 한국어 연습을 더 많이 할 수 있어요. 여러 가지 이야기를 할 수 있으니까요.

남자 : 그렇지요? 하지만 저는 미선 씨하고 언어 교환 하는 게 더 좋아요.

여자 : 하하(웃음), 고마워요. 다음 달에도 다 같이 모임을 할 거예요. 그 때도 꼭 나오셔야 돼요.

2 11~12 **[04]** 1. 여자 : 영수야, 저녁에 리키 집에서 하는 파티에 올 거지?

남자 : 네, 그럼요. 가고말고요. 리키 선배하고 웨이 선배 송별회인데 꼭 가야지요.

여자 : 넌 웨이하고 언어 교환도 하고 리키하고 같이 봉사 활동도 했지?

남자 : 네, 맞아요. 교환 학생은 신청하는 사람이 많아서 어려운데 두 분 다 열심히 준비하신 것 같아요.

여자 : 그래, 둘 다 아주 열심히 준비했어. 자, 난 지금 가서 파티 준비를 하고 있을게.

남자 : 그럼 저는 이따가 케이크를 가지고 갈게요.

2. 남자 : 오늘은 동아리 친구들과 같이 삼계탕을 먹었다. 나는 오늘 처음 먹었지만 다른 친구들은 삼계탕 같은 한국 음식을 많이 먹어 본 것 같았다. 친구들이 모두 한국 음식을 아주 좋아해서 우리는 '한국 음식을 사랑하는 사람들의 모임'을 만들었다. '한국 음식'의 '한', '사랑하는 사람들'의 '사', '모임'의 '모'를 가지고 모임 이름

은 '한사모'로 했다. 시간이 있을 때 이 친구들과 한국 음식을 먹으러 다닐 거다. 아주 재미있는 모임이 될 것 같다.

03 사람들과 친해질 수 있으니까 뒤풀이에 꼭 가자

[들어봅시다]

3 01~03 **[01]** 1. 어제 모임도 지난번에 갔던 식당에서 했어?
2. 어제 동아리 뒤풀이는 어땠어요?
3. 사람들과 친해질 수 있는 기회니까 뒤풀이에 꼭 가자.

3 04~06 **[02]** 1. 남자 : 리에 씨, 뒤풀이에 대해서 알고 있어요?
여자 : 네, 지난번 동아리 모임 끝나고 뒤풀이에 가 본 적이 있어요.
남자 : 뒤풀이에서 뭘 해요?
여자 : 같이 밥도 먹고 차도 마시고 모임에 대한 이야기도 해요.
남자 : 뒤풀이에 가 보고 싶어요.
여자 : 게임도 하고 아주 재미있어요. 나중에 꼭 가 보세요.

2 남자 : 이번에 회비는 얼마로 하면 좋을까?
여자 : 지난번처럼 만원으로 할까?
남자 : 이번에는 밥도 먹고 2차도 갈 건데 돈이 더 필요할 것 같아.
여자 : 이만 원이면 되지 않을까? 회비를 많이 내면 사람들이 많이 안 올 거야.
남자 : 그래, 그렇게 하는 게 좋겠다.
여자 : 이따가 조원들을 만나서 이야기할게.

3. 여자 : 과 행사가 끝나면 같이 밥 먹으러 갈 거예요. 과 행사에 대해서 이야기를 나눌 거예요. 장소는 서울 식당이고 이번에는 교수님과 선배님들도 오실 거예요. 교수님과 더 가까워지는 기회가 될 거예요. 우리 과 사람들이 모두 모이는 자리니까 빠지지 말고 참석했으면 좋겠어요. 모임에 못 오는 사람은 저에게 이야기해 주세요.

3 07~10 **[03]** 1. 여자 : 내일 동아리 모임 끝나고 식당에서 뒤풀이를 할 건데 너 갈 수 있니?
남자 : 몇 시에 할 거야?
여자 : 저녁 7시에 학교 앞 식당에서 할 거야.
남자 : 가고 싶지만 조 발표 모임을 7시에 해서 못 가겠다. 발표 준비 때문에 너무 바빠.
여자 : 너도 오면 좋은데 할 수 없지.
남자 : 미안해. 내일 재미있게 놀아.

2. 남자 : 조 발표 끝나고 한 모임은 재미있었어?
여자 : 응, 재미있었어. 많은 이야기를 나눴어.
남자 : 뒤풀이를 하니까 조원들과 많이 친해졌지?
여자 : 응, 발표 준비할 때 못했던 이야기를 많이 했어. 다음에 학교에서 밥도 먹고 차도 마실 거야.
남자 : 나도 지난 학기 조 모임을 한 친구들과 밥도 먹고 가끔 술도 마시러 가.

3. 여자 : 공연도 잘 끝났고 이제 즐겁게 식사하자.

남자 : 네, 오늘 공연을 보러 온 사람들이 많아서 좋았어요.
여자 : 그런데 웨이는 왜 안 왔지?
남자 : 부모님이 한국에 오셔서 공항에 갔어요.
여자 : 그렇구나. 나는 2차도 가려고 하는데 너도 갈 수 있니?
남자 : 네, 그동안 공연 준비 때문에 많이 힘들었는데 가서 재미있게 놀고 싶어요.

4. 남자 : 미선아, 뭘 그렇게 생각하고 있어?
여자 : 뒤풀이 장소를 생각하고 있었어. 좀 다른 곳에서 뒤풀이를 하고 싶어서.
남자 : 어디 생각한 곳이 있어? 놀이공원에 가는 건 어때?
여자 : 놀이공원? 조원들이 놀이공원을 좋아할까?
남자 : 그럼, 요즘 할인 행사도 하니까 값도 쌀 거야.
여자 : 그래, 그럼 조원들하고 이야기해 보자.

❸ 11~12

[04] 1. 남자 : 식사는 맛있게 하셨어요? 오늘 즐거우셨어요?
여자 : 네, 재미있었어요. 전공은 다르지만 이렇게 주말에 같이 운동도 하고 식사도 하니까 참 좋아요.
남자 : 저희 과 학생들이 운동을 잘 하지요?
여자 : 네, 다음에는 우리 탁구를 쳐요.
남자 : 좋아요. 오늘 저녁은 우리가 살게요. 이제 2차를 갈까요?
여자 : 2차는 노래방에 가는 게 어때요? 2차는 저희 과에서 낼게요.

2. 남자 : 미선아, 우리 발표 끝나고 뒤풀이 할 수 있을까?
여자 : 글쎄, 나도 같이 식사하고 싶은데 다음 주부터 시험이어서 모두 바쁠 것 같아.
남자 : 그래? 넌 언제부터 시험이야?
여자 : 월요일부터 시작이야. 조 발표 끝나고 공부해야 돼.
남자 : 그럼 시험 끝나고 만나자. 내가 조원들한테 전화해서 이야기할게.
여자 : 다음 주 토요일이나 일요일에 만나면 좋을 것 같아.

제5과 쇼핑

01 백화점이 비싸기는 하지만 쇼핑하기가 편해요

[들어봅시다]

❶ 01~03

[01] 1. 백화점은 물건이 비싸지 않아요?
2. 가방이 참 예쁜데 이건 어디에서 팔아요?
3. 전통 시장에 와 보니까 어때요?

❶ 04~06

[02] 1. 남자 : 미선아, 이따가 오후에 뭐 할 거야?
여자 : 옷을 사러 백화점에 가려고 해.
남자 : 조금 있으면 여름 세일을 시작하는데 그때 사.
여자 : 아, 그렇구나, 언제부터 세일을 시작하지?
남자 : 백화점에 전화해 봐. 아마 다음 주쯤 할 거야.
여자 : 그럼 옷은 다음에 사는 게 좋겠다.

2. 여자 : 영수야, 인터넷으로 뭘 그렇게 찾고 있니?
남자 : 옷을 찾는 중이야. 내가 키가 커서 보통 가게에서는 사기 힘들어.
여자 : 큰 옷을 파는 가게는 이태원에 가면 많이 있어.
남자 : 그래? 난 그것도 모르고 지금까지 인터넷으로 샀는데.
여자 : 옷은 직접 입어보고 사야 잘 살 수 있어. 내가 그 쪽을 잘 아니까 이따가 같이 가자.
남자 : 고마워. 그럼 저녁은 내가 살게.

3. 남자 : 리에 씨, 오늘 시간이 있어요?
여자 : 뭐 다른 약속은 없는데요. 왜요?
남자 : 그럼 저하고 같이 새벽시장 구경하러 갈래요? 구경거리도 많고 먹을거리도 많아요.
여자 : 저도 가 보고 싶었어요. 옷도 다른 시장에 비해서 싸지요?
남자 : 네, 좀 피곤하기는 하지만 싸고 좋은 물건이 많아요.
여자 : 그래요. 이따가 만나요.

1 07~10 **[03]** 1. 여자 : 민수 씨, 많이 피곤한 것 같아요.
남자 : 네, 아까 백화점에 갔는데 그래서 그런 것 같아요.
여자 : 쇼핑하는 게 힘들어요? 저는 정말 재미있는데.
남자 : 쇼핑이 힘든 게 아니고 백화점 직원이 너무 친절한 게 불편해요.
여자 : 그게 무슨 말이에요?
남자 : 조용히 저 혼자 구경하고 싶은데 계속 옆에서 물어보니까 불편해요. 그래서 저는 백화점에 가는 걸 좋아하지 않아요.

2. 남자 : 리에야, 너는 보통 어디에서 물건을 사니?
여자 : 나는 집 근처 가게에 자주 가. 가까워서 편리해.
남자 : 그렇지만 거기는 좀 비싸지 않아? 큰 쇼핑센터에 가면 많은 물건을 싸게 살 수 있어.
여자 : 나도 알아. 그런데 나는 혼자 살아서 그렇게 많은 물건이 필요 없어.
남자 : 한 번 살 때 많이 사면 나중에 또 안 가고 편하지 않아?
여자 : 편하기는 하지만 다 쓰지 않아서 좋지 않았어.

3. 남자 : 야, 여기는 재미있는 구경거리가 참 많구나. 외국인도 많고.
여자 : 응, 그래서 다른 곳에 비해서 직원들이 외국어를 하는 가게가 많아. 저쪽에 가면 요즘 유행하는 옷도 구경할 수 있어.
남자 : 아, 저기 사람들이 들고 가는 건 뭐야? 아이스크림 같은데.
여자 : 맞아, 그런데 아주 길어서 먹을 때 조심해야 해.
남자 : 우리도 먹어 보자. 재미있겠다.
여자 : 그래, 그런데 여긴 사람이 너무 많으니까 다른 가게에 가서 사자.

4. 여자 : 손님 여러분께 잠시 안내 말씀드리겠습니다. 저희 가게에서는 다음 주부터 8월 첫째 주까지 2주일 동안 학생들을 위한 여름 방학 세일을 시작합니다. 노트북과 컴퓨터는 20% 세일을 하고 책상은 30% 세일을 합니다. 요즘 유

행하는 가방도 10% 세일합니다. 학생 여러분이 직접 오시면 10% 더 싸게 해 드립니다. 세일을 하는 동안에는 보통 때보다 문을 30분 늦게 닫습니다.

❶ 11~12 **[04]** 1. 여자 : 여기가 전통 시장이에요? 와, 제가 생각한 것과 많이 달라요.
남자 : 네, 요즘은 전통 시장이 많이 달라졌어요. 편하게 쇼핑할 수 있는 좋은 시설이 많아요.
여자 : 물건도 많고 품질도 좋아요.
남자 : 그럼요. 그래서 전에 비해서 시장에서 장을 보는 사람들이 많아졌어요. 또 이야기를 잘하면 값도 깎아 주고요.
여자 : 우리 이 사과를 살까요?
남자 : 맛있겠군요. 좋아요. 여기 장바구니에다가 넣으세요.

2. 남자 : 미선아, 너는 쇼핑할 때 물건을 싸게 사는 방법을 아니?
여자 : 아니, 잘 모르는데 좀 가르쳐 줄래?
남자 : 여러 사람과 같이 공동 구매를 해. 같이 사면 물건을 더 주기도 해. 빵을 살 때는 문을 닫기 전에 가. 그날 만든 빵을 싸게 살 수 있어.
여자 : 그런 방법이 있었어?
남자 : 생선과 고기는 주말 오후를 이용해. 30% 싸게 살 수 있어.
여자 : 그렇구나. 좋은 정보를 가르쳐 줘서 고마워.

02 지갑이 한 개밖에 없어요

[들어봅시다]

❷ 01~03 **[01]** 1. 어머니께 드릴 지갑을 사려고 하는데요.
2. 저, 이 카드도 할인이 돼요?
3. 직접 쓰실 거예요? 선물하실 거예요?

❷ 04~06 **[02]** 1. 남자(편의점 점원) : 손님, 3600원입니다.
여자 : 이 주스 원 플러스 원(1+1) 아니에요?
남자 : 잠깐만 기다려 주세요. (확인하는 시간 살짝 끌고) 음……. 이 상품은 행사가 끝났습니다.
여자 : 아, 그래요? 그럼, 다른 걸로 바꿔도 돼요?
남자 : 네, 그렇게 하세요. 다른 회사 상품 중에는 할인행사를 하고 있는 것이 많아요.

2. 여자 : 잡지책에서 본 가방을 사려고 하는데요.
남자 : 죄송하지만 지금 그 가방은 없습니다. 주문을 하시면 집으로 보내드리겠습니다.
여자 : 지금 신청하면 언제쯤 도착해요?
남자 : 토요일쯤 받으실 수 있습니다.
여자 : 전 토요일에 이 가방이 필요해요. 그 전에 받을 수 없을까요?
남자 : 그럼 빨리 준비해서 금요일에 보내드릴게요.

3. 남자 : 생일 케이크를 하나 주문하고 싶은데요.

여자 : 케이크 주문은 삼일 전에는 하셔야 되는데요. 생일이 언제세요?
남자 : 다음 주 월요일이에요. 녹차 케이크를 주문하고 싶어요.
여자 : 네, 녹차 케이크로 준비해 드리겠습니다.
남자 : 아이들이 먹을 거니까 달지 않게 만들어 주세요.
여자 : 알겠습니다. 월요일 오전에 찾으러 오세요.

❷ 07~10 **[03]** 1. 여자 : 너 뭐 먹을 거야?
남자 : 난 그냥 삼각김밥하고 컵라면. 너는?
여자 : 글쎄……. 어, 이 컵라면 사면 주스도 준다. 나도 너하고 같은 거 먹어야겠다.
남자 : 할인행사가 많아서 좋지? 난 오늘 아침도 여기에서 먹었어. 참, 우리 만두도 먹을까?
여자 : 만두? 만두가 어디에 있는데?
남자 : 여기 인스턴트식품 중에 만두가 있는데 맛이 괜찮아. 그것도 먹자.

2. 남자 : 안녕하세요? 아주머니, 오늘은 사과가 얼마예요?
여자 : 그건 4개에 오천 원이에요. 자주 오시니까 5개 드릴게요.
남자 : 아, 네. 감사합니다. 이래서 전 슈퍼마켓보다 시장이 더 좋아요.
여자 : 여기 사과 하나 더 넣었어요. 과일을 살 땐 시장이 슈퍼마켓보다 더 좋지요. 더 주기도 하고, 값도 깎아 주고.
남자 : 하하, 맞아요. 여기 이건 얼마예요?
여자 : 한 바구니에 칠천 원이에요. 아주 맛있어요. 많이 드릴게요.

3. 여자 : 한국에는 편의점이 아주 많아요. 편의점은 24시간 문을 열기 때문에 언제든지 이용할 수 있어서 좋아요. 편의점에서는 과자부터 음식 재료까지 뭐든지 다 살 수 있어요. 생활용품도 팔아서 저는 필요한 것이 있을 때마다 편의점에 가요. 큰 슈퍼마켓에 비해서 물건 값이 비싸기는 해요. 하지만 할인 상품이 많고 할인행사를 자주 해서 생각해 보면 편의점 물건 값이 더 싸요.

4. 남자 : 이거 선물 받은 장갑인데요. 바꿀 수 있을까요?
여자 : 네, 다른 상품으로 바꾸실 수 있어요. 구경해 보세요.
남자 : 이걸로 바꾸고 싶은데.
여자 : 요즘 유행하는 디자인이에요. 가져오신 장갑보다 비싸지만 돈을 더 내시면 바꾸실 수 있어요.
남자 : 그럼 이걸로 주세요. 얼마를 더 내야 해요?
여자 : 만 이천 원 더 주시면 됩니다.

❷ 11~12 **[04]** 1. 남자(노인) : 자, 여기요. 4500원 받으세요.
여자 : (친절하게)할아버지, 계산을 잘못 하셨어요.
남자 : 그래요? 과자가 3개에 3000원, 아이스크림이 3500원. 모두 6500원인데요.
여자 : 네, 그러니까 저한테 3500원만 주시면 돼요.
남자 : 아이고, 그렇군요. 정말 고마워요. 학생.
여자 : 아니에요. 저한테 항상 친절하시니까 제가 더 감사드려요.
남자 : 내가 요즘 이렇게 계산을 잘못할 때가 있어요. 여기 이 주스 하나 마셔요. 고

마워서 드리는 거예요.

2. 남자 : 어서 오세요. 손님, 뭘 찾으세요?
여자 : 친구 소개로 왔는데요. 회사에서 시험 볼 때 입을 옷을 사고 싶어서요.
남자 : 네. 이건 어떠세요? 요즘 대학생들한테 인기가 많은 상품이에요. 세일을 많이 해서 비싸지 않아요.
여자 : 디자인은 좋은데 이런 옷은 시간이 지나면 오래 입을 수 없을 것 같아요. 다른 건 없어요?
남자 : 오래 입을 수 있는 옷이요? 그럼 이 옷은 어떠세요?
여자 : 괜찮은데요. 입어 봐도 되지요? 탈의실이 어디예요?

03 노트북처럼 비싼 물건을 싸게 살 수 있어

[들어봅시다]

③ 01~03

[01] 1. 책상이 필요한데 너무 비싸서 못 사겠다.
2. 중고품 시장에서 파는 물건은 어때?
3. 학생회관 앞에서 하는 중고품 시장에 같이 가 볼래요?

③ 04~06

[02] 1. 남자 : 휴대 전화를 사야 하는데 돈이 별로 없어.
여자 : 그럼, 벼룩시장에서 한 번 알아봐.
남자 : 벼룩시장? 그게 뭐야?
여자 : 사람들이 쓰던 물건을 싸게 살 수 있는 사이트야.
남자 : 거기에서 파는 물건은 어때?
여자 : 싸고 좋은 게 많아. 나도 몇 번 사 봤는데 다 괜찮았어.

2. 남자 : 미선아, 너 중고품 시장에 가 본 적 있어?
여자 : 응, 가 봤어. 난 필요한 게 있을 때 중고품 시장에 자주 가.
남자 : 네가 가는 중고품 시장에서는 어떤 물건을 팔아?
여자 : 옷, 가방 같은 물건이 많아. 책이나 공책 같은 것도 팔고. 오래된 물건도 볼 수 있어.
남자 : 여러 가지 물건이 있구나.

3. 남자 : 중고품 사이트에서 컴퓨터 모니터를 사려고 하는데 좀 봐 줘. 찾아 봤는데 생각보다 사고 싶은 게 별로 없다.
여자 : 다른 사이트에서도 좀 알아봤어?
남자 : 아니, 다른 데는 안 봤는데.
여자 : 중고품을 살 때는 여러 사이트에서 찾아보는 게 좋아. 다른 사람들이 중고품을 산 후에 쓴 이야기도 읽어 봐야 하고.
남자 : 그래? 그걸 읽어보면 좋아?
여자 : 응, 물건의 좋은 점과 안 좋은 점을 알 수 있어.

③ 07~10

[03] 1. 여자1 : 이거 얼마예요?
여자2 : 오천 원이에요. 한 번밖에 안 입어서 새것처럼 깨끗해요.

여자1 : 이 모자도 예뻐요.
여자2 : 그 모자는 새 거예요. 한번 써 보세요.
여자1 : 저 이 옷하고 모자 주세요. 이 시장에 제가 사고 싶은 물건이 정말 많아요.
여자2 : 싸고 좋은 물건이 정말 많은 곳이에요. 더 구경하세요.

2. 남자 : 우리 가게에는 중고품이지만 좋은 가격에 살 수 있는 물건이 많습니다. 시계부터 컴퓨터까지 여러 가지 물건이 많습니다. 이 컴퓨터는 화면도 크고 가벼워서 인기가 많은 물건입니다. 지금 백화점에서도 팔고 있는 물건입니다. 여기보다 더 싸게 살 수 있는 곳은 없을 겁니다. 학생들에게 필요한 물건이 많으니까 한번 구경하러 오세요.

3. 여자 : 새 학기가 시작되어서 사야 할 것이 많아.
남자 : 뭐가 필요한데?
여자 : 전공 책을 사야 하는데 너무 비싸.
남자 : 학교 벼룩시장 홈페이지에 한번 들어가 봐. 값도 싸고 다른 사람이 공부한 것도 볼 수 있어서 좋아.
여자 : 전공 책도 있어?
남자 : 그럼. 다른 물건이 많지만 새 학기에는 책을 파는 사람들이 많아.

4. 여자 : 안녕하세요? 인터넷 보고 전화 드렸어요. 자전거를 사고 싶은데 볼 수 있을까요?
남자 : 지금 자전거가 기숙사에 있는데 어디 계세요?
여자 : 학교 도서관이에요.
남자 : 그럼, 30분 후에 도서관 1층에서 만날까요? 제가 자전거를 가지고 도서관으로 갈게요.
여자 : 네, 오시면 연락하세요.

③ 11~12

[04] 1. 여자 : 마이클 씨, 언제 기숙사에 들어가세요?
남자 : 다음 달에 들어가요. 그런데 기숙사에 가지고 갈 수 없는 물건이 많아요.
여자 : 중고품 시장에 파세요. 필요 없는 게 뭐예요?
남자 : 냉장고하고 책상이요. 기숙사에 다 있어요.
여자 : 얼마에 팔고 싶어요?
남자 : 중고 냉장고를 십 만원에 샀는데 팔 만원에 팔면 어떨까요?
여자 : 좀 더 싸게 파세요. 오래된 건데 싸게 팔아야 빨리 연락이 올 거예요.

2. 여자 : 저기 공원에서 사람들이 뭘 하고 있어요?
남자 : 사람들이 쓰던 물건을 팔고 있어요. 일 년에 두 번 하는데 인기가 아주 많아요.
여자 : 저는 중고품을 한 번도 사 본 적이 없어요. 쓰던 물건을 사면 오랫동안 쓸 수 없을 것 같아서요.
남자 : 잘 고르면 물건을 싸게 살 수 있어서 좋아요. 가끔 새 물건도 있어요. 같이 가 볼래요?
여자 : 그럼 구경이나 해 볼까요?
남자 : 맛있는 음식도 파니까 구경하고 저녁도 먹어요.

제6과 건강

01 기침이 날 때 생강차를 마시면 좋다고 해요

[들어봅시다]

❶ 01~03

[01] 1. 건강을 위해서 무슨 음식을 드세요?

2. 감기에 걸려서 계속 기침을 해요.

3. 소화가 잘 안 되는데 어떻게 하지요?

❶ 04~06

[02] 1. 여자 : 어, 이거 좀 이상하다.

남자 : 뭐가 이상한데?

여자 : 저녁에 미역국을 끓이려고 하는데 인터넷에 미역국에 파를 넣으면 좋지 않다고 해.

남자 : 맞아. 음식도 같이 먹어서 좋은 음식이 있고 그렇지 않은 음식이 있어.

여자 : 모든 음식이 다 좋은 건 아니구나.

2. 여자 : 영수 씨는 차에 대해서 잘 알지요?

남자 : 네, 제가 차를 좋아해요.

여자 : 그럼, 목이 아플 때 마시면 좋은 차가 뭐예요?

남자 : 목이 많이 아프세요?

여자 : 네, 요즘 피곤해서 목이 자주 붓고 아파요.

남자 : 그럼 이 차를 드셔 보세요. 저도 목이 아플 때마다 이걸 마셔요.

3. 남자 : 미선 씨는 녹차를 자주 드시는 것 같아요.

여자 : 네, 녹차가 몸에 좋다고 해요.

남자 : 건강에 관심에 많으시군요. 그럼 보통 땐 어떤 음식을 드세요?

여자 : 특별한 건 없어요. 하지만 좋은 재료로 만든 음식을 먹으려고 해요.

남자 : 좋은 재료로 만든 음식이요?

여자 : 네, 좋은 재료로 만든 음식이 건강에 제일 좋아요.

❶ 07~10

[03] 1. 남자 : 요즘에는 먹을거리가 많아졌지요?

여자 : 네, 간편하게 먹을 수 있는 건강식품에서 유기농 식품까지 여러 가지가 있어요.

남자 : 미선 씨는 어떤 식품을 자주 드세요?

여자 : 저는 유기농 식품을 자주 먹어요.

남자 : 그건 좀 비싸지 않아요?

여자 : 값이 좀 비싸기는 하지만 건강을 위해서 먹어요. 나쁜 음식을 계속 먹으면 건강이 나빠질 수 있으니까요.

2. 여자 : 마이클 씨, 어디 아프세요?

남자 : 네, 아침부터 기침을 하고 열이 나요. 감기에 걸린 것 같아요.

여자 : 그럼, 배에 꿀을 넣어서 끓인 후에 그 물을 마셔 보세요.

남자 : 인터넷에서는 매운 음식을 먹으면 좋다고 하는데요.

여자 : 그렇지 않아요. 그것보다는 따뜻한 유자차나 생강차를 드시는 것이 좋아요.

과일하고 채소도 많이 드시고요.
남자 : 네, 고마워요.

3. 남자 : 요즘은 사람들이 건강에 관심이 많지요?
여자 : 네, 그래서 좋은 음식에 대한 이야기를 많이 들을 수 있어요.
남자 : 그런데 건강을 위해서 나쁜 음식을 안 먹는 것도 중요해요.
여자 : 맞아요, 가장 안 좋은 것은 단 음식이라고 해요. 햄버거 같은 패스트푸드도 그렇고요.
남자 : 그래서 요즘 설탕을 안 먹는 사람도 있어요.
여자 : 주스도 생각보다 다니까 조심해야 해요.

4. 남자 : 리에 씨, 가방에 있는 게 뭐예요?
여자 : 아, 과일하고 차예요. 오후에 배고플 때 먹을 거예요.
남자 : 날마다 먹을 것을 가지고 오세요?
여자 : 네, 전에는 아이스크림이나 케이크를 자주 먹었는데 과일과 채소를 먹은 후에는 몸이 건강해졌어요.
남자 : 이건 무슨 차예요?
여자 : 제 고향에서 가지고 온 차인데 피곤할 때 마시면 아주 좋아요.

❶ 11~12 **[04]** 1. 남자 : 리에야, 배가 아픈데 약 좀 있어?
여자 : 또 배탈이 났구나. 무슨 음식을 잘못 먹었니?
남자 : 아까 편의점에서 컵라면을 사서 먹었는데 그래서 그런 것 같아.
여자 : 무엇보다 건강이 중요한 거야. 집에서 만든 음식만큼 좋은 음식은 없어.
남자 : 하지만 바쁘니까 인스턴트 식품을 먹는 일이 많아져.
여자 : 된장찌개 같은 요리는 오래 걸리지 않아. 한번 해 봐.

2. 남자 : 내일 외국에서 손님이 오는데 무슨 음식을 준비하면 좋을까요?
여자 : 비빔밥을 준비해 보세요.
남자 : 외국사람 입에 맞을까요?
여자 : 그럼요, 많은 외국 사람들이 비빔밥을 먹고 맛있다고 했어요. 여러 가지 채소와 고기로 만들어서 건강에도 좋고요.
남자 : 아, 전에 비행기 안에서 만난 외국인도 좋아했던 게 기억이 나요.
여자 : 식사 후에는 배를 준비하세요. 소화가 잘 되실 거예요.

02 태권도를 할 줄 아세요?

[들어봅시다]

❷ 01~03 **[01]** 1. 제임스 씨가 무슨 운동을 가르쳐 달라고 해요?
2. 저녁에 저하고 같이 수영하실래요?
3. 영수 씨, 태권도를 할 줄 아세요?

❷ 04~06 **[02]** 1. 남자 : 너 지금 뭐하는 거야?
여자 : 스트레칭 하는 거예요.

남자 : 왜 스트레칭을 교실에서 하고 있어?

여자 : 어제 인터넷에서 '의자를 이용한 스트레칭'을 봤는데 이렇게 하면 건강에 좋다고 해요. 오늘부터 날마다 해 보려고요.

남자 : 의자를 이용한 스트레칭? 그거 재미있겠는데? 나도 좀 가르쳐 줘.

2. 남자 : 요가 수업은 저녁 7시와 8시에 있습니다.

여자 : 허리가 아파서 시작하는 건데 제가 잘 할 수 있을까요?

남자 : 선생님이 잘 가르치셔서 계속 다니시는 분이 많아요. 허리가 아프신 분들이 많이 좋아지셨다고 해요.

여자 : 얼마나 해야 좋아질까요?

남자 : 처음에는 좀 힘들겠지만 계속 하시면 좋아지실 거예요. 오늘부터 열심히 해 보세요.

3. 남자 : 아파서 못 걷겠다. 어제 오랜만에 수영을 했는데 3시간쯤 한 것 같아.

여자 : 운동을 너무 많이 했구나. 운동을 안 하던 사람이 너무 많은 운동을 하면 건강에 안 좋다고 해.

남자 : 그래? 운동하는 건 다 좋을 것 같은데.

여자 : 날마다 조금씩 오래 하는 게 더 좋을 거야.

남자 : 그럴 수도 있겠다. 그럼 오늘은 같이 산책이나 할까?

2 07~10 **[03]** 1. 여자1 : 리에야, 잠깐만 쉬자. 힘들어.

여자2 : 30분밖에 안 걸었는데 벌써 쉬어? 이 물도 좀 마셔. 물을 많이 마셔야 된다고 해.

여자1 : 날마다 이렇게 빨리 걷는 거야?

여자2 : 그럼, 그래야 살이 빠지지. 천천히 걸으면 안 돼. 이렇게 한 시간쯤 걷는 게 제일 좋아. 자, 일어나.

여자1 : 좋아! 힘들지만 한번 해 보자.

여자2 : 그래, 금방 익숙해질 거야.

2. 여자 : 자, 여러분, 2분만 쉬겠습니다.

남자 : 여자 분들이 참 잘 하세요. 남자한테는 좀 힘든 운동인 것 같아요.

여자 : 아니에요. 이 수업에 남자 분들도 많아요. 인기 있는 음악도 듣고 춤도 추기 때문에 재미있고 운동도 많이 된다고 하세요.

남자 : 그래요? 저는 춤을 잘 못 춰서요.

여자 : 춤을 잘 못 춰도 잘 하실 수 있어요. 제가 하는 걸 잘 보고 해 보세요.

3. 여자 : 저는 날마다 줄넘기를 하면서 건강이 많이 좋아졌어요. 지난봄부터 줄넘기를 시작했는데 전에 하던 걷기보다 더 좋은 것 같아요. 저는 줄넘기가 저한테 아주 잘 맞는 운동이라고 생각해요. 줄넘기는 체육관 같은 장소도 필요 없고 같이 운동할 사람이 없어도 되니까요. 줄넘기하고 편한 운동화만 있으면 돼요. 여러분도 저와 함께 줄넘기를 해 보지 않으실래요?

4. 여자 : 선배, 처음인데 힘들지 않아요?

남자 : 괜찮아. 다리가 좀 아프지만 산에 오니까 공기가 깨끗해서 참 좋다.

여자 : 네, 기분도 좋으시지요? 그래서 전 주말에 자주 등산을 다녀요.
남자 : 주말마다 이렇게 산에 오는 거야? 힘들지 않아?
여자 : 매주는 아니지만 한 달에 두 번은 꼭 와요. 등산을 시작한 후에는 병원에 간 적이 한 번도 없어요.

🔊 2 11~12

[04] 1. 남자 : 요즘 날씨가 너무 더워서 날마다 하던 운동을 하지 않았어요. 저녁에 운동을 안 하니까 친구도 만나고 편하게 쉴 수 있어서 정말 좋았어요. 그런데 일 주일쯤 지나니까 계속 피곤하고 머리도 아팠어요. 음식을 먹으면 소화도 잘 안 됐어요. 지난주부터 다시 운동을 시작하니까 소화도 잘 되고 머리도 아프지 않았어요. 건강을 위해서 운동은 꼭 해야겠어요.

2. 남자 : 오랜만이다. 미선아, 더 날씬해졌다.
여자 : 그럼. 내가 요즘 얼마나 열심히 운동을 하는데.
남자 : 정말? 무슨 운동을 하는데?
여자 : 자전거를 타는데 벌써 세 달이나 됐어. 스트레스도 풀리고 건강도 더 좋아진 것 같아. 그렇게 자주 걸리던 감기에 한 번도 안 걸렸어.
남자 : 그래? 건강이 좋아진 걸 보니까 나도 하고 싶은데? 날마다 타니?
여자 : 아니, 일주일에 세 번 정도 타. 주말에는 가끔 멀리 가기도 하고.

03 건강을 위해서 아침을 먹어야겠어요

[들어봅시다]

🔊 3 01~03

[01] 1. 늦게까지 일하니까 아침에 일찍 일어나기가 힘들어요.
2. 난 고기를 먹을 때 채소를 잘 먹지 않아.
3. 그렇게 날마다 아침을 안 먹으면 공부할 때 집중하기 어려울 거예요.

🔊 3 04~06

[02] 1. 여자 : 요즘 스트레스가 정말 많아요. 웨이 씨는 스트레스를 받을 때 어떻게 하세요?
남자 : 스트레스를 받으면 산책을 해요.
여자 : 저는 쇼핑을 하거나 노래방에 가면 기분이 좋아져요.
남자 : 그것도 좋은 방법이에요.
여자 : 어떤 사람들은 시끄러운 음악을 듣고 스트레스를 푼다고 해요.
남자 : 조용한 음악을 듣는 것도 좋아요.

2. 남자 : 너 오늘도 늦게 일어났니?
여자 : 응, 벌써 2시구나. 오늘은 1시쯤 일어났어.
남자 : 또 늦게 잔거야?
여자 : 응, 난 밤늦게 집중이 잘 돼. 그래서 밤에 공부하고 낮에 자는 게 좋아.
남자 : 그렇게 하면 건강에 안 좋아. 지금은 모르겠지만 계속 그런 생활을 하면 건강이 나빠질 거야.

3. 여자 : 밥을 정말 빨리 먹는구나.
남자 : 응, 내가 다른 사람보다 밥을 좀 빨리 먹지? 배고플 때는 더 빨리 먹어.
여자 : 건강을 생각해서 좀 천천히 먹어라.

남자 : 나도 그렇게 하려고 하는데 잘 안 돼.

여자 : 처음에는 쉽지 않겠지만 연습하면 돼. 오늘부터 한번 해 봐. 그럼 소화도 더 잘 될 거야.

🔊 ③ 07~10 **[03]** 1. 여자1 : 미선아, 지금 뭐 하니?

여자2 : 배가 고파서 라면 끓이고 있어.

여자1 : 이렇게 늦은 시간에 라면을 먹으려고?

여자2 : 난 배가 고프면 잠이 잘 안 와.

여자1 : 너 요즘 늦은 시간에 자주 먹는다. 이렇게 맵고 짠 음식을 늦게 먹으면 건강에도 안 좋아.

여자2 : 나도 알지만 난 이 시간에 먹는 라면이 제일 맛있는데.

2. 남자 : 리에야, 무슨 일 있니? 너 많이 피곤한 것 같다.

여자 : 요즘 잠을 잘 못 자. 자기 전에 운동도 열심히 해 봤는데. 정말 힘들고 피곤해.

남자 : 자기 전에 그렇게 운동을 하는 건 별로 좋지 않아. 스트레스 받지 말고 마음을 편하게 해 봐.

여자 : 그렇게 하고 싶지만 잘 안 돼.

남자 : 그럼 자기 전에 따뜻한 물로 샤워를 하거나 우유를 마시는 건 어때?

3. 여자 : 어머, 웨이 씨, 안녕하세요? 버스 안 타세요?

남자 : 전 학교까지 걸어서 가요. 운동도 되고 좋아요.

여자 : 저는 운동을 안 좋아해서 학교까지 걸어갈 생각은 해 본 적이 없어요.

남자 : 가까운 거리는 걷는 게 좋다고 해요. 멀지 않으니까 걸어서 가 보세요.

여자 : 그럼 오늘은 버스 타지 말고 같이 걸어서 가 볼까요?

남자 : 그래요, 같이 가요.

4. 남자(의사) : 안녕하세요. 한국병원 김철수입니다. 오늘은 물을 건강하게 마시는 방법에 대해서 말씀 드리겠습니다. 물은 한 번에 많이 마시는 것보다 조금씩 자주 마시는 것이 좋습니다. 또 아침에 일어나서 바로 물을 마시면 건강에 아주 좋습니다. 그러나 식사하는 동안 물을 많이 마시는 것은 좋지 않습니다. 요즘처럼 더운 여름에는 물을 자주 마시는 것이 더 중요합니다. 물을 잘 마시고 건강하게 여름을 보내십시오.

🔊 ③ 11~12 **[04]** 1. 남자 : 건강 검진 결과 들었지? 난 의사 선생님이 과식하지 말고 술도 조금만 마시라고 하셨어. 넌 뭐라고 하셨어?

여자 : 편식하지 말고 음식을 골고루 먹으라고 하셨어.

남자 : 그래. 넌 좋아하는 음식만 먹는 것 같아.

여자 : 난 패스트푸드나 인스턴트식품이 맛도 있고 편해서 좋아.

남자 : 우리 건강을 생각해서 오늘부터 노력을 좀 해 보자.

여자 : 그래, 이제부터 난 음식을 골고루 먹고 넌 술을 조금만 마시는 거다.

2. 여자 : 좀 피곤한데 우리 커피 마시러 갈까?

남자 : 너 요즘 커피 너무 많이 마신다.

여자 : 그래? 하루에 다섯 잔 정도 마시는데.
남자 : 커피를 그렇게 많이 마시면 건강에도 안 좋을 거야.
여자 : 피곤하고 힘들 때 마시면 좀 괜찮아지는 것 같아서.
남자 : 그럴 땐 건강을 위해서 과일을 먹거나 운동을 좀 해 봐. 나가서 잠깐 산책하는 것도 좋을 거야.

제7과 인터넷

01 인터넷 강의를 한다고 하니까 들어 보세요

[들어봅시다]

1 01~03 **[01]** 1. 공부를 할 때 모르는 것이 있으면 어떻게 해요?
2. 이 교실에서 무선 인터넷을 사용할 수 있어요?
3. 이번 학기에 인터넷으로 쓰기 강의를 한다고 하니까 들어 보세요.

1 04~06 **[02]** 1. 여자 : 실례합니다. 뭐 좀 물어보고 싶은데요.
남자 : 네, 말씀하세요.
여자 : 101호에서 노트북을 사용하려고 하는데 인터넷이 잘 연결되지 않아서요. 어디가 인터넷이 잘 돼요?
남자 : 세미나실이나 자료실이 인터넷이 잘 됩니다. 좀 불편하시겠지만 거기로 가 보시겠어요?
여자 : 네, 알겠습니다.

2. 남자 : 리에 씨는 항상 노트북을 가지고 다니세요?
여자 : 네, 공부할 때 인터넷을 많이 사용하기 때문에 필요해요.
남자 : 보통 뭘 많이 찾아보는데요?
여자 : 외국 도서관에 있는 자료를 찾거나 모르는 단어를 찾아봐요.
남자 : 저는 게임밖에 안 하는데 인터넷을 잘 사용하시는군요.
여자 : 그리고 가끔 고향 친구들과 화상 통화도 해요.

3. 남자 : 미선 씨는 인터넷을 자주 이용하세요?
여자 : 네, 모르는 것을 빨리 찾아볼 수 있으니까요.
남자 : 저는 인터넷을 많이 이용하지 않아요.
여자 : 아니, 왜요? 편리하지 않아요?
남자 : 인터넷만 찾으면 다 나오니까 제가 생각을 안 하고 책도 자주 찾아보지 않아요. 인터넷이 있어서 그런 것 같아요.
여자 : 맞아요. 그런 점도 있어요.

1 07~10 **[03]** 1. 여자 : 영수 씨, 뭘 그렇게 열심히 하고 있어요?
남자 : 과제를 하고 있어요. 6시까지 내야 하는데 많이 못 했어요.
여자 : 6시까지이면 시간이 별로 없어요.
남자 : 네, 그런데 제 노트북 속도가 느려서 자료를 빨리 찾을 수 없어요.

여자 : 그럴 때 저는 PC방에 가요. 인터넷 속도가 노트북이나 집 컴퓨터보다 빨라요.
남자 : 그런 방법이 있군요. 지금 가 봐야겠어요.

2. 남자 : 영어 시험을 준비해야 하는데 어떻게 준비하면 좋을까요?
여자 : 그럼 인터넷 강의를 들어보세요.
남자 : 저는 인터넷 강의를 들어본 적이 없는데 어때요?
여자 : 중요한 것을 잘 가르쳐주고 보고 싶을 때마다 볼 수 있어요. 강의실에서 배우는 것과 다르지 않아요.
남자 : 직접 가지 않아도 되니까 편하겠어요.
여자 : 그리고 값도 더 싸요. 인터넷에 무료로 들어볼 수 있는 강의가 있으니까 들어 보세요.

3. 남자 : 미선 씨, 이건 무슨 동영상이에요?
여자 : 지난번에 발표할 때 찍은 제 동영상이에요.
남자 : 어떻게 만든 거예요?
여자 : 카메라가 있는 방에서 수업을 하면 교수님께서 나중에 동영상을 인터넷에 올려 주세요. 다른 사람은 볼 수 없어요.
남자 : 자기 동영상을 보면 이상하지 않아요?
여자 : 아니요, 제 나쁜 점을 알 수 있으니까 발표 실력도 늘고 좋은데요.

4. 여자 : 영수 씨, 이번 학기 과제는 언제까지 내야 해요?
남자 : 이번 주 금요일 밤 12시까지 인터넷으로 내면 돼요. 12시 이후에는 낼 수 없다고 하니까 시간을 잘 지키세요.
여자 : 그런데 제가 내용을 잘 이해하지 못해서 너무 힘들어요.
남자 : 어려우면 교수님께 이메일을 보내세요.
여자 : 교수님께서 귀찮아하지 않으실까요?
남자 : 그렇지 않아요. 모르면 질문을 많이 하라고 하셨는데요. 그리고 나중에 이메일로 보고서에 대한 이야기를 해 준다고 하셨어요.

🔊 ❶ 11~12 **[04]** 1. 남자 : 선배님, 김 교수님 수업은 왜 학생이 많아요?
여자 : 인터넷을 사용해서 여러 가지 방법으로 가르치시기 때문이야. 사진과 동영상을 많이 보고 과제를 인터넷 게임처럼 해.
남자 : 책만 보는 수업과는 다르군요.
여자 : 여러 가지 멀티미디어 자료를 사용해서 수업을 하니까 학생들이 재미있어 해. 가끔 수업 내용에 필요한 영화를 볼 때도 있어.
남자 : 시험은 어렵지 않아요?
여자 : 재미있게 공부해서 그런지 다들 점수가 좋아.

2. 남자 : 이제 다음 조모임 때까지 자료도 찾아야 하고 할 일이 많구나.
여자 : 네, 선배님. 자료를 찾으면 조원들에게 이메일로 보낼까요?
남자 : 이메일을 보내는 것보다 인터넷에 조모임 방을 만들자.
여자 : 그러면 조원들 모두가 자료를 볼 수 있고 이야기도 나눌 수 있겠어요.

남자 : 조모임 방에 자주 들어가서 정보를 교환하면 더 좋은 생각이 날 수도 있어.
여자 : 좋은 생각인 것 같아요, 선배님. 그럼 제가 만들게요.

02 컴퓨터 때문에 서비스센터에 갔다가 왔어요

[들어봅시다]

2 01~03

[01] 1. 인터넷 접속이 안 되는데 어떻게 해야 돼요?
2. 요즘 온라인 게임을 많이 해서 그런지 계속 피곤해.
3. 컴퓨터 때문에 서비스센터에 갔다가 왔는데 문제를 해결하지 못했어요.

2 04~06

[02] 1. 여자 : 제임스 씨, 이사한다고 들었어요.
남자 : 네. 지금 사는 하숙집은 인터넷이 잘 안 돼서 저녁에 일을 할 수가 없어요. 그래서 다음 주에 이사를 할 거예요.
여자 : 제임스 씨 방 인터넷에만 문제가 있는 건 아니에요?
남자 : 집 주인은 방에서 무선인터넷을 쓸 수 있다고 했는데 연결이 잘 안 돼요. 알아보니까 다른 방도 다 그래요. 일할 때마다 인터넷이 되는 커피숍으로 나가야 해서 너무 힘들어요.

2. 남자 : 한국에서 인터넷 덕분에 편리한 생활을 하고 있어요. 한국은 어디에서든지 무선인터넷을 무료로 쓸 수 있어요. 속도도 아주 빠르고 직접 가지 않아도 여러 가지를 할 수 있어요. 저는 배달 음식을 먹을 때 인터넷 홈페이지에서 주문을 해요. 인터넷으로 하면 할인 쿠폰도 쓸 수 있고 어디든지 배달해 줘서 좋아요. 인터넷으로 할 수 있는 것이 많아서 저는 앞으로도 계속 인터넷을 이용할 거예요.

3. 여자1 : 오랜만이다. 건강이 좋아진 것 같은데?
여자2 : 요즘 매일 한 시간씩 집에서 요가를 하고 있어.
여자1 : 집에서? 너 요가를 배운 적 있니?
여자2 : 아니, 요가는 처음이야. 인터넷 동영상을 보고 하는데 재미도 있고 쉽게 배울 수 있어. 내가 운동하고 싶은 시간에 할 수 있어서 참 편해.
여자1 : 그런 방법이 있구나. 나도 요가를 좀 해보려고 했는데. 인터넷으로 찾아봐야겠다.

2 07~10

[03] 1. 남자 : 어서 오십시오. 무엇을 도와드릴까요?
여자 : 저, 이 컴퓨터 좀 봐 주시겠어요? 인터넷 접속이 잘 안 돼서 서비스를 받았는데 인터넷에는 문제가 없다고 해요.
남자 : 컴퓨터는 잘 켜지는데 인터넷 연결만 안 됩니까?
여자 : 연결은 되는데 자주 끊겨요. 그래서 컴퓨터를 껐다가 다시 켰는데 또 그래요.
남자 : 알겠습니다. 제가 컴퓨터를 좀 보고 말씀드리겠습니다.

2. 여자 : 저는 한국에서 은행에 가는 일이 너무 힘들었어요. 학교에서 제가 이용하는 은행에 갈 때 시간이 많이 걸렸어요. 다른 은행으로 돈을 보낼 때 내는 수수료도 아주 비쌌어요. 그런데 인터넷 뱅킹을 시작한 후 문제를 다 해결했어

요. 은행까지 가지 않아도 되고 수수료도 적어서 아주 좋아요. 한국은 인터넷 속도가 빠르고 연결이 잘 되기 때문에 인터넷 뱅킹이 아주 편리해요.

3. 남자 : 선배, 인터넷 쇼핑하세요?

여자 : 응. 무거운 물건을 집까지 배달을 해 줘서 좋아. 결제하면 보통 다음날 물건이 오기 때문에 빨라서 좋고.

남자 : 고향에 있을 때는 저도 많이 했는데. 제가 외국인이어서 인터넷 쇼핑은 생각하지 못했어요. 가입 방법이 어렵지는 않아요?

여자 : 응, 나도 복잡할 줄 알았는데 생각보다 간단해.

남자 : 저도 해 봐야겠어요.

4. 여자 : 너 에스앤에스(SNS) 안 하니?

남자 : 응, 나도 휴대폰 사고 처음에는 했는데 지금은 안 해. 나는 에스앤에스가 좀 불편해.

여자 : 그게 왜? 얼마나 재미있는데.

남자 : 처음에는 무료로 고향 친구들과 연락할 수 있어서 좋았어. 그런데 지금은 내가 모르는 사람들까지 내 생활을 다 볼 수 있다는 것이 싫어졌어.

여자 : 그래? 그런데 요즘 에스앤에스 안 하는 사람이 어디 있니? 너만 안 하면 연락할 때 다른 사람들이 좀 불편해하지 않을까?

❶ 11~12

[04] 1. 여자 : 너 또 온라인 게임하는 거야? 내일이 시험인데. 지금 게임할 시간이 있니?

남자 : 왜 그래. 조금 전까지 계속 공부만 했는데. 잠깐 쉬는 거야.

여자 : 내가 30분 전에 볼 때도 넌 게임하고 있었어. 그렇게 해서 시험을 잘 볼 수 있겠니?

남자 : 너 우리 엄마처럼 말한다. 알았어. 그만하고 공부할게.

여자 : 인터넷 덕분에 생활이 참 편해졌지만 인터넷 게임은 정말 필요 없는 것 같아. 그렇게 계속 게임만 했는데 피곤해서 공부에 집중할 수 있겠니?

2. 남자 : 어, 이상하다. 조금 전까지 계속 사용했는데 왜 안 켜지지? 노트북이 고장 난 것 같아.

여자 : 우리 조 발표 자료요? 저하고 웨이한테 이메일로 파일 보내셨지요?

남자 : 응, 자료 다 만들고 아침에 보냈어. 웨이한테 노트북 가지고 오라고 해야겠다.

여자 : 그래요. 제가 웨이한테 전화할게요. 우리 조는 셋째 시간에 발표하니까 아직 시간이 있어요.

남자 : 내 노트북이 요즘 좀 이상했어. 서비스센터에 가려고 했는데 시간이 없어서 못 갔다.

03 인터넷 덕분에 쇼핑하기 편해졌어요

[들어봅시다]

❸ 01~03

[01] 1. 인터넷 덕분에 쇼핑하기 편해졌지요?

2. 요즘은 극장에서 직접 표를 사는 사람이 많지 않은 것 같아요.

3. 휴대 전화로 버스 도착 시간을 알 수 있어서 좋아요.

3 04~06 **[02]** 1. (따르릉~전화 벨 울리는 소리)

남자 : 나야, 미선아. 지금 어디니? 혼자 찾아올 수 있겠어?
여자 : 조금 전에 버스에서 내렸어. 스마트폰을 보고 찾아가는 중이야.
남자 : 그래, 언제쯤 도착할 것 같아?
여자 : 15분 후에는 도착할 수 있을 거야. 조금만 더 기다려 줘.
남자 : 알았어. 빨리 와. 기다리고 있을게.

2. 여자 : 휴대 전화로 뭘 그렇게 보니?
남자 : 인터넷 신문을 좀 보고 있어요.
여자 : 나도 자주 보는데. 인터넷 덕분에 어디에서든지 신문을 볼 수 있어서 좋지?
남자 : 네, 여러 신문사의 뉴스를 다 볼 수 있어서 더 좋아요.
여자 : 그래서 요즘은 지하철이나 버스에서도 휴대 전화로 인터넷만 하는 것 같아.
남자 : 전 인터넷으로 고향 뉴스도 자주 봐요.

3. 여자 : 비도 오는데 점심을 시켜 먹는 건 어때요?
남자 : 좋아요. 제가 주문할게요. 모바일 앱으로 주문하면 돼요.
여자 : 그래요? 어떻게 하는 거예요?
남자 : 배달 서비스 모바일 앱을 다운로드한 후에 회원 가입만 하면 돼요. 주문하고 휴대 전화나 카드로 결제할 수 있으니까 더 편해요.
여자 : 회원 가입이 복잡하지는 않아요?
남자 : 이메일과 전화번호만 있으면 바로 가입할 수 있어요.

3 07~10 **[03]** 1. 남자 : 주말에 등산하고 싶은데. 토요일 날씨는 어때?

여자 : 잠깐만. 내가 검색해 볼게. 비는 안 오지만 조금 흐릴 거라고 해. 날씨도 많이 추워진다고 하는데?
남자 : 등산은 할 수 있겠다. 같이 가자.
여자 : 맑으면 더 좋겠지만. 좋아, 나도 갈게.
남자 : 추워진다고 하니까 옷을 좀 많이 입고 가야겠다.

2. 남자 : 요즘 이 앱 덕분에 아주 열심히 운동을 하고 있어.
여자 : 무슨 앱이에요? 저도 좀 가르쳐 주세요.
남자 : 하루 동안 운동한 시간을 알려주는 앱이야. 덕분에 요즘 운동하는 시간이 많아졌어.
여자 : 좋은데요? 시험 기간이어서 공부만 했는데 저도 해 봐야겠어요.
남자 : 앱부터 다운로드해 봐. 내가 사용 방법을 알려줄게.
여자 : 네, 잠깐만요.

3. 남자 : 리에 씨, 여행 준비는 다 했어요?
여자 : 아니요. 여행사에 갈 시간이 없어서 지금 인터넷으로 호텔을 찾아보고 있어요.
남자 : 좋은 호텔을 찾았어요?
여자 : 네, 하나 찾았는데 좀 비싼 것 같아요.

남자 : 홈페이지에서 직접 예약하면 할인해 주는 호텔도 있어요. 그 호텔도 그렇게 하는지 알아보세요.
여자 : 네, 알겠어요. 고마워요.

4. 남자 : 마리아 씨는 보통 지하철을 타면 뭘 해요?
여자 : 자거나 휴대 전화를 봐요. 영수 씨는요?
남자 : 저는 휴대 전화로 게임을 하거나 동영상을 봐요. 가끔 음악도 들어요.
여자 : 요즘 휴대 전화 때문에 책을 읽는 사람을 보기가 어려워요.
남자 : 맞아요. 친구와 같이 지하철을 타도 이야기하지 않고 휴대 전화만 보는 사람들이 많아요.
여자 : 휴대 전화가 없을 때는 어떻게 살았을까요?

3 11~12

[04] 1. 남자 : 우리가 한 달 동안 인터넷을 안 하고 살면 어떨 것 같아?
여자 : 글쎄, 난 생각해 본 적이 없는데. 왜 그런 생각을 해?
남자 : 지난 주말에 재미있는 책을 읽었어. 이 책을 쓴 사람이 한 달 동안 인터넷을 사용하지 않고 살았는데 많은 것이 달라졌다고 해.
여자 : 뭐가 달라졌는데?
남자 : 가족들과 이야기하는 시간이 많아지고 더 친해졌다고 해.
여자 : 인터넷이 없으면 불편할 거라고 생각했는데 좋은 점도 있구나.

2. 여자 : 너 마이클 이야기 들었어?
남자 : 네. 전 동영상도 봤어요. 노래하는 걸 찍어서 인터넷에 올렸는데 그걸 본 회사에서 연락이 왔다고 해요. 잘 됐지요?
여자 : 그래, 가수가 될 수도 있겠다.
남자 : 요즘은 자기가 좋아하는 것이나 잘 하는 것을 찍어서 인터넷에 올리는 사람들이 많아요.
여자 : 응, 인터넷 덕분에 쉽게 이름을 알릴 수 있는 것 같아.
남자 : 선배, 저도 춤추는 걸 좋아하는데 한번 찍어서 올려 볼까요?

제8과 대학 문화

01 이번 동아리 여행이 얼마나 재미있었는지 몰라요

[들어봅시다]

1 01~03

[01] 1. 지난주에 갔던 동아리 여행은 어땠어요?
2. 내일 미팅이 있는데 무슨 옷을 입으면 좋을까요?
3. 이번에 시험을 잘 봐서 기분이 좋아요.

1 04~06

[02] 1. 남자 : 다음은 장학금에 대해서 말씀드리겠습니다. 우리 학교는 학기마다 장학금을 줍니다. 한 학기 동안 열심히 공부한 학생들에게 주는 장학금과 학과를 위해 봉사한 학생들에게 주는 장학금이 있습니다. 그리고 회사에서 학생들을 도와주는 장학금도 있습니다. 여러 가지 장학금을 잘 기억하셔서 자기에게 맞는 장학금을 신청해 보십시오.

2. 여자 : 영수야, 오늘은 내가 커피를 살게.
남자 : 야, 정말? 네가 웬일이야?
여자 : 하하(웃음), 여기 그 동안 모은 쿠폰이 있어.
남자 : 그럼 그렇지, 너처럼 돈을 잘 안 쓰는 사람이 커피를 산다고 해서 이상했어.
여자 : 쿠폰을 잘 쓰는 것도 중요해. 우리 같은 학생들은 돈이 많지 않으니까 이런 걸 잘 이용해야 해.

3. 남자 : 리에 씨, 다음 주에 시험이 있지요? 이따가 같이 공부할래요?
여자 : 좋아요. 어디에서 만날까요?
남자 : 두 시에 도서관 앞에서 만나요.
여자 : 도서관요? 저는 도서관에서는 공부가 잘 안되는데요.
남자 : 아니, 왜요?
여자 : 너무 조용한 분위기가 저에게 잘 안 맞아요. 저는 음악을 들을 수 있는 커피숍에서 공부하는 것이 좋아요.

❶ 07~10

[03] 1. 남자 : 미선아, 이번 방학 때 넌 뭘 할 거니?
여자 : 친구 언니가 하는 커피숍에서 아르바이트를 하려고 해요.
남자 : 그렇구나. 힘들겠지만 열심히 해 봐.
여자 : 돈을 모아서 다음 방학 때 여행을 할 거예요.
남자 : 그거 좋은 생각이다. 어디로 갈 생각이니?
여자 : 선배님처럼 유럽에 갔다가 오고 싶어요. 그러기 위해서는 방학 때 열심히 돈을 모아야 해요.

2. 여자 : 선배님, 이건 무슨 사진이에요?
남자 : 지난번에 여행을 가서 찍은 사진이야. 4학년 학생들하고 교수님하고 같이 갔어.
여자 : 재미있었겠어요. 어디로 가셨어요?
남자 : 부산으로 갔어. 부산에 가서 선배님들이 하시는 일도 보고 좋은 이야기도 많이 들었어.
여자 : 맛있는 것도 많이 드셨어요?
남자 : 그럼. 또 친구들과 밤늦게까지 게임도 하고 이야기도 많이 했어. 얼마나 재미있었는지 몰라.

3. 여자1 : 리에야, 내일 미팅을 한다고 했지?
여자2 : 응, 그런데 난 미팅을 해 본 적이 없어서 걱정 돼.
여자1 : 미팅은 첫인상이 좋아야 해. 하지만 내일 너무 다른 사람인 척하지 마. 보통 때 너처럼 이야기해.
여자2 : 파트너를 정할 땐 어떻게 하면 돼?
여자1 : 요즘은 그 자리에서 짝을 정하지 않고 나중에 좋아하는 사람에게 연락을 해.
여자2 : 아, 내일 이상형이 나왔으면 좋겠다.

4. 남자 : 미선아, 이번 학기에 친구들과 모여서 공부를 하려고 하는데 너도 할래?

여자 : 무슨 공부를 할 건데?

남자 : 전공 공부야. 같이 공부하면 다른 사람의 생각도 알고 많이 배울 수 있어.

여자 : 매일 할 거야? 난 아르바이트가 있어서 매일은 안 되는데.

남자 : 일주일에 두 번 만날 거야. 시간은 모두가 편한 시간으로 정하고.

여자 : 좋아. 난 월요일, 금요일은 안 되지만 주말은 아무 때나 괜찮아.

❶ 11~12 [04] 1. 남자 : 아, 이번 달에도 돈을 너무 많이 썼어요.

여자 : 뭘 그렇게 많이 썼는데요?

남자 : 점심 값, 커피 값, 전화 요금 내고 극장에 몇 번 가니까 돈이 별로 없어요.

여자 : 맞아요. 또 거기에 영어 같은 것을 배울 때 학원비도 내야 해요. 그래서 저는 할인을 받는 방법을 찾아봐요.

남자 : 그러면 좀 괜찮아질까요?

여자 : 그럼요, 그리고 포인트나 쿠폰을 사용하는 것도 좋아요.

2. 남자 : 미선아, 다음 주에 과 미팅이 있는데 시간이 있니?

여자 : 난 미팅은 별로 하고 싶지 않은데.

남자 : 남자 친구도 사귈 수 있고 재미있어.

여자 : 난 모르는 사람들과 만나서 인사하고 이야기하는 게 불편해.

남자 : 네가 싫다고 할 줄 알았어. 그런데 미팅에서 만나서 잘 지내는 친구들도 많아.

여자 : 그런 건 나에게 맞지 않아. 미안하지만 다른 사람한테 알아볼래?

02 저기에서 하는 공연이 재미있나 봐요

[들어봅시다]

❷ 01~03 [01] 1. 이번 축제 일정은 어디에서 알 수 있어요?

2. 저기에서 하는 공연이 재미있나 봐요.

3. 축제 마지막 밤에 무엇을 했어요?

❷ 04~06 [02] 1. 남자 : 축제에서 어떤 음식을 만들면 좋을까? 좀 생각해 보자.

여자 : 닭갈비는 어때?

남자 : 나도 닭갈비를 생각했는데. 외국인 친구들한테 너무 맵지 않을까?

여자 : 그럼, 안 매운 닭갈비하고 매운 닭갈비 두 가지를 만들자. 재료는 비슷하니까 이렇게 하면 좋을 것 같아.

남자 : 그게 좋겠다. 그럼 준비해야 할 재료를 얘기해 봐.

2. 남자 : 공연이 재미있나 봐요. 구경하고 나오는 사람들이 아주 많군요.

여자 : 저도 어제 봤는데요. 탈춤 동아리 친구들이 얼마나 열심히 준비를 했는지 몰라요. 춤으로 이야기를 만들어서 연극을 보는 것 같았어요.

남자 : 저도 정말 보고 싶은 공연이었는데.

여자 : 이번 축제를 위해서 열심히 준비했다고 해요. 멋있는 공연이었어요.

남자 : 다음에는 저도 꼭 볼 거예요.

3. 여자(진행자) : 이번에는 키가 큰 남자 분이 나오셨는데요. 소개 부탁드립니다.

남자 : 안녕하십니까? 경영학과 1학년 이민우입니다.
여자 : 축제는 재미있으세요?
남자 : 네, 아주 재미있습니다.
여자 : 이 대회에는 어떻게 나오셨어요?
남자 : 여자 친구가 우리 학교에서 제가 노래도 제일 잘 하고 춤도 제일 잘 춘다고 해서 나왔습니다.
여자 : 아(웃음), 그래요? 좋습니다. 그럼 들어 보겠습니다.

2 07~10 **[03]** 1. 여자 : 축제 기간이어서 그런지 사람이 정말 많네요.
남자 : 그렇죠? 이쪽으로 오세요. 여긴 잘 보여요. 어, 저기 기타 치면서 노래하는 사람이 마이클 씨 아니에요?
여자 : 마이클 씨 맞아요. 오늘 정말 멋있는데요?
남자 : 기타도 노래도, 정말 다 잘 하는군요. 진짜 가수 같아요.
여자 : 그래서 마이클 씨가 인기가 많다니까요. 수업이 끝나면 선물을 주러 찾아오는 여학생들도 많아요.

2. 여자 : 이게 축제에서 제일 유명한 대회야. 여기에서 신청해.
남자 : 알았어. 그런데 이걸 꼭 해야 돼? 힘들 것 같은데.
여자 : 우유 빨리 마시기가 어렵니? 넌 잘 할 수 있을 거야. 빨리 마시면 콘서트 표를 받을 수 있으니까 잘 해야 돼.
남자 : 우유 두 병을 제일 먼저 마시면 되는 거지? 너 나하고 꼭 콘서트에 같이 가야 된다. 약속했다.
여자 : 그럼. 30분 후에 시작하니까 여기 앉아서 쉬자.

3. 남자 : 축제 기간이어서 학교에 볼거리가 아주 많습니다. 저는 어제 도서관 앞에서 아주 특별한 전시회를 봤어요. 우리 학교 학생들이 봉사 활동을 하면서 직접 찍은 사진을 전시하고 있었어요. 저도 사진을 보면서 다른 사람을 도와주고 싶다는 생각을 많이 했어요. 축제 기간에 이런 전시회를 하는 것은 참 좋은 것 같아요. 봉사 활동에 대해서 다시 한 번 생각해 보는 시간이었어요.

4. 남자 : 유학생 모임에서 세계 여러 나라의 맛있는 음식을 준비했습니다. 여기 와서 구경도 하고 한번 드셔 보세요. 아주 싸게 드실 수 있어요.
여자 : 이 음식은 뭐예요? 맛있을 것 같아요.
남자 : 필리핀에서 1월 1일에 먹는 음식이에요. 닭고기로 만들었어요. 이번 축제 장터에서 제일 인기 있는 음식이니까 한번 드셔 보세요.
여자 : 한국 음식 중에도 이것과 비슷한 음식이 있어요.
남자 : 네, 맞아요. 한국 친구들이 아주 맛있다고 해요. 한 그릇 드릴까요?

2 11~12 **[04]** 1. 남자 : 오늘 밤 불꽃놀이는 어디에서 하는 거야?
여자 : 운동장에서 하는데 도서관 앞에서 보면 편하게 볼 수 있어.
남자 : 몇 시부터 시작하는데?
여자 : 8시에 시작한다고 했어. 하지만 좋은 자리에서 불꽃놀이를 보고 싶으면 일찍 도서관 앞으로 가야 해.

남자 : 작년에 아주 멋있었다고 들었어. 한 번도 못 봐서 이번에는 꼭 보고 싶어.
여자 : 난 불꽃놀이가 제일 멋있는 것 같아. 그래서 축제할 때마다 꼭 봐.

2. 여자(학교 안내방송) : 여러분, 따뜻한 봄과 함께하는 오월 축제가 시작됐습니다. 매일 계속 되고 있는 공연과 행사에 즐겁게 함께 하고 있으신지요? 내일 밤에는 인기 있는 가수들과 함께하는 콘서트를 준비했습니다. 선후배가 모여 함께 노래도 부르고 좋아하는 가수도 직접 만날 수 있는 자리입니다. 금요일 밤, 모두 운동장으로 오셔서 축제의 밤을 함께 하십시오.

03 영어 신문을 읽는 스터디를 할까 해요

[들어봅시다]

3 01~03

[01] 1. 외국 대학에 교환 학생으로 가면 뭐가 좋아요?
2. 영어 신문을 읽는 스터디를 할까 하는데 같이 하실래요?
3. 보고서를 잘 써서 좋은 점수를 받고 싶어요.

3 04~06

[02] 1. 여자 : 선배님, 2학년 때 교환 학생으로 미국에 갔다가 오셨지요?
남자 : 응, 미국에서 1년 동안 공부했어.
여자 : 저도 교환 학생이 되고 싶은데 어떻게 준비하면 될까요?
남자 : 영어 공부도 하고 그 나라 문화도 좀 알아야 돼. 인터뷰 준비도 열심히 하고.
여자 : 인터뷰 준비는 어떻게 하면 돼요?
남자 : 교환 학생이 되고 싶은 이유를 잘 말하는 게 제일 중요해.

2. 남자 : 리에야, 이번 여름에 호주에 간다고 들었어.
여자 : 응, 영어 배우면서 아르바이트도 할 거야.
남자 : 일도 하면서 영어도 배우는 프로그램이구나.
여자 : 응, 아주 재미있을 것 같아. 돌아오기 전에 호주 여행도 좀 할 거야.
남자 : 좋겠다. 호주는 넓어서 볼거리가 많지.
여자 : 그래서 빨리 방학을 하면 좋겠어.

3. 여자 : 너 요즘 오후에 뭐 하니?
남자 : 학원에서 중국어를 배우고 있어.
여자 : 영어 공부도 힘든데 중국어까지 공부해?
남자 : 응, 영어 공부하는 것처럼 중국어도 공부하면 돼.
여자 : 외국어를 잘 하는 네가 부러워.
남자 : 이제는 영어 하나만 잘 해 가지고는 안 돼. 내가 하고 싶은 일을 하기 위해서는 다른 외국어를 꼭 준비해야 돼.

3 07~10

[03] 1. 여자 : 선배님, 다음 학기에 쉰다는 얘기를 들었어요. 어디 가세요?
남자 : 응, 1년 정도 세계 여행을 해 보려고.
여자 : 와, 정말 멋있어요. 어떻게 그런 생각을 하셨어요?
남자 : 여러 나라의 문화를 직접 경험해 보고 싶어서. 오래 전부터 생각했던 일인데 지금 안 하면 못 할 것 같아.

여자 : 전 학교 다니면서 점수 잘 받을 생각만 했어요.
남자 : 그것도 중요하지만 넓은 세계를 보는 것도 중요하지.

2. 남자 : 나 방학 동안 한국회사에서 교육 받을 거야. 지난달에 신청했는데 오늘 연락이 왔어.
여자 : 넌 이번 방학도 열심히 보내겠구나.
남자 : 응, 바로 다음 주부터 시작해. 교육 받으면서 일도 배울 수 있으니까 좋은 기회라고 생각해.
여자 : 부럽다. 나도 그런 프로그램을 해 보고 싶어.
남자 : 요즘은 회사에서 하는 교육 프로그램이 많아. 너도 한번 신청해 봐.

3. 남자 : 리에야, 오늘 같이 점심 먹을까?
여자 : 어떡하지? 점심 때 스터디 모임이 있는데.
남자 : 무슨 모임을 점심시간에 해?
여자 : 모두 바빠서 같이 밥 먹으면서 이야기를 나눠.
남자 : 무슨 이야기를 하는데?
여자 : 들어가고 싶은 회사나 외국어 공부에 대한 정보를 교환해. 선배들도 오기 때문에 중요한 정보를 많이 들을 수 있어.

4. 남자 : 안녕하십니까? 관광학과에서 알려드립니다. 이번에 연세여행사에서 외국인에게 소개하고 싶은 여행지에 대해 발표하는 대회를 합니다. 제일 좋은 내용으로 발표한 두 명의 학생에게 200만 원의 장학금을 드립니다. 그리고 연세여행사에서 일할 기회도 드립니다. 관심이 있으신 분은 다음 주 금요일까지 여행사 홈페이지에서 신청해 주십시오.

③ 11~12

[04] 1. 남자 : 뭘 그렇게 생각하고 있니?
여자 : 은행에서 일하고 싶은데 경제에 대해서 잘 몰라서. 뭐 좋은 방법 없을까?
남자 : 한국 경제에 대해서 공부하는 스터디 모임에 가 봐. 뉴스를 보면서 이야기도 하고 경제 신문도 같이 읽는다고 들었어.
여자 : 그렇구나. 얼마나 자주 만나는데?
남자 : 글쎄, 그건 잘 모르겠어. 내가 하는 영어 스터디는 일주일에 한 번 모여. 같이 공부하니까 더 많이 배울 수 있어서 좋아.
여자 : 혼자 공부하기가 쉽지 않은데 나도 알아봐야겠다.

2. 여자 : 웨이야, 지난주에 본 한국어 시험 어땠어? 잘 봤어?
남자 : 모르겠어. 듣기는 좀 쉬웠는데 쓰기는 시간이 모자랐어.
여자 : 너 시험 준비하려고 한국어 수업도 열심히 듣고 인터넷 강의도 봤지?
남자 : 응, 배운 것 중에서 비슷한 내용이 좀 나왔어. 그런데 시험은 잘 못 본 것 같아.
여자 : 삼 개월 후에 시험이 또 있지? 그 시험도 볼 거야?
남자 : 응, 볼 거야. 외국 친구들과 한국어 스터디 모임도 하고 한국 드라마도 보면서 연습할 거야.

제9과 부탁과 상담

01 기말 시험을 잘 볼 수 있을지 모르겠어요

[들어봅시다]

❶ 01~03 [01] 1. 여자 친구 생일인데 무슨 선물을 사면 좋을까요?
2. 이번에 기말 시험을 잘 볼 수 있을지 모르겠어요.
3. 기숙사 방 친구와 성격이 맞지 않아서 고민이에요.

❶ 04~06 [02] 1. 남자 : 미선아, 이번 학기에 무슨 수업을 들을 거니?
여자 : 글쎄, 듣고 싶은 수업이 있긴 한데 아직 잘 모르겠어.
남자 : 듣고 싶은 게 있으면 들으면 되지 뭘 그렇게 생각해?
여자 : 선배들이 그러는데 그 수업이 어렵다고 해. 듣고 싶어서 들었는데 나중에 점수가 나쁘면 어떡해?
남자 : 자기가 관심이 있는 걸 듣는 게 더 중요해. 좋아하는 과목을 들으면 열심히 해서 점수도 좋을 거야.
2. 남자 : 선배님, 지금 시간 있으세요?
여자 : 응, 쉬고 있는 중이야. 무슨 일인데?
남자 : 다음 주가 중간시험인데 제가 일학년이어서 시험 준비를 어떻게 해야 할지 모르겠어요.
여자 : 나도 일학년 때 같은 고민을 했어.
남자 : 어떻게 공부하면 좋을까요? 그냥 외워서 쓰는 건 아니지요?
여자 : 절대로 그냥 외우면 안 돼. 내용을 요약하고 생각을 쓰는 연습을 해야 돼.
3. 남자 : 리에야, 오늘 왜 미선이하고 한마디도 안 해?
여자 : 어제 내가 농담을 했는데 기분이 나빴나 봐. 미안하다고 해도 아무 말도 안 해.
남자 : 미선이가 화가 많이 났나 보다.
여자 : 어떻게 하면 좋을까?
남자 : 미안한 마음을 편지로 써 봐.
여자 : 그러면 될까? 내 실수로 사이가 멀어질 것 같아서 너무 속상해.

❶ 07~10 [03] 1. 남자 : 미선아, 요즘 무슨 일이 있니? 지난번 모임에도 안 나오고.
여자 : 요즘 전공 문제로 생각할 게 있어서.
남자 : 전공이 왜? 그동안 아무 문제도 없었는데.
여자 : 공부를 해 보니까 나에게 맞는 전공인지 잘 모르겠어. 부모님 때문에 의학과에 오긴 했는데 나에게 맞지 않는 것 같아.
남자 : 그래도 힘들게 들어왔는데 다시 한번 생각해 봐.
여자 : 더 늦기 전에 내가 정말 하고 싶은 그림 공부를 해 보고 싶어.
2. 여자 : 영수 씨, 어제 미선 씨 생일 파티 재미있었어요?
남자 : 네, 재미있었어요. 친구들도 많이 소개 받았어요.
여자 : 그런데 얼굴이 왜 안 좋아요? 재미있었던 얼굴이 아닌데요.
남자 : 모임에서는 다들 저에게 관심을 보이고 제 이야기가 재미있다고 해요. 그런

데 왜 다시 연락하면 제 전화를 안 받을까요?

여자 : 영수 씨가 여자 마음을 잘 모르시는 것 같은데요.

남자 : 어떻게 얘기하면 다시 만날 수 있을까요? 좀 알려주세요.

3. 남자 : 리에야, 이번에 한국회사에 들어갔다고 들었어. 축하해.

여자 : 응, 고마워. 넌 앞으로 어떻게 할 거야?

남자 : 아직 고민 중이야. 공부를 더 하고 싶은데 돈이 많이 드니까 쉽게 정하지 못하겠어.

여자 : 학교에 여러 가지 장학금이 많다고 들었어. 찾아보면 그 고민은 해결할 수 있을 거야.

남자 : 돈도 문제지만 시간도 많이 걸리는데 나중에 일을 찾을 수 있을까?

여자 : 앞으로의 일은 아무도 몰라.

4. 남자 : 어휴, 다음 주에 시험을 본다고 하는데 큰일이에요.

여자 : 영수 씨는 열심히 공부하는데 무슨 걱정이에요?

남자 : 그게 문제예요. 보통 때는 아무 문제가 없는데 시험만 보면 너무 긴장을 해요. 그래서 중간시험도 잘 보지 못했어요.

여자 : 시험 때 스트레스를 많이 받나 봐요.

남자 : 네, 시험 때는 소화도 안 되고 배탈이 나기도 해요.

여자 : 마음을 편하게 하는 연습을 해야겠어요. 실수하는 것을 무서워하지 마세요.

❶ 11~12

[04] 1. 남자 : 마리아 씨, 무슨 고민이 있어요? 얼굴이 안 좋아 보여요.

여자 : 요즘 너무 힘들어요.

남자 : 한국 생활이 많이 힘들어요? 가족이 없어서 외로운가 봐요.

여자 : 그게 아니에요. 한국 생활은 재미있는데 공부하기가 힘들어요. 말도 잘 안 통하고 제가 끝까지 공부를 할 수 있을지 모르겠어요.

남자 : 누구나 유학생활이 쉽지 않아요. 하지만 조금만 더 고생하면 나중에 좋은 일이 생길 거예요.

여자 : 정말 저에게 그런 날이 올까요?

2. 남자 : 미선아, 얘기 좀 할 수 있어?

여자 : 그래. 왜 그러는데?

남자 : 내가 어제 교수님께 실수를 한 것 같아서. 교수님께서 나한테 역사 수업을 들어 보라고 하셨는데 내가 싫다고 했어. 그 말은 들은 교수님 기분이 좋지 않아 보였어. 싫다고 해서 그럴까?

여자 : 그게 아니야. 네가 이유를 말하지 않고 바로 싫다고 말해서 그래. 교수님께 이유를 잘 말씀드렸으면 이해하셨을 거야. 너무 고민되면 이따가 찾아가봐.

남자 : 그래야겠다. 들어줘서 고마워.

02 시험을 잘 보기 위해서는 무엇을 준비해야 해요?

[들어봅시다]

2 01~03 **[01]** 1. 저, 진학 상담을 좀 받고 싶은데요.
2. 면접시험을 잘 보기 위해서는 무엇을 준비해야 해요?
3. 상담 시간을 4시로 바꿀 수 있을까요?

2 04~06 **[02]** 1. 남자 : 봉사 활동에 대해서 알아보고 싶어서 왔습니다. 외국인이어서 봉사 활동을 찾기가 쉽지 않아요.
여자(상담선생님) : 어떤 봉사 활동을 하고 싶으세요?
남자 : 저는 토요일에 할 수 있는 봉사 활동을 찾고 있어요. 한국 사람들과 같이 할 수 있는 일이면 더 좋겠습니다.
여자 : 이 프로그램은 어떠세요? 아이들에게 중국어를 가르쳐 주는 봉사 활동이에요. 매주 토요일에 하는 프로그램이에요.
남자 : 어디에서 하는 거예요?
2. 남자 : 입학 원서를 써야 하는데 준비해야 할 게 정말 많아. 복잡해서 어떻게 써야 할지 잘 모르겠어.
여자 : 상담실에 가서 도움을 받아 보는 건 어때?
남자 : 상담실에서 그런 것도 도와 줘?
여자 : 그럼, 진학 상담도 하니까 상담실에 가면 정보도 더 들을 수 있고 도움도 받을 수 있을 거야.
남자 : 그래? 지금 가 봐야겠다.
3. 남자 : 여보세요. 안녕하세요? 2시에 상담 예약한 이영수입니다.
여자(상담 선생님) : 네, 이영수 씨, 무슨 일이세요?
남자 : 죄송합니다. 선생님. 제가 일이 생겨서 2시까지 못 갈 것 같습니다. 상담 시간을 바꿀 수 있을까요?
여자 : 그러세요? 어떻게 하지요? 오늘은 상담을 받을 수 있는 다른 시간이 없습니다.
남자 : 아, 알겠습니다. 그럼 오늘 상담은 취소하고 다음에 다시 예약하고 뵙겠습니다.

2 07~10 **[03]** 1. 여자 : 마이클 씨, 상담실에 오랜만에 오셨군요. 그동안 잘 지내셨어요?
남자 : 네, 선생님도 잘 지내셨지요? 저 다음 학기에 졸업해요.
여자 : 벌써 졸업을 하시는군요.
남자 : 네, 그런데 졸업하고 무엇을 해야 할지 모르겠어요. 한국에서 일하고 싶은데 요즘은 일 찾기가 쉽지 않아요.
여자 : 네, 그렇지요. 하지만 마이클 씨는 열심히 공부했으니까 좋은 일을 찾을 수 있을 거예요. 그럼 오늘은 하고 싶은 일에 대해서 한번 이야기해 볼까요?
2. 남자 : 선생님, 입학 설명서를 이해하기가 어려워서 그러는데 좀 도와주실 수 있어요?
여자(상담 선생님) : 네, 제가 한번 볼까요?(시간 좀 끌고) 음, 먼저 인터넷 홈페이지에서 필요한 서류를 다운로드하시면 됩니다.

남자 : 아, 그래요? 그럼, 입학 원서하고 자기소개서만 내면 돼요?

여자 : 졸업 증명서하고 성적 증명서도 준비해야 돼요. 추천서가 있으면 같이 내세요.

남자 : 추천서요? 누구한테 부탁하는 게 좋을까요?

여자 : 수업을 들었던 선생님께 부탁드리세요.

3. 남자 : 저는 요즘 등록금 때문에 걱정이 많아요. 그래서 어제는 학교 상담실에 갔어요. 상담 선생님께서 학교에서 할 수 있는 아르바이트를 소개해 주셨어요. 장학금을 받는 방법도 알려 주셨어요. 제 생각에는 기숙사에서 하는 아르바이트를 하면 좋을 것 같았어요. 상담 선생님께서 제가 기숙사에 아르바이트 신청하는 것을 도와주셨어요. 오늘 저는 면접시험을 보러 가요. 혼자 고민하던 것도 해결하고 상담실에 참 잘 간 것 같아요.

4. 여자 : 졸업하고 고향에 가서 한국어를 가르치고 싶은데요. 뭘 해야 할까요?

남자(상담 선생님) : 리에 씨는 외국인이니까 먼저 한국어능력시험을 준비하면 좋을 거예요. 우리 학교에 한국어를 가르치고 싶어 하는 사람들을 위한 프로그램이 있는데 한번 신청해 보세요.

여자 : 아, 그래요? 처음 들어요. 외국인인데 그 프로그램을 들을 수 있을까요?

남자 : 외국인을 위한 프로그램이 있어요. 잘 할 수 있을 거예요.

여자 : 감사합니다.

2 11~12 **[04]** 1. 남자 : 선생님, 저하고 언어 교환할 친구를 찾고 싶어요. 한국어 공부를 도와줄 친구요.

여자(상담 선생님) : 학기 초에 신청을 안 하셨군요. 어떤 친구를 찾으세요?

남자 : 제가 한국어를 잘 못해서 수업 듣기가 너무 힘들어요. 과제도 이해하지 못해서 어렵고요.

여자 : 그럼, 언어 교환 친구보다는 학교생활에 도움을 줄 친구를 찾아보는 게 어때요?

남자 : 좋아요. 선생님, 좀 도와주세요.

여자 : 학교에 봉사 활동을 하는 학생들이 있어요. 찾아보고 제가 연락드릴게요.

2. 여자(학교 안내 방송) : 여러분은 학교 상담실에 대해서 알고 계십니까?

우리 학교에서는 영어, 중국어, 일본어, 한국어로 상담을 하실 수 있습니다. 학교생활이 힘들거나 알고 싶은 것이 있으면 언제든지 상담실로 오십시오. 화요일에는 영어와 한국어로, 수요일에는 중국어와 한국어로, 목요일에는 일본어로 상담을 할 수 있습니다. 상담은 오전 9시부터 오후 5시까지 합니다. 상담을 하고 싶은 학생은 인터넷 홈페이지에서 상담 날짜를 예약하시면 됩니다. 전화로 예약하실 수도 있습니다. 예약한 날짜에 상담실로 오십시오.

03 죄송합니다만 자리 좀 바꿔 주실 수 있으세요?

[들어봅시다]

3 01~03 **[01]** 1. 죄송합니다만 자리 좀 바꿔 주실 수 있으세요?

2. 오늘 아파서 학교에 못 가는데 보고서 좀 내 줄 수 있어?
3. 실례합니다만 사진 좀 찍어 주시겠어요?

3 04~06 **[02]** 1. 남자 : 마리아 씨, 안녕하세요? 어디 가세요?
여자 : 기숙사에 가요. 죄송하지만 이것 좀 들어 줄 수 있어요?
남자 : 그게 다 뭐예요?
여자 : 주말에 보고서를 써야 해서 책을 좀 빌렸어요.
남자 : 네, 주세요. 무거워 보이는데 그 가방도 주세요.
여자 : 아니에요. 이건 제가 들 수 있어요. 고마워요.

2. 남자 : 선배님, 국제학 수업은 너무 어려운 것 같아요.
여자 : 그래, 그 수업이 좀 어렵지. 기말시험은 열심히 준비하고 있니?
남자 : 공부를 많이 못 해서 잘 볼 수 있을지 모르겠어요. 선배가 정리한 공책 좀 빌려 주실 수 있으세요?
여자 : 내 공책? 그래, 빌려줄게. 공부하면서 전공 책하고 같이 봐.
남자 : 감사합니다. 빨리 보고 드릴게요.

3. 남자 : 미선아, 지금 뭘 하고 있니?
여자 : 인터넷으로 자료를 검색하는 중이야.
남자 : 와, 이거 새 노트북인데? 좋아 보인다.
여자 : 새로 샀어. 속도도 빠르고 쓰기도 편해서 아주 좋아.
남자 : 나 이거 다음 주에 좀 빌려 줄 수 있어? 내 노트북은 속도가 너무 느려서.
여자 : 숙제가 많아서 나도 계속 써야 하는데. 필요하면 학생회관에 가서 빌리는 건 어때?

3 07~10 **[03]** 1. 남자 : 배고파. 빨리 밥 먹으러 가자.
여자 : 응, 먼저 식당에 가서 밥 먹고 있어.
남자 : 뭘 해야 돼? 할 게 그렇게 많아?
여자 : 고향에 있는 친구가 부탁을 해서 컴퓨터를 좀 써야 돼. 한국 가수 콘서트 표를 구해 달라고 해서.
남자 : 고향에서는 표 사는 게 힘들어?
여자 : 응, 인기가 많아서 표가 빨리 팔리는데 고향에서는 인터넷이 느려서 사기 힘들어. 조금 더 기다려야 하니까 먼저 가서 밥 먹어.

2. 여자 : 영수 씨, 이번 주 일요일에 시간 있어요?
남자 : 무슨 일 있어요?
여자 : 제가 학교 근처로 이사를 가요. 혼자 이사하기는 좀 힘들어서요. 무거운 물건이 많은데 좀 도와줄 수 있어요?
남자 : 미안해요. 그날이 누나 결혼식이어서 도와드리기 힘들어요.
여자 : 아, 그래요? 괜찮아요. 다른 친구한테 물어볼게요.
남자 : 잠깐만요. 마이클 씨가 이번 주에 아르바이트를 쉰다고 했어요. 제가 전화해 볼게요.

3. 남자 : 미선 씨, 이번 토요일에 하는 마리아 씨 생일 파티에 가세요?

여자 : 네, 갈 거예요. 웨이 씨도 갈 수 있지요?
남자 : 가고 싶은데 주말 동안 발표 준비를 해야 돼요. 마리아 씨한테 주려고 어제 생일 선물도 샀는데.
여자 : 그래요? 파티에 못 가면 제가 마리아 씨한테 전해 줄게요.
남자 : 고마워요. 그럼 금요일에 선물을 가지고 올게요.
여자 : 그래요. 그럼 그날 봐요.

4. (따르릉~전화벨 울리는 소리)
남자 : 여보세요. 마리아 씨예요? 저 영수예요.
여자 : 영수 씨, 안녕하세요? 그런데 무슨 일이에요?
남자 : 미안하지만 부탁이 있는데요. 제가 다음 주에 여행을 가서 아르바이트를 할 수 없어요. 삼일만 아르바이트를 해 줄 수 있어요?
여자 : 미안해요. 저도 다음 주에 기말 보고서를 써야 해서 안 될 것 같아요.
남자 : 네, 알겠어요.

❸ 11~12 **[04]** 1. 여자1 : 리에야, 시험공부는 많이 했니? 피곤해 보이는데 일찍 자.
여자2 : 응. 내일 전공 시험하고 한국어 시험이 있는데 걱정이야. 공부를 많이 못 했어. 내일 아침에 일어나서 더 해야 돼.
여자1 : 시험이 몇 시인데?
여자2 : 9시에 시작해. 늦게 일어나면 안 되는데. 너 일찍 일어나지? 6시에 나 좀 깨워 줄 수 있니?
여자1 : 그래, 너 깨우고 난 일찍 도서관에 가야겠다. 시험 기간이어서 자리가 별로 없을 것 같아. 나도 모레부터 중간시험이어서 공부해야 돼.
여자2 : 정말 고마워.

2. 여자 : 영수 씨, 부탁할 게 있는데요. 오늘 오후에 시간 있으세요?
남자 : 무슨 일인데요?
여자 : 이따가 병원에 가려고 하는데요. 한국에서는 병원에 가 본 적이 없어서요. 한국말을 잘 못해서 혼자 가면 안 될 것 같아요.
남자 : 그래요. 저하고 같이 가요. 그런데 어디 아프세요?
여자 : 감기에 걸려서 열도 나고 목도 아파요.
남자 : 그럼, 이 수업 끝나면 바로 같이 가요. 병원에도 가고 약도 먹으면 좀 괜찮아 질 거예요.

제10과 여가 생활

01 맛집 투어는 하면 할수록 재미있어요

[들어봅시다]

❶ 01~03 **[01]** 1. 보통 수업이 끝나고 시간이 있을 때 뭘 하세요?
2. 어떻게 하면 시간을 잘 활용할 수 있을까요?
3. 시간이 날 때마다 유명한 맛집을 찾아다니세요?

🔊 ❶ 04~06 **[02]** 1. 여자1 : 미선아, 다음 수업 시간까지 한 시간 남았는데 백화점에 갈까?
여자2 : 너 뭐 살 거 있어?
여자1 : 아니, 심심한데 옷 구경하면 시간을 빨리 보낼 수 있을 것 같아서.
여자2 : 그것보다는 배울 내용을 읽어 보는 게 어때?
여자1 : 책을 읽자고? 난 한 번도 쉬는 시간에 책을 읽어 본 적이 없어.
여자2 : 한 번 해 봐. 처음에 힘들어도 자꾸 하면 익숙해질 거야.

2. 여자 : 영수야, 뭘 그렇게 보고 있니?
남자 : 이번에 새로 나온 영화 소개를 읽고 있어.
여자 : 너처럼 공부만 하는 사람이 영화에 관심이 있어?
남자 : 그럼. 내가 얼마나 영화를 좋아하는데. 공부가 잘 안 될 때 영화를 보면 기분이 좋아져.
여자 : 너는 항상 공부만 하는 줄 알았어.
남자 : 쉬지 않고 공부만 할 수 없어. 내가 공부를 잘 하는 건 영화를 보면서 스트레스를 풀기 때문이야.

3. 남자 : 리에 씨, 무슨 생각을 그렇게 하고 있어요?
여자 : 방학이 시작되는데 뭘 해야 할지 모르겠어요. 공부를 해야 할지 다른 걸 배워야 할지 생각 중이에요.
남자 : 그럼, 좋아하는 걸 해 보세요.
여자 : 운동을 좋아하기는 하는데 그게 방학 생활에 도움이 될까요?
남자 : 꼭 뭔가를 배우는 것만이 방학을 잘 보내는 건 아니에요. 하고 싶은 일을 하면서 즐겁게 시간을 보내는 것도 중요해요.
여자 : 그렇기도 해요. 좀 더 생각해 봐야겠어요.

🔊 ❶ 07~10 **[03]** 1. 남자 : 마리아 씨, 우리 과 4학년 영미 선배 알지요?
여자 : 네, 지난번에 개강 모임에서 만났어요.
남자 : 그 선배가 지금까지 자격증을 5개나 땄다고 해요.
여자 : 와, 5개나요? 어떻게 그렇게 많이 딸 수 있어요?
남자 : 방학 때마다 학원에 다니면서 자격증을 땄다고 해요.
여자 : 선배가 자격증을 많이 땄다는 것보다 시간을 잘 활용한 것이 부러워요. 저도 오늘부터 계획을 잘 짜서 시간을 보내야겠어요.

2. 여자 : 아, 마지막 시험이 끝났다. 영수야, 시험 잘 봤니?
남자 : 아니요, 열심히 안 해서 그런지 잘 못 봤어요.
여자 : 아니야. 네가 열심히 안 했기 때문이 아니라 공부하는 방법이 잘못돼서 그래.
남자 : 제가 뭐가 문제지요?
여자 : 넌 시험 전에는 열심히 공부하지만 보통 때는 공부를 안 하지? 공부는 계획을 세워서 날마다 조금씩 해야 해.
남자 : 맞아요. 시간이 나도 놀기만 하고 공부할 생각은 안 했어요.

3. 남자 : 리에야, 이번 주말에 뭘 할 거야?
여자 : 동아리 친구들하고 블로그에서 본 맛집에 갈 거야.

남자 : 너는 참 맛집에 가는 걸 좋아하는구나. 그럼, 어제 방송에 나온 맛집에도 가 봐.
여자 : 방송보다는 소문이 난 맛집을 찾아가는 게 더 나아.
남자 : 그런 식당은 줄을 서서 오래 기다려야 하는데 불편하지 않아?
여자 : 맛있는 음식을 먹기 위해서 기다리는 건 괜찮아. 하지만 오래 기다렸는데 맛이 없으면 정말 화가 나.

4. 남자 : 미선 씨는 보통 시간이 있을 때 뭘 하세요?
여자 : 저는 책 읽는 것을 좋아해서 시간이 날 때마다 책을 읽어요. 어렸을 때부터 책을 좋아했어요.
남자 : 저는 시간이 있을 때마다 친구들과 야구를 해요.
여자 : 야구를 자주 하세요? 공부하고 아르바이트 하면 바쁠 것 같은데요.
남자 : 일요일마다 야구를 해요. 아무리 바빠도 야구를 위해서 시간을 내는 건 어렵지 않아요. 제가 좋아하는 일이니까요.
여자 : 맞아요. 저도 좋아하는 책은 잠을 자지 않고 읽을 수 있어요.

🔊 ❶ 11~12

[04] 1. 남자 : 선배님, 제가 이제 4학년이 되는데 그동안 취직 준비를 못했어요. 생각하면 할수록 걱정이 돼요.
여자 : 그땐 나도 그런 걱정을 많이 했어.
남자 : 어떻게 하면 좋을까요? 너무 늦은 걸까요?
여자 : 아니야. 이제 4학년이 시작된 건데 뭘 그래. 졸업 때까지 시간이 남았으니까 계획을 잘 짜 봐.
남자 : 뭐부터 준비해야 할까요?
여자 : 우선 외국어 공부도 하고 도움이 되는 자격증도 따 봐.

2. 남자 : 리에 씨, 오늘 수업이 끝나고 시간이 있어요? 시간이 있으면 학교 근처에 유명한 맛집이 있다고 하는데 같이 갈래요?
여자 : 좋아요. 무슨 식당인데요?
남자 : 칼국수집인데 주인 할머니께서 30년 동안 하셨다고 해요. 제 친구들도 그 식당을 많이 추천했어요.
여자 : 그 식당이 유명한 이유는 뭐예요?
남자 : 할머니께서 직접 손으로 국수를 만드시고 좋은 재료를 쓴다고 해요. 음식값도 싸고요.
여자 : 빨리 먹고 싶은데요. 먹고 맛있으면 제 블로그에 올리고 싶어요.

02 시티투어버스를 타니까 참 좋더군요

[들어봅시다]

🔊 ❷ 01~03

[01] 1. 영수 씨는 시간이 날 때마다 여행을 가세요?
2. 서울 시내를 여행할 때 시티투어버스를 타니까 참 좋더군요.
3. 여행 준비는 내가 다 할 테니까 너는 카메라만 가지고 와.

🔊 ❷ 04~06

[02] 1. 여자 : 주말에 또 여행 갔다가 왔어요?

남자 : 네. 아름다운 산과 바다를 보고 오니까 기분이 정말 좋아요.
여자 : 그렇게 주말마다 여행을 다니면 힘들지 않아요? 혼자 여행하면 너무 외로울 것 같아요.
남자 : 아니에요. 여행 가서 만나는 사람들과 이야기도 할 수 있고 같이 밥도 먹으니까 외롭지 않아요. 구경을 하면서 다니면 스트레스도 다 풀려요.
여자 : 와, 여행을 정말 좋아하시나 봐요.

2. 남자 : 우리 일정 바꿔서 오늘 여기에 하루 더 있자. 비가 와서 못 놀았으니까.
여자 : 그래요, 선배. 그게 더 좋겠어요. 비 때문에 못한 축제도 오늘 한다고 해요.
남자 : 좋아. 스트레스가 다 풀릴 때까지 재미있게 놀자. 일찍 일어나서 밥 먹고 바다부터 가야지.
여자 : 날씨가 좋을 거라고 하니까 구경도 하고 맛있는 것도 먹으러 가요. 저녁에는 공연도 보고요.
남자 : 그래, 그렇게 하자.

3. 여자 : 이 책도 가지고 가야 해? 가지고 갈 물건이 이렇게 많은데.
남자 : 그게 있어야 찾아다닐 수 있지. 인터넷에 나오지 않는 곳도 많아. 여행 가면 인터넷 연결이 안 되는 곳도 많을 거야.
여자 : 그래? 난 무거워서 안 가지고 가려고 했는데.
남자 : 그 책에 여행에 필요한 정보가 다 있어. 봐야 할 내용이 많으니까 꼭 가지고 가야해.
여자 : 그래, 알았어. 중요한 거니까 네가 들고 가.

❷ 07~10 **[03]** 1. 남자 : 연휴에 할 일도 없고. 드라마나 보면서 집에서 쉬어야겠어요.
여자 : 그러지 말고 계획을 세워 봐. 친구하고 같이 서울 구경을 하면 재미있지 않을까?
남자 : 전 다른 사람하고 같이 다니는 게 싫어요. 하고 싶지 않은 것도 해야 하니까요.
여자 : 그래? 그럼 버스 타고 하는 서울 시티투어는 어때? 유명한 곳에도 가고 하루 동안 자유롭게 이용할 수 있으니까 좋을 거야.
남자 : 시티투어버스요? 그거 괜찮은 생각인데요.

2. 여자 : 저는 여행할 때 보통 계획을 세우지 않아요. 시간이 나면 아무데나 가고 싶은 곳으로 출발해요. 준비도 하지 않고 일정을 짜지 않아도 즐겁게 여행할 수 있어요. 보고 싶은 것이 있으면 보고, 먹고 싶은 것이 있으면 먹고. 쉬고 싶을 때는 언제든지 쉬어요. 시간이 별로 없는데 여행을 하고 싶을 때는 하루에 다녀올 수 있는 곳에 가요. 이번 방학에도 시간이 나면 꼭 여행을 할 거예요.

3. 남자 : 야, 진짜 맛있다. 난 여행 와서 이렇게 맛집을 찾아다니는 게 좋아.
여자 : 그렇지만 너처럼 맛집에 가려고 구경도 안 하는 건 문제가 있지.
남자 : 너 기분이 안 좋구나? 아까 박물관을 다 못 보고 나와서 그래?
여자 : 난 여행 오면 박물관 구경하는 걸 좋아하는데 넌 계획 짤 때부터 맛집 이야기만 하니까. 구경하는 게 아니라 먹으러 여행 온 것 같아.

남자 : 나는 그게 중요한데. 알았어. 오후에는 구경하러 많이 다니자.

4. 남자 : 안녕하세요? 서울여행사입니다.
여자 : 금요일 2시 기차표를 샀는데요. 토요일 표로 바꿀 수 있을까요?
남자 : 어떻게 하지요? 휴가를 가는 분들이 많아서 이번 주 토요일에는 남아 있는 표가 없습니다.
여자 : 늦게 출발해도 괜찮은데 표가 없을까요? 호텔 예약을 못해서 토요일에 출발해야 하는데요.
남자 : 취소하는 분이 계시면 표를 다시 살 수는 있지만 쉽지 않을 거예요.
여자 : 어떻게 하지요? 그럼 호텔 예약을 도와주실 수 있으세요?

❷ 11~12 **[04]** 1. 여자1 : 우리 다음 주에 시험 끝나면 뭐 할까?
여자2 : 나는 제주도에 가고 싶은데 넌 어때?
여자1 : 제주도? 나도 가고 싶었어. 그런데 우리가 여기저기 찾아다니는 거 잘 할 수 있을까?
여자2 : 그럼. 제임스도 혼자 제주도 갔다가 왔는데. 우리가 제임스보다 한국말도 더 잘 하니까 할 수 있을 거야.
여자1 : 좋아. 그럼 계획을 세워 보자. 내가 인터넷으로 제주도에서 어디를 구경하면 좋을지 알아볼 테니까 너는 다른 거 해.
여자2 : 알았어. 나는 빨리 비행기하고 호텔을 알아볼게.

2. 남자 : 지난주에 저는 마이클 씨하고 같이 케이티엑스(KTX)를 타고 부산에 갔어요. 처음이었지만 부산에는 지하철이 있어서 여행하기가 아주 편했어요. 부산역 근처 시장에 가서 텔레비전에서 본 음식도 먹고 쇼핑도 했어요. 아름다운 바다가 보이는 유명한 관광지에서 사진도 찍고 산책도 했어요. 저녁에는 바닷가에서 마이클 씨와 이야기도 많이 했어요. 마이클 씨는 시간이 있을 때 저하고 같이 여행 다니는 것이 좋다고 했어요. 저도 이렇게 같이 여행을 할 수 있는 친구가 있어서 정말 좋아요.

03 유명한 요리사가 되는 게 제 꿈이에요

[들어봅시다]

❸ 01~03 **[01]** 1. 심심할 때 무슨 프로그램을 자주 보세요?
2. 그 드라마가 인기가 아주 많다고 하는데 너도 보니?
3. 음악 프로그램을 즐겨 보세요?

❸ 04~06 **[02]** 1. 여자 : 웨이야, 너도 이 드라마 보는구나.
남자 : 응, 이거 안 보면 친구들 사이에서 말이 안 통해.
여자 : 그래. 내 한국 친구들도 많이 봐. 고향 친구들도 보니?
남자 : 그럼, 내가 친구들에게 추천해 줬어. 친구들이 정말 재미있다고 했어.
여자 : 내용이 재미있어지는 것 같지?

남자 : 응, 맞아. 다음 이야기는 어떻게 될까? 다음 주가 빨리 왔으면 좋겠어.

2. 남자 : 리에 씨, 이 프로그램 재미있어요?
여자 : 네, 제가 즐겨 보는 프로그램이에요. 여러 나라 문화에 관심이 많아서 매주 봐요.
남자 : 어떤 내용이에요?
여자 : 여러 나라의 문화를 소개하는 거예요.
남자 : 저는 영국을 아주 좋아하는데 영국 문화에 대해서 알 수 있어요?
여자 : 네, 영국 음식과 차 그리고 음악에 대해서도 알 수 있어요. 보면 볼수록 아주 재미있어요.

3. 남자 : 미선아, 어디 아프니? 왜 그렇게 밥을 못 먹어?
여자 : 날씨가 더워서 그런지 입맛이 별로 없어.
남자 : 내가 자주 보는 프로그램에서 어제 입맛이 없을 때 먹으면 좋은 음식을 소개해 줬는데.
여자 : 재미있는 프로그램이구나.
남자 : 응, 그런 음식을 먹을 수 있는 식당도 소개해 줬어. 난 맛집을 좋아해서 자주 봐.
여자 : 그래? 그럼 오늘은 그 프로그램에서 소개한 음식을 먹으러 가 볼까?

❸ 07~10

[03] 1. 여자 : 영수야, 너는 주말에 보통 뭘 하니?
남자 : 보통 텔레비전을 봐. 저녁에 하는 예능 프로그램을 자주 봐. 너는 텔레비전 안 봐?
여자 : 나도 봐. 난 다큐멘터리를 좋아해.
남자 : 재미있게 본 다큐멘터리가 있어?
여자 : 응, 우리 같은 대학생의 생활을 찍은 다큐멘터리가 기억 나. 열심히 사는 대학생들의 모습을 보면서 나도 그렇게 살아야겠다고 생각했어.

2. 여자 : 영수야, 여기가 드라마 '사랑'을 찍은 곳이야. 주말이어서 사람이 많다.
남자 : 아, 여기가 김민수 집이구나.
여자 : 그래, 드라마에서 두 사람이 처음 만났던 곳이야. 우리 여기에서 사진 한번 찍자.
남자 : 생각보다 집이 넓고 크다. 이렇게 드라마에 나온 곳을 보니까 재미있고 참 신기해.
여자 : 응, 우리 저기도 가 보자. 저기 김민수 식당하고 커피숍도 있어.
남자 : 그래, 저기에서 음식과 차도 파는 것 같은데? 빨리 가 보자.

3. 여자 : 웨이 씨는 시간이 있을 때 뭘 해요?
남자 : 요리해요. 그리고 요리 프로그램도 즐겨 봐요. 음식 만드는 방법을 배울 수 있어서 좋아요.
여자 : 배운 요리를 집에서 직접 만들어 보세요?
남자 : 네, 자주 만들어요. 앞으로 유명한 요리사가 되는 게 제 꿈이에요.
여자 : 어떤 요리를 잘 하세요?
남자 : 한식을 제일 잘 해요. 나중에 집에 초대할 테니까 놀러 오세요.

4. 남자 : 어제 우리 학교에서 예능 프로그램 찍는 걸 봤어.
   여자 : 언제 하는 프로그램인데?
   남자 : 토요일 저녁에 하는데 아주 인기가 많아. 여기에 나오는 사람들을 직접 볼 수 있어서 신기했어.
   여자 : 너 혼자 봤어?
   남자 : 아니, 우리 학교 학생들이 모두 나와서 구경했어.
   여자 : 재미있었겠다.
   남자 : 응, 다음 달에 방송되는데 너도 꼭 봐.

③ 11~12 **[04]** 1. 여자 : 제임스 씨, 여기 있었군요. 제임스 씨도 이 프로그램 보러 왔어요?
   남자 : 네, 제가 좋아하는 가수가 1년 만에 나와서요.
   여자 : 저도 그 가수 좋아해요. 새 노래 들어 봤어요?
   남자 : 그럼요. 이번 노래는 전보다 더 좋은 것 같아요.
   여자 : 다음 달에 콘서트를 보러 갈 건데 같이 갈래요?
   남자 : 가고 싶기는 하지만 중요한 시험도 있고 할 일이 많아서 갈지 말지 생각 중이에요.
   여자 : 고민하지 말고 같이 가요.

2. 여자 : 웨이 씨, 요즘 즐겨보는 프로그램이 있어요?
   남자 : 네, 외국인들이 나와서 한국 생활에 대해서 이야기하는 프로그램을 봐요. 금요일 저녁에 하는데 참 재미있어요.
   여자 : 저도 그 프로그램을 본 적이 있어요. 문화가 달라서 생기는 재미있는 일들이 참 많은 것 같아요.
   남자 : 네, 다른 외국 친구들에게도 추천하고 싶은 프로그램이에요.
   여자 : 두 번 정도 봤는데 내용이 재미있어서 계속 볼 생각이에요.
   남자 : 이런 프로그램이 많아졌으면 좋겠어요.

모범 답안

제1과 소개

01 _ 저는 학생입니다

【들어 봅시다】

[01]

1. ❹ 2. ❶

3. ❷

[02]

1\. 1)

2)

3)

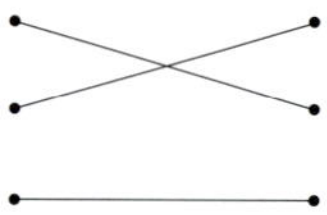

2. ❷ 3. ❹

[03]

1. ❷ 2. ❸

3. ❸

4\. 1) × 2) ○ 3) × 4) ○

[04]

1\. 1) ❸

2)

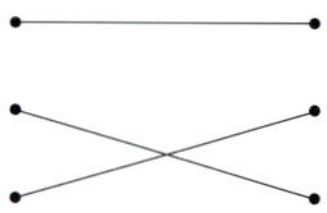

2\. 1) ❶ 2)

고향이 어디예요?	왜 한국어를 배워요?	취미가 뭐예요?	꿈이 뭐예요?
미국 뉴욕	가족과 이야기하기 위해서	운동/수영	신문 기자

02 _ 취미가 같아서 빨리 친해졌어요

【들어 봅시다】

[01]

1. ❷ 2. ❹

3. ❶

[02]

1. ❷ 2. ❶

3. ❷

[03]

1. ❸ 2. ❷

3. ❹

4\. 1) ○ 2) ○ 3) × 4) ×

[04]

1\. 1) ❷ 2) ❹

2\. 1) ❷

2) 매운 음식을 먹고 싶을 때

03 _ 다음에는 더 높은 산에 갔으면 좋겠어요

【들어 봅시다】

[01]

1. ❷ 2. ❷

3. ❹

[02]

1. ❸ 2. ❷

3. ❷

[03]

1. ❸ 2. ❹

3\. 1) × 2) ○ 3) ○ 4) ○

4. ❸

[04]

1\. 1) ❷ 2) ❸

2\. 1) ❸

2)

영화를 언제까지 만들어요?	그 영화를 언제 볼 수 있어요?
이번 달 30일까지 만들어요.	다음 달 20일에 볼 수 있어요.

제2과 학교 생활

01 _ 이번 학기에는 역사 수업을 들으려고 해요

【들어 봅시다】

[01]

1. ❸ 2. ❶

3. ❶

[02]

1. ❶ 2. ❷

3. ❹

[03]

1. ❹ 2. ❹

3. ❶

4. 1) × 2) × 3) ○ 4) ○

[04]

1. 1) ❶ 2) ❹

2. 1) ❹

2)

방법 1	방법 2	방법 3
학교 홈페이지에 자주 들어가 보세요.	수업은 친구들과 같이 들으세요.	친구에게 정보를 들으세요.

02 _ 친구에게서 도움을 많이 받았어요

【들어 봅시다】

[01]

1. ❷ 2. ❹

3. ❸

[02]

1. ❷ 2. ❸

3. ❶

[03]

1. ❶ 2. ❸

3. 1) × 2) × 3) ○ 4) ×

4. ❸

[04]

1. 1) ❸ 2) ❶

2. 1) ❸

2)

어떤 친구하고	언제	어디를	무엇을 했어요?
학교 프로그램 친구 영수 씨	지난 주말	경복궁 동대문 시장	구경을 했어요. 옷을 샀어요.

03 _ 아르바이트를 찾는 중이에요

【들어 봅시다】

[01]

1. ❹ 2. ❹

3. ❸

[02]

1. ❹ 2. ❶

3. ❷

[03]

1. ❸ 2. ❸

3. 1) × 2) ○ 3) ○ 4) ○

4. ❷

[04]

1. 1) ❷ 2) ❸

2. 1) ❸

2)

편한 점	① 아주머니께서 음식을 만들어 주세요. ② 친구들을 사귈 수 있어요.
불편한 점	화장실과 냉장고를 같이 써야 해요.

제3과 학교 시설

01 _ 수업이 끝나고 같이 도서관에 갈래요?

【들어 봅시다】

[01]

1. ❶

2. ❷

3. ❸

[02]
1. ❹ 2. ❶
3. ❷

[03]
1. ❸ 2. ❸
3. ❷
4. 1) ○ 2) ○ 3) × 4) ×

[04]
1. 1) ❸ 2) ❶
2. 1) ❸
2)

무슨 이야기입니까?	어디에서 합니까?	언제 합니까?
사랑 이야기	학술정보원 3층 멀티미디어센터 미디어 감상실	매주 화요일과 수요일, 저녁 6시 10분

02 _ 학교 버스는 20분마다 운행해요

【들어 봅시다】

1. ❹ 2. ❸
3. ❷

[02]
1. ❸ 2. ❷
3. ❸

[03]
1. ❸ 2. ❶
3. 1) ○ 2) × 3) ○ 4) ×
4. ❹

[04]
1. 1) ❷ 2) ❹
2. 1) ❷
2)

지하 2층	지하 1층	1층
헬스클럽, 영화 감상실	식당, 세탁실	컴퓨터실, 휴게실

03 _ 새로 지은 건물에 수영장이 있어요?

【들어 봅시다】

[01]
1. ❹ 2. ❶
3. ❶

[02]
1. ❸ 2. ❷
3. ❹

[03]
1. ❹ 2. ❷
3. 1) ○ 2) ○ 3) ○ 4) ×
4. ❷

[04]
1. 1) ❷
2) ❸
2. 1) ❸
2)

몇 시에 해요?	누가 가르쳐요?	얼마예요?
오전 10시부터 오후 5시	체육을 전공하는 학생	한 달에 7만원

제4과 모임

01 _ 개강 모임은 지난번에 갔던 커피숍에서 해

【들어 봅시다】

[01]
1. ❸ 2. ❸
3. ❶

[02]
1. ❹ 2. ❷
3. ❷

[03]
1. ❸ 2. ❸
3. 1) ○ 2) ○ 3) ○ 4) ×
4. ❶

[04]

1. 1) ❸ 2) ❷

2. 1) ❹

2)

	여자	남자
좋다/싫다	싫다	좋다
이유	열심히 하는 사람과 그렇지 않은 사람이 같은 점수를 받아서	모르는 것을 가르쳐 주고 재미있어서

02 _ 내일 모임에 너는 김밥을 사 가지고 와라

【들어 봅시다】

[01]

1. ❸ 2. ❸

3. ❷

[02]

1. ❷ 2. ❷

3. ❶

[03]

1. ❷ 2. ❹

3. 1) ○ 2) × 3) ○ 4) ×

4. ❷

[04]

1. 1) ❶ 2) ❹

2. 1) ❶

2) 한국 음식을 사랑하는 사람들의 모임

03 _ 사람들과 친해질 수 있으니까 뒤풀이에 꼭 가자

【들어 봅시다】

[01]

1. ❹ 2. ❸

3. ❸

[02]

1. ❸ 2. ❷

3. ❷

[03]

1. ❷ 2. ❸

3. 1) ○ 2) ○ 3) ○ 4) ×

4. ❶

[04]

1. 1) ❸ 2) ❸

2. 1) ❶

2) 다음 주부터 시험이어서

제5과 쇼핑

01 _ 백화점이 비싸기는 하지만 쇼핑하기가 편해요

【들어 봅시다】

[01]

1. ❹ 2. ❷

3. ❸

[02]

1. ❶ 2. ❹

3. ❸

[03]

1. ❷ 2. ❷

3. 1) × 2) ○ 3) ○ 4) ○

4. ❸

[04]

1. 1) ❸ 2) ❸

2. 1) ❷

2)

방법1	방법2	방법3
공동 구매를 하세요.	빵을 살 때는 문을 닫기 전에 가세요.	고기, 생선은 주말 오후에 사세요.

02 _ 지갑이 한 개밖에 없어요

【들어 봅시다】

[01]

1. ❷ 2. ❸

3. ❸

[02]

1. ❷ 2. ❹

3. ❸

[03]

1. ❹ 2. ❸

3. 1) ○ 2) × 3) × 4) ○

4. ❹

[04]

1. 1) ❷ 2) ❸

2. 1) ❸

2) 옷을 오래 입을 수 있어야 해요.

03 _ 노트북처럼 비싼 물건을 싸게 살 수 있어

【들어 봅시다】

[01]

1. ❸ 2. ❸

3. ❹

[02]

1. ❶ 2. ❷

3. ❹

[03]

1. ❸ 2. ❷

3. 1) ○ 2) × 3) ○ 4) ○

4. ❹

[04]

1. 1) ❷

2) ❸

2. 1) ❸

2)

여자의 생각	남자의 생각
중고품은 오래 쓸 수 없어요.	물건을 싸게 살 수 있어서 좋아요.

제6과 건강

01 _ 기침이 날 때 생강차를 마시면 좋다고 해요

【들어 봅시다】

[01]

1. ❷ 2. ❹

3. ❶

[02]

1. ❸ 2. ❶

3. ❸

[03]

1. ❷ 2. ❷

3. 1) × 2) O 3) × 4) O

4. ❹

[04]

1. 1) ❶ 2) ❷

2. 1) ❹

2)

음식	좋은 점
❶ 비빔밥	여러 가지 채소와 고기로 만들어서 건강에 좋아요.
❷ 배	소화가 잘 돼요.

02 _ 태권도를 할 줄 아세요?

【들어 봅시다】

[01]

1. ❸ 2. ❹

3. ❸

[02]

1. ❷ 2. ❶

3. ❸

[03]

1. ❶ 2. ❸

3. 1) × 2) ○ 3) × 4) ○

4. ❶

[04]

1. 1) ❸ 2) ❹

2. 1) ❷

2) 자주 걸리던 감기에 한 번도 안 걸려서

03 _ 건강을 위해서 아침을 먹어야겠어요

【들어 봅시다】

[01]

1. ❶ 2. ❹

3. ❹

[02]

1. ❹ 2. ❶

3. ❹

[03]

1. ❹ 2. ❹

3. 1) × 2) × 3) × 4) ○

4. ❷

[04]

1. 1) ❹ 2) ❷

2. 1) ❷

2)

❶ 과일을 먹거나 운동을 하라고 했어요.
❷ 잠깐 나가서 산책을 하라고 했어요.

제7과 인터넷

01 _ 인터넷 강의를 한다고 하니까 들어 보세요

【들어 봅시다】

[01]

1. ❹ 2. ❷

3. ❷

[02]

1. ❷ 2. ❹

3. ❹

[03]

1. ❹ 2. ❹

3. 1) × 2) × 3) ○ 4) ×

4. ❶

[04]

1. 1) ❹ 2) ❷

2. 1) ❷

2)

❶ 모두 자료를 볼 수 있어요.
❷ 이야기를 나눌 수 있어요.
❸ 정보를 교환하면 더 좋은 생각이 날 수 있어요.

02 _ 컴퓨터 때문에 서비스센터에 갔다가 왔어요

【들어 봅시다】

[01]

1. ❷ 2. ❸

3. ❸

[02]

1. ❷ 2. ❶

3. ❷

[03]

1. ❶ 2. ❷

3. 1) × 2) ○ 3) × 4) O

4. ❸

[04]

1. 1) ❶ 2) ❷

2. 1) ❶

2) 웨이에게 연락해서 노트북을 가지고 오라고 할 거예요.

03 _ 인터넷 덕분에 쇼핑하기 편해졌어요

【들어 봅시다】

[01]

1. ❷ 2. ❹

3. ❹

[02]

1. ❶ 2. ❹

3. ❷

[03]

1. ❷ 2. ❷

3. 1) O 2) × 3) × 4) O

4. ❸

[04]

1. 1) ❹

2) ❸

2. 1) ❶

2) 쉽게 이름을 알릴 수 있어요.

제8과 대학 문화

01 _ 이번 동아리 여행이 얼마나 재미있었는지 몰라요

【들어 봅시다】

[01]

1. ❶ 2. ❷

3. ❸

[02]

1. ❶ 2. ❷

3. ❷

[03]

1. ❷ 2. ❹

3. 1) ○ 2) ○ 3) ○ 4) ×

4. ❷

[04]

1. 1) ❸ 2) ❹

2. 1) ❶

2)

	여자	남자
좋다/싫다	싫다	좋다
이유	모르는 사람들과 만나서 인사하고 이야기하는 게 불편해요.	친구도 사귈 수 있고 재미있어요.

02 _ 저기에서 하는 공연이 재미있나 봐요

【들어 봅시다】

[01]

1. ❹ 2. ❸

3. ❷

[02]

1. ❸ 2. ❶

3. ❹

[03]

1. ❶ 2. ❹

3. 1) × 2) × 3) × 4) ○

4. ❸

[04]

1. 1) ❶ 2) ❹

2. 1) ❶

2)

언제	어디에서	무엇을
금요일 밤	운동장	❶ 선후배가 함께 노래를 불러요. ❷ 좋아하는 가수를 직접 만날 수 있어요.

03 _ 영어 신문을 읽는 스터디를 할까 해요

【들어 봅시다】

[01]

1. ❸ 2. ❹

3. ❸

[02]

1. ❹ 2. ❶

3. ❹

[03]

1. ❷ 2. ❷

3. 1) ○ 2) × 3) ○ 4) ×

4. ❶

[04]

1. 1) ❷ 2) ❸

2. 1) ❸

2) 한국어 수업도 듣고 인터넷 강의도 봤어요.

제9과 부탁과 상담

01 _ 기말 시험을 잘 볼 수 있을지 모르겠어요

【들어 봅시다】

[01]

1. ❸ 2. ❸
3. ❸

[02]

1. ❹ 2. ❷
3. ❹

[03]

1. ❷ 2. ❶
3. 1) × 2) × 3) ○ 4) ○
4. ❷

[04]

1. 1) ❸ 2) ❹
2. 1) ❷

2) 교수님을 찾아가서 역사 수업을 듣지 못하는 이유를 말씀드릴 거예요.

02 _ 시험을 잘 보기 위해서는 무엇을 준비해야 해요?

【들어 봅시다】

[01]

1. ❸ 2. ❷
3. ❹

[02]

1. ❸ 2. ❹
3. ❹

[03]

1. ❹
2. ❶
3. 1) × 2) ○ 3) × 4) ○
4. ❷

[04]

1. 1) ❸ 2) ❷
2. 1) ❶

2)

상담 시간	영어 상담	일본어 상담	중국어 상담	한국어 상담
오전 9시부터 오후 5시까지	화요일	목요일	수요일	화요일, 수요일

03 _ 죄송합니다만 자리 좀 바꿔 주실 수 있으세요?

【들어 봅시다】

[01]

1. ❷ 2. ❷
3. ❶

[02]

1. ❷ 2. ❹
3. ❸

[03]

1. ❷ 2. ❷
3. 1) ○ 2) ○ 3) ○ 4) ×
4. ❸

[04]

1. 1) ❸ 2) ❹
2. 1) ❹

2) 병원에 같이 가 달라고 부탁했습니다.

제10과 여가생활

01 _ 맛집 투어는 하면 할수록 재미있어요

【들어 봅시다】

[01]

1. ❷ 2. ❶
3. ❹

[02]

1. ❶ 2. ❹

3. ❷

[03]

1. ❷ 2. ❸

3. 1) ○ 2) × 3) × 4) ×

4. ❸

[04]

1. 1) ❷ 2) ❶

2. 1) ❷

2)

이유 1	이유 2	이유 3
할머니께서 직접 국수를 만드세요.	좋은 재료를 써요.	음식 값이 싸요.

02 _ 시티투어버스를 타니까 참 좋더군요

【들어 봅시다】

[01]

1. ❸ 2. ❷

3. ❹

[02]

1. ❷ 2. ❶

3. ❶

[03]

1. ❸ 2. ❶

3. 1) × 2) ○ 3) ○ 4) ○

4. ❹

[04]

1. 1) ❶ 2) ❷

2. 1) ❸

2)

어디에서	부산역 근처 시장	관광지	바닷가
무엇을	음식을 사 먹었어요.	사진을 찍었어요.	이야기를 했어요.
	쇼핑을 했어요.	산책을 했어요.	

03 _ 유명한 요리사가 되는 게 제 꿈이에요

【들어 봅시다】

[01]

1. ❹ 2. ❶

3. ❶

[02]

1. ❷ 2. ❶

3. ❹

[03]

1. ❹ 2. ❶

3. 1) × 2) × 3) × 4) ○

4. ❹

[04]

1. 1) ❷ 2) ❹

2. 1) ❷

2)

언제 합니까?	누가 나옵니까?	무슨 내용입니까?
금요일 저녁	외국인들	한국 생활에 대한 이야기

색인

대학 생활을 위한

한국어 듣기 (초급 II)

편저자 연세대학교 한국어학당 교재편찬위원회
집필진 한상미·이복자·서지희·차유승·김지원
펴낸곳 연세대학교 출판문화원

주소 서울시 서대문구 연세로 50
전화 02) 2123-3380~2
팩스 02) 2123-8673
ysup@yonsei.ac.kr
http://press.yonsei.ac.kr
등록 1955년 10월 13일 제9-60호
인쇄 (주)네오프린텍
삽화 문춘경 외
녹음 MS 미디어
성우 윤미나·전광주

2016년 1월 20일 1판 1쇄 2025년 9월 29일 1판 5쇄

ISBN 978-89-6850-144-9 (08710)
978-89-7141-977-9 (세트)

값 23,000원